JN299560

HALF THE SKY

TURNING OPPRESSION INTO
OPPORTUNITY FOR WOMEN WORLDWIDE

ハーフ・ザ・スカイ

彼女たちが世界の希望に変わるまで

ニコラス・D・クリストフ & シェリル・ウーダン
Nicholas D. Kristof and Sheryl WuDunn

［訳］北村陽子

［解説］藤原志帆子（ポラリスプロジェクト）

英治出版

ハーフ・ザ・スカイ

彼女たちが世界の希望に変わるまで

HALF THE SKY

Turning Oppression into Opportunity for Women Worldwide

by

Nicholas D. Kristof and Sheryl WuDunn

Copyright © 2009 by Nicholas D. Kristof and Sheryl WuDunn
This translation published by arrangement with
Alfred A. Knopf, an imprint of The Knopf Doubleday Group,
a division of Random House, Inc.
through The English Agency (Japan) Ltd.

グレゴリー、ジェフリー、キャロラインに。
本書の調査中、両親が気むずかしく留守がちで、
サッカーの試合の応援もままならなかったときに
愛と忍耐をありがとう。
困難の多い、抑圧的な国々への旅を豊かにしてくれた。
一緒なら逮捕されるのも悪くない。

そして女性を一人ずつ救い、世界を救っている、
世界中の最前線にいるすべての人たちに。

空の半分は女性が支えている。　——中国のことわざ

序章

ガール・エフェクト

女がいなけりゃ男はどうなるんです?
たいしたもんじゃないよ、だんな。
まったくもって、
たいしたもんじゃありませんよ。
——マーク・トウェイン

スレイ・ラスは、自信にあふれた一〇代の少女。黒髪が淡い褐色の丸顔のまわりで揺れている。ごったがえす露天市場で、手押し車の横に立ち、穏やかに、淡々と身の上を話す。不安やトラウマをうかがわせるものは、黒い瞳の前にかかった髪をしばしばかき上げる仕草だけだ。神経性の癖なのだろうか。そして手をおろす。苦難の旅を語るあいだ、話の内容とは不釣り合いな優雅さで、長い指が宙を舞う。

ほっそりとして小柄でかわいらしく、活発で明るいラス。彼女は、小さな体におさまりきらない外交的な性格の持ち主だ。突然滝のように降ってきた熱帯の雨でずぶぬれになったときも、笑いながら私たちと一緒にブリキ屋根の下へ駆け込み、頭上で響く雨の音をものともせずに話をつづける。だが、彼女の魅力と愛らしい性格は、カンボジアの農村の少女にとっては、かえって災いとなった。人を信じやすい性格と、楽天的な気質と自信が、危険をさらに増幅させた。

ラスが一五歳のとき、家族の金が底をついた。家計の足しにしようと、彼女は二カ月間、タイで皿洗いの仕事をすることにした。心配する両親には、同じレストランで仕事を約束された四人の友達と一緒に行くのだからと話して安心させた。斡旋業者に連れられてタイ国内へ。別の男が現れて、少女たちをマレーシアの首都クアラルンプールに連れて行った。

クアラルンプールの清潔な大通りと、当時世界最高層だったツインビルをはじめとするまばゆい高層ビルを初めて見て、ラスは目がくらみそうだった。街は安全で歓迎してくれているように思えた。だが、男はラスと他の二人の少女を、売春宿にもなっているカラオケラウンジに監禁した。

やくざの一味で、「親分」と呼ばれる三〇代後半の男が少女たちを買い取ったのだった。自分は金を払ったのだから、お前たちは返す義務がある、と男は言った。

「金を作って借りを返すんだ。そしたら家に帰してやる」

言うことを聞けばそのうち自由にしてやる、と男はくり返し言った。

自分の身に起こったことがわかりはじめたとき、ラスは絶望した。親分はラスを客と一緒に部屋に閉じ込め、客はセックスを強要した。ラスは抵抗し、客を怒らせた。

「親分が怒って、私の顔を両手で交互に殴った」彼女は悲しそうに振り返る。「あざが二週間残った」

親分と他のやくざたちは彼女を強姦し、こぶしで殴りつけた。

「客を喜ばすんだ。さもなけりゃ、殴り殺してやる。そうなりたいか」

ラスは抵抗をやめたが、すすり泣き、すすんで従おうとはしなかった。親分は無理やり薬を飲ませた。やくざが「ハッピードラッグ」とか「パーティードラッグ」と呼ぶ薬だ。ラスには何の薬かわからなかったが、飲むと頭がくらくらし、倦怠感と幸福感が一時間ほどつづいておとなしくなった。薬を飲んでいないときは涙ぐみ、言うことを聞かなかった――どの客にも笑顔を見せろと言われていた。親分は、もうお前のために無駄にする時間はない、命令どおりにするか、さもなければ殺すと言った。ラスは折れた。

少女たちは売春宿で、週に七日間、一日一五時間働かされた。脱走をむずかしくするためか、チップや割り増しをせしめるためか、裸のままでいさせられ、客にコンドームの使用を頼むのも禁じられた。つねにほほえみ、客を見て喜ぶふりをするようになるまで殴られた。男たちは、目を泣き腫らしてげっそりやつれた少女とのセックスには金をはずまないからだ。外出は一度も許されず、金は一ペニーももらえなかった。

「食べ物はくれたけど、少しだけだった。お客は太った女の子が好きじゃないから」

十数人一緒に入れられた一〇階のアパートと売春宿のあいだを、見張りつきでバスに乗せられて行き来した。アパートのドアは外から鍵がかけられていた。

しかしある夜、何人かがバルコニーに出て、物干しに使っていたラックから幅一二、三センチの長い板を取り外した。その板を、自分たちのバルコニーから、五メートルほど離れた隣の建物のバルコニーへ、危なっかしく渡した。板はぐらぐらしたが、どうしても逃げたかったラスは、板にまたがり、じりじりとにじり寄るように渡って行った。

「四人渡った」ラスは語る。「板が今にも壊れそうだったから、ほかの子たちは怖がってできなかった。私も怖くて下を見られなかったけど、そのまま残るほうがもっと怖かった。たとえ死んだって、残るよりましだと思った。残ったら、やっぱり死ぬんだもの」

バルコニーにたどり着くと、少女たちは窓を叩き、驚いている住人を起こした。だれもマレー語を話せなかったので、話はほとんど通じなかったが、住人は少女たちをアパートに入れ、玄関から出してくれた。少女たちはエレベーターに乗って降り、静まり返った道をさまよい、やっと警察を見つけて入った。

警察は初め、犬でも追い払うように追い返そうとし、その後、不法移民として逮捕した。ラスはマレーシアの厳しい反移民法のもとで一年間服役し、それから本国へ送還されることになった。警官にタイ国境まで車で連れて行かれたとき、彼女は家まで送ってもらえると思っていた。ところが警官はラスを人身売買業者に売り、業者は彼女をタイの売春宿に売り飛ばした。

ラスの物語は、世界の多くの場所で女性と少女に日常的に加えられている暴力の一例だ。こうした暴力は徐々に、今世紀の重大な人権問題の一つと見られるようになってきた。

これまでこの問題は、グローバルなレベルではほとんど取り上げられてこなかった。実際、私たちが八〇年代に国際問題の報道を始めたとき、本書を書くことは想像できなかった。眉間にしわを寄せて考えるにふさわしい外交問題とは、核不拡散のような「重大で複雑な問題」だったのだ。当時は、外交問題評議会〔外交問題・世界情勢を分析・研究する会員制組織。米国の外交政策に多大の影響力をもつ〕が妊産婦死亡率や女性性器切除に懸念を示すなど、思いもよらなかった。女性の抑圧は取るに足りない問題で、ガールスカウトの募金にふさわしかった。私たちも深遠な「重大問題」の方に取り組んだ。

だから本書は、『ニューヨーク・タイムズ』紙の記者としてともに働きながら目覚めていった、私たち自身の旅から生まれたものだ。旅の一里塚は中国にある。シェリルはニューヨーク育ちの中国系米国人、ニックはオレゴン州ヤムヒルに近い牧羊・果樹農場で育ったオレゴン人。結婚後二人で中国へ移り、七年後、天安門広場の端で、民主化を求める人々に軍が発砲するのを目の当たりにした。虐殺は四〇〇〜八〇〇人の命を奪い、世界を震撼させた。事件はその年最大の人権問題で、想像しうる最も衝撃的な人権侵害と思えた。

翌年私たちは、あまり知られていない、詳細な人口学的研究に出会った。それは天安門事件より何十万も多くの命を奪ってきた人権侵害を示していた。毎年中国で、三万九〇〇〇人の女児が命を落としているという――たった一年でである。[1] 親が男児と同じ配慮や医療を与えないからだ。中国家族計画省の官僚、李宏規《リー・ホングイ》は言う。

「息子が病気になったら親はすぐ病院へ連れて行く。でも娘が病気になると『まあ、明日まで様子を見よう』と考える」

その結果、中国では、天安門事件の死者と同数の女児が毎週、無用に命を落とすのだ。

こうした中国の女児がニュースになることはまったくない。私たちは、新聞記者としての自分たちの報道の優先順位が歪んでいるのではないかと思いはじめた。

似たようなパターンは、特に南アジアとイスラム世界など、他の国でも見られる。

インドでは「花嫁焼殺《ブライド・バーニング》」が約二時間に一回起きている。持参金が不十分な女性に罰を与えたり、男性が再婚できるよう花嫁を厄介払いするためだ。[2] しかし、これがニュースになることはめったにない。イスラマバードとラワルピンジというパキスタンの双子の都市では、この九年間だけで五〇〇〇人の女性と少女が、言うことを聞かなかったという理由で、家族や義理の家族に灯油を浴びせられて火をつけられたり——さらには酸で焼かれたり——した。これほど多くの女性を生きたまま火あぶりにするのがパキスタンやインドの政府だったら、世界中で激しい抗議が起こるだろう。だが手を下すのが政府ではないとき、人々はただ肩をすくめる。

中国で重要な反体制運動家が一人逮捕されれば、第一面に記事が書かれる。一〇万人の少女が日常的に誘拐され売春宿に売られているのに、それはニュースとみなされさえしなかった。私たちジャーナリストは、ある一日に起こった出来事の報道はできるが、女性と少女に加えられる日常的な暴力といった、日々起きている出来事の報道は意識に上りにくい。ジャーナリストだけではない。米国の海外援助でも、女性と少女に重点的に向けられているのは、ごく一部にすぎない。

ノーベル賞受賞経済学者アマルティア・センは、両性の不平等の判断基準を示して問題を浮かびあがらせた。[3] センは一九九〇年『ニューヨーク・レビュー・オブ・ブックス』に発表した重要な論

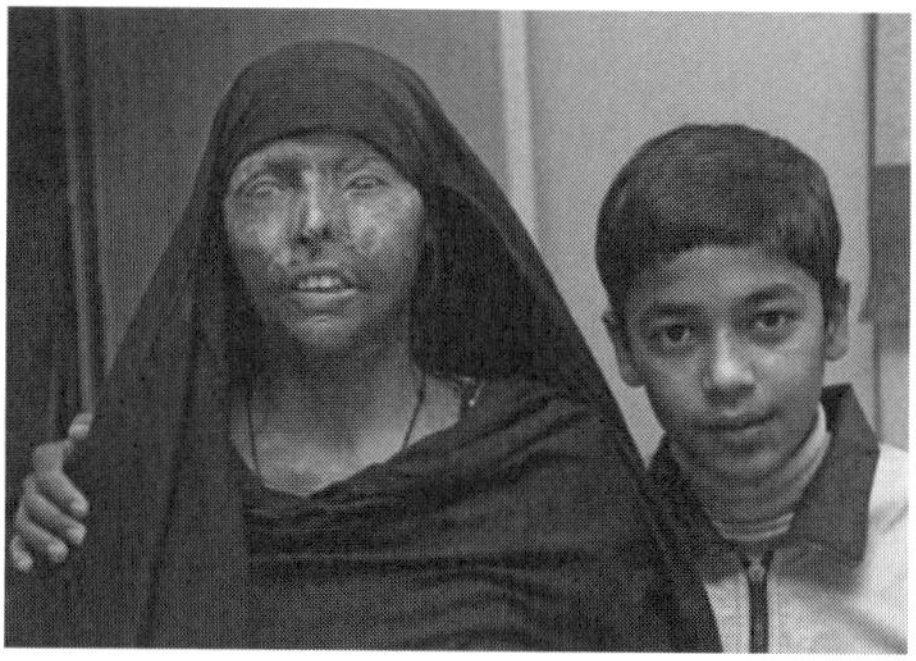

不動産業を営むナイーマ・アザルは、パキスタンのラワルピンジで酸で焼かれた。元夫の犯行とされている。酸で盲目になって以来、どこへ行くときも、12歳の息子アフメド・シャーが付き添う。
photo: Nicholas D. Kristof

考で「一億人以上の女性が姿を消している」と述べ、新しい研究領域を切り開いた。

　ふつうの状況では女性は男性より長生きし、世界の多くの場所で女性の人口のほうが男性より多いとセンは指摘する。南米諸国の大半やアフリカの多くの場所といった貧困地域でさえ、女性のほうが多い。だが、女性が根深い不平等の地位におかれている場所では、彼女たちは姿を消す。中国の人口全体を見ると、女性一〇〇人に対して男性は一〇七人（新生児では不均衡はさらに大きい）。インドでは一〇八人、パキスタンでは一一一人。これは生物学とは何の関係もない（実際、女性の教育と平等を誇るインド南西部ケララ州では、米国と同じように女性のほうが多い）。

　この男女比が持つ意味は、今日、約一億〇七〇〇万人の女性が地球上から姿を消しているということだとセン教授は指摘した。追跡研究が行われ、少し違う算出方法で「姿を消した女性《ミッシング・ウイメン》」は六〇〇〇万人〜一億〇一〇〇万人という数字も出た。毎年、世界中で少なくとも二〇〇万人の少女が、性差別のために姿を消す。

　欧米の富裕国では、性差別といえば、賃金の不平等とか上司に触られるといった問題だ。これと違って世界の多くの場所では、性差別は命にかかわる。インドでは、母親は娘を息子ほどワクチン接種に連れて行かない――これだけで、姿を消したインド女性の五分の一に説明がつく。複数の研究によれば、平均的にみて女児は男児と比べて、病気が重くなって初めて病院に連れて行かれるという。インドの一歳から五歳の女児は、同じ年の男児より、死亡する率が五〇%高い[4]。最も信頼のおける推測によれば、インドでは四分間に一人の幼い少女が差別のために命を落とす。

セダンシャーという、ひげをたくわえた長身のアフガン人から、妻と息子が病気だと聞いたことがあった。どちらにも生きてほしいが、と彼は言った。優先順位は明らかだ、と。息子はかけがえのない宝だが、妻は代わりがいる。彼は息子にだけ薬を買っていた。「あれはいつも具合が悪い」彼は妻のことをぶっきらぼうに言った。「薬を買っても仕方ない」

近代化と技術は差別を深刻化させることがある。一九九〇年代、超音波診断装置の普及で、妊娠中の女性が胎児の性別を知るようになり――女児であれば中絶するようになった。中国の福建省で、ある農民は超音波装置を絶賛した。「もう娘をもたずにすむからね」

性別による選択的中絶を防止するため、中国とインドは現在、医師と超音波技師に対して、妊婦に胎児の性別を告げることを禁じている。だがこれは問題のある対処法だ。複数の研究によれば、女児の選択的中絶が禁止されると、乳児期に死亡する娘が多くなるという。娘の出産を余儀なくされた母親は、赤ん坊を故意に死なせはしないが、世話をする手を抜く。ブラウン大学の開発経済学者ナンシー・シャンは、痛ましい負の相関を数字で明らかにした。平均で、女児胎児一〇〇人の選択的中絶を認めることで、一五人の女児乳児の死亡を避けられるという[5]。

少女の虐待に関する統計は衝撃的だ。過去五〇年間で、二〇世紀の全戦闘で殺された男性よりも多くの少女が、まさに少女だという理由で殺されてきたと思われる。どの一〇年をとっても、この

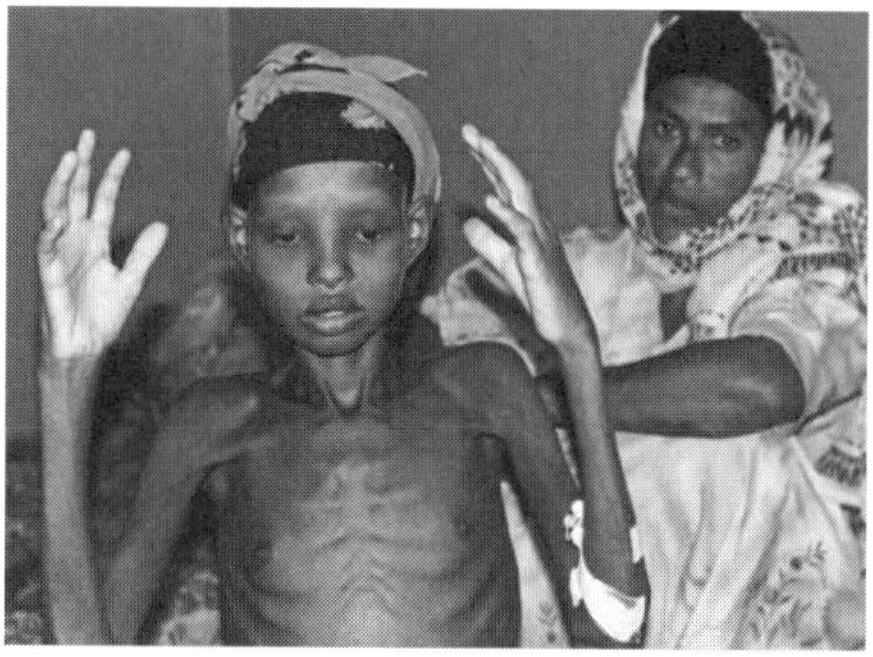

エチオピア南部の緊急給食センターにいる、13歳のエチオピアの少女ウンミ・アバビヤ。右にいる母のザフラの話では、家族の男はみな栄養状態がいいという。給食センターにいる十数人のほぼ全員が女児であり、これは、食糧が不足したとき、親が典型的に息子を優先することの反映だ。こうした差別のために、世界で毎年200万人の少女が命を奪われる。
photo: Nicholas D. Kristof

日常的な「性別ジェノサイド」で、二〇世紀のすべてのジェノサイドで虐殺された人々よりも多くの少女が殺されている。

一九世紀の中心的な倫理的課題は奴隷制だった。二〇世紀は全体主義との闘いだった。今世紀は、発展途上世界で両性の平等を求める闘いになるだろう。

タイの売春宿に売られたラスは、殴られたり始終見張りをつけられたりはせず、二カ月後に逃げ出してカンボジアに帰ることができた。

帰郷したラスはソーシャルワーカーに会い、人身売買の被害者が新生活を始めるのを支援する援助団体を紹介された。〈アメリカン・アシスタンス・フォー・カンボジア〉は寄付金四〇〇ドルを出して、ラスが行商を始められるよう、小さな荷車と当面の商品をいくつか買った。ラスは国境の町ポイペットで、タイとカンボジアの税関にはさまれた露天区域に場所を見つけた。国境を越える旅行者は、サッカー場ほどのこの区域を通る。一画には飲み物、軽食、土産物を売る行商が並んでいる。

ラスは荷車にシャツ、帽子、装身具、ノート、ペン、小さなおもちゃを用意した。美貌と外交的な性格が幸いして、めきめきと売り上げを伸ばした。貯金して新しい商品に投資し、事業を発展させて、両親と二人の妹を養えるようになった。結婚して息子が生まれ、息子の教育資金を蓄えはじめた。

二〇〇八年、ラスは荷車から屋台に移り、隣の屋台も手に入れた。自分の携帯電話を有料で人に使わせる「公衆電話」ビジネスも始めた。もし読者がポイペットで国境を越えてタイからカンボジアに入るなら、この区域の真ん中あたりの左側にある店を探してほしい。一〇代の少女が呼びかけ、ほほえみ、土産物の帽子をすすめてくれる。明るく笑って、特別価格で提供しますと言うだろう。快活で魅力的なので、商談は成立するはずだ。

ラスは苦難を克服した。それは少女が教育やマイクロローンの形で機会を得れば、安物の飾りや奴隷以上のものになれるという証だ。多くの少女が商売を営むことができる。今日――まずは帽子を買ってから――ラスと話せば、妹と息子によりよい将来を提供できる安定収入を得た彼女が自信にあふれているのがわかる。

本書の話の多くは心が痛むものだが、核心にある真実を忘れないでほしい。女性が問題なのではない、女性が答えなのである。少女たちの苦境は悲劇である以上に、機会を示している。

中国南部、水田を抜ける泥道の突き当たりにあるシェリルの先祖の村で、私たちはこの教訓を学んだ。私たちは何年も折にふれて、台山地方からシェリルの父方の祖父が育った順水村へ向かう泥道を歩いてきた。中国は従来少女にとって、抑圧が最も重くのしかかる場所だった。それはシェリル自身の家族の歴史にもうかがわれる。私たちは最初の訪問で、偶然、家族の秘密を発見した。長く行方のわからなかった義理の祖母。シェリルの祖父は最初の妻とともに米国に渡ったが、娘しか

カンボジアの自分の店の前に立つスレイ・ラスと息子。
photo: Nicholas D. Kristof

生まれなかった。それで祖父は妻を順水へ帰し、自分はもっと若い女性を二番目の妻にして米国へ連れて行った。これがシェリルの祖母で、律義に息子を一人産んだ――シェリルの父だ。こうして前妻と娘たちは家族の記憶から消し去られた。

順水と周囲の村々を歩くたびに違和感があった。若い女性はどこにいるのだろう。若者は水田で仕事に精を出すか、日陰でのんびり団扇をあおいでいたが、若い女性や少女はめったに見かけない。ようやく見つけたのは、中国の経済発展の中枢、広東省全域に当時広がっていた工場に足を踏み入れたときだった。こうした工場は、米国のショッピングモールを埋め尽くす靴、おもちゃ、シャツを生産して、世界史上ほとんど前例のない経済成長率を生み出し――記録に残るかぎり最も効率的な貧困撲滅プログラムを作り出した。中国沿岸部の組み立てラインの従業員は八〇％が女性だ。東アジアの製造業地帯全体で、女性の割合は少なくとも七〇％に達する。アジア経済の爆発的発展の大部分は、女性が経済的に力をつけたことの産物である。

「女の指は細いから、縫製作業に適している」と財布工場の経営者から聞いた。「従順で、男よりよく働く」と玩具工場のトップは言った。「給料も安くてすむ」

女性はまさにこの地域の発展戦略の要だった。東アジアの成功を仔細に調べた経済学者たちは共通のパターンを指摘する。この国々は、それまでほとんど国民総生産（ＧＮＰ）に貢献していなかった女性を公式経済に取り込み、総労働人口を急増させたのだ。抑圧を緩めて少女を少年と同じように教育し、街に出て工場労働に就く自由を与える。少女が結婚を遅らせ、子どもの数を減らすにつれて、配当が戻ってくる。少女たちは、年下の親族の教育資金を出し、貯金して国の貯蓄率も上昇させた。このパターンは「少女効果《ガール・エフェクト》」、あるいは女性の染色体から「ＸＸ解決策《ソリューション》」と呼ばれる。

女性の支援が、東アジアの新興国だけでなく世界のどこでも、有効な貧困撲滅戦略になりうるという証拠は数多くある。一九七二年、インドで設立された〈自営業女性協会〉は、最貧層の女性が事業を始めるのを支援し、研究者や財団が驚くほど生活水準を向上させてきた。バングラデシュでは、ムハマド・ユヌスの創設したグラミン銀行が、女性の借り手をターゲットにしたマイクロファイナンスを展開し、この活動の経済的社会的インパクトによってノーベル平和賞を受賞した。同じくバングラデシュのＢＲＡＣは世界最大の貧困撲滅団体で、最貧層女性の命を救い収入を増やす支援をしてきた。グラミンとＢＲＡＣによって、援助業界は次第に、女性を恩恵の受け手としてだけではなく、ともに働く存在として見るようになった。

一九九〇年代初め、国連と世界銀行は、女性と少女という潜在的な資源に価値を見出すようになった。「女子教育への投資は、発展途上世界で行える、最もリターンの大きい投資の可能性がある」とローレンス・サマーズは世銀の主任エコノミストを務めていたときに書いている。「問題は各国にこの投資をする余裕があるかどうかではない。少女を教育しないなどということができるのかということだ」

二〇〇一年、世銀は『権利、資源、発言権における両性の平等を通して発展を生む』と題する研究を発表し、世界の貧困撲滅には性の平等の促進が決定的に重要だと論じた。[6] ユニセフは、両性の平等が、女性だけでなくその子どもと地域社会も引き上げ、「二重の配当」を生むと論じる重要な報告を出した。国連開発計画（UNDP）は、積み重ねられている研究をこうまとめる。「女性のエンパワーメントは、経済的生産性の向上と乳児死亡率の低下に貢献する。また健康状態、栄養状態の改善にも貢献し、さらに次世代の教育機会を増大させる」[7] セン、サマーズ、ジョセフ・スティグリッツ、ジェフリー・サックス、ポール・ファーマー博士をはじめ、開発、公衆衛生の最も著名な研究者が次々に、開発分野で女性にいっそう大きな関心を寄せるよう呼びかけている。

民間援助団体や財団もギアを入れ替えた。「女性はアフリカの飢餓に終止符を打つかぎを握る」と〈ハンガー・プロジェクト〉は宣言した。[8] フランス外相で〈国境なき医師団〉の創設者ベルナール・クシュネールは「進歩は女性を通して達成される」[9] と述べた。グローバル開発センターは「少女を開発の中心におく理由と方法」を説く重要な報告を出した。[10] 海外援助救援協会（ＣＡＲＥ）は、女性と少女を貧困撲滅運動の最重要項目としている。ナイキ財団とノヴォ財団も、発展途上世界で少女に機会を与えることに重点的に取り組む。ゴールドマン・サックスは二〇〇八年の研究報告で、発展途上国が少女の教育によってどれほど経済業績を向上させられるかを強調し、「両性の不平等は経済発展を妨げる」と結論づけている。[11] この研究結果を受けて、ゴールドマン・サックスは、一万人の女性にビジネス教育を提供する、「一万人の女性」キャンペーンに一億ドルを寄付した。

同時多発テロ後のテロに対する懸念から、女性の問題にあまり関心をもちそうもない層が関心をもつようになった。テロリストの温床となっている国々は、女性が置き去りにされている国に偏っている、と安全保障の専門家は指摘した。ムスリムのテロリストがこれほど多い理由はコーランとはほとんど関係ないが、多くのイスラム諸国で経済・社会に女性の活発な参加が欠けていることとは深い関係があるという。米国防総省《ペンタゴン》が対テロ対策の理解を深め、また、爆弾を落とすのはたいして役に立たないと認識するにつれて、女子教育など草の根のプロジェクトへの関心が高まった。少女のエンパワーメントはテロリストの力を削ぐと論じる軍関係者もいる。二〇〇八年、統合参謀本部がパキスタンとアフガニスタンでの女子教育について討議したのを見れば、ジェンダーが完全に国際問題として取り上げられる重大事になったことがわかる。外交問題評議会でも明らかだ。複数個別目標誘導弾頭（ＭＩＲＶ）や北大西洋条約機構（ＮＡＴＯ）政策の議論に使われてきた木張りのホールでは、いまや妊産婦死亡率についての会議が開かれ、出席率も上々だ。

本書では、世界の女性の問題について、三つの虐待に焦点を当てて、課題を明らかにしていく。性人身売買と強制売春、名誉殺人や集団強姦をはじめとする性別にもとづく暴力、依然として一分に一人の女性の命を奪っている、避けられるはずの妊産婦死亡である。その上で、女子教育やマイクロローンといった、現在機能している解決策を紹介する。

もちろん世界には多くの不正義があり、数々の立派な大義が注目と支援を求めており、個人の価値観もさまざまだ。その中で私たちが女性の問題に焦点を当てるのは、この不正義がきわめて大きく――一方で問題解決の先にある可能性もまたきわめて大きいと思うからだ。加えて、外部の人間でもほんとうに意味のある変化を生み出せるという事実を目の当たりにしてきたからでもある。

ラスの話に戻ろう。衝撃を受けた私たちは、マレーシアでその売春宿を突き止め、宿主の話を聞き、まだそこに閉じ込められている少女を解放したいと考えた。残念ながら、売春宿の名前も住所もわからなかった（英語もローマ字さえも知らなかったラスは、看板が読めなかった）。クアラルンプールで売春宿を見つける手助けをしてくれないかと尋ねると、ラスの顔から血の気がひいた。

「でも」彼女は言った。「もう思い出したくないんです」

ためらい、家族と何度も話し、最終的には友達を救い出せるという期待から、行ってもいいと言ってくれた。

ラスは、通訳と地元の活動家に保護されてふたたびクアラルンプールを訪れた。それでも赤線地帯で、あの苦しみに結びつくけばけばしいネオンを見ると震えだした。だが彼女の脱出後、マレーシアは人身売買で国際社会の批判を浴び、少女を監禁していた最悪の売春宿に警察が厳しい取り締まりを行った。その一つがラスのいたところだった。わずかな国際的非難が一国の政府に行動を起こさせ、権力ピラミッドの底辺にいる少女の人生を目に見えて好転させた。この成果を見れば、これが見込みのない目的ではなく、希望の持てる目的であることがはっきりわかる。

読者にとっては、名誉殺人、性奴隷問題、性器切除は、悲劇的ではあるが遠く離れた世界では避けられないものに見えるかもしれない。かつては奴隷制もまったく同じように、多くの良心的な欧米人の目には、遺憾だが避けられない人間生活の側面と映っていた。何千年も存在してきた恐ろしいものの一つにすぎなかった。しかしやがて一七八〇年代に、ウィリアム・ウィルバーフォースを筆頭にした少数の怒れるイギリス人が、奴隷制は有害であり、廃止すべきだと考えた。そして奴隷制は廃止された。今日目にしているのは、それに似たもの、女性と少女を解放する世界的な運動の始まりだ。

読者をこの芽吹きはじめた運動にお誘いしたい。女性を解放し、経済的触媒として女性のパワーを解き放つことによって世界の貧困と闘う運動に。これは現在進行形のプロセスだ——女性を犠牲者にするのではなく、エンパワーするドラマ。生き生きした一〇代の少女を、売春宿の奴隷から、成功したビジネスウーマンに変えること。

これは変貌の物語だ。変化はすでに起きつつあり、読者が加わってくれればますます加速する。

第1章

二一世紀の奴隷解放

女性はヴァギナ以外にも文明に貢献できるものをもっているかもしれない。
——クリストファー・バックリー
『アラビアのフローレンス』（*Florence of Arabia*）

フォーベスガンジの町の赤線地帯には、赤いネオンはない。電気が来ていないのだ。売春宿は泥道に面したただの泥壁の民家の一群で、客用の草ぶき屋根の小屋が脇に建っている。子どもが遊び、泥道を小走りに走っていく。角の店に並んでいるのは食用油や米、お菓子が少々。ここ、ネパールとの国境に近い、貧しいインド北部のビハール州では、手に入る商品はろくにない――セックス以外には。

ミーナ・ハシナが道を歩くと、子どもたちが立ち止まってじろじろ見る。大人も立ち止まり、なかにはにらみつける人もいて険悪な空気が漂う。ミーナは褐色の肌をした三〇代の美しいインド女性だ。温かな切れ長の目。左の鼻に飾りをつけている。サリーを来て黒髪を後ろで束ねた彼女は、自分を蔑む人々のあいだを通りながら、まったく自然体に見える。

ミーナはインドのイスラム教徒で、地元の性産業を牛耳る下層カーストのナット族が営む売春宿で何年間も売春していた。ナット族は伝統的に売春と軽犯罪に手を染めてきた。彼らの売春は、売春婦が娘を育てて自分と同じことをさせ、世代を超えてつづく。

ミーナは売春宿の並ぶ一画を通りぬけ、臨時の学校になっている少し大きな小屋へ行き、腰をおろしてくつろいだ。彼女が通ったあと、村人はぽつぽつと仕事に戻っていく。

「誘拐されて売られたとき、八歳か九歳だった」

ネパール国境の貧しい家庭で育ち、ナット族に売られ、思春期前の少女が客をとれるほど成熟するまでおいておかれる田舎小屋へ入れられた。一二歳になったとき――忘れもしない、初潮の五カ月前だった――、売春宿へ連れて行かれた。

「彼らは最初の客を連れてきて、大金を得た」ミーナは、感情を交えず淡々と語った。

ミーナ・ハシナと息子のビベク。
インド、ビハール州で。
photo: Nicholas D. Kristof

ラスがマレーシアで耐え忍んだのと似ていた。性人身売買は、世界中同じビジネスモデルで行われ、少女の希望をくじくためにどこでも同じ方法が使われる。

「抵抗して泣き叫んだ。客に思いどおりにさせないように。あんまり抵抗したから、彼らは客に金を返す羽目になった。ずいぶん殴られた。ベルトや木の棒や鉄の棒で。ひどかった」

ミーナは記憶を振り払うように頭を振った。

「そのときも抵抗した。彼らは刃物を見せて、言うことを聞かなければ殺すと言った。四回か五回も客に抵抗したから、ずっと殴られた。最後は、知らないうちに飲み物にワインを入れられて、正体なく酔わされた」

その後、売春宿主の一人が彼女を強姦した。ミーナは二日酔いと痛みの中で眼を覚まし、自分の身に起こったことを知った。

「もうおしまいだ」と考え、それで抵抗をやめた。

ミーナの売春宿での暴君は、女家長のアイヌル・ビビだった。アイヌルは自分でも少女たちを殴り、娘や息子に殴らせることもあった。罰を与えるときは容赦しなかった。

「泣くことも許されなかった」とミーナは振り返る。「一粒でも涙をこぼせば、殴られた。こんなふうに生きるより死ぬほうがましだとよく考えた。一度バルコニーから飛び降りたことがあったけど、死ねなかった。足を折りもしなかった」

ミーナたち少女は売春宿の外に出ることを一度も許されず、一度も金を払われなかった。毎日、たいてい一日一〇人以上の客をとらされた。眠ったり、お腹が痛いと訴えたりすれば、殴られるのがおちだった。だれかが抵抗の兆しでも見せれば、全員が呼び出されて、言うことを聞かない少女が縛られ激しく殴られるのを見せられた。

「叫び声が聞こえないようステレオのボリュームをあげていた」ミーナは淡々と言う。

インドはほぼまちがいなく、こうした少女のような状況におかれた現代奴隷を、他のどの国よりも多く抱えている。売春婦は二〇〇万〜三〇〇万人[1]、その多くは、今でこそある程度自分の意志で売春し、金も払われているが、かなりの割合が、初めは無理やり性産業に入れられている。インドの売春宿に関する二〇〇八年の研究によれば、一〇代で売春を始めたインドとネパールの売春婦のうち、約半分が強制的に売春宿に入れられたと語ったという[2]。二〇代で始めた女性は、しばしば子どもを養うために自分から入る傾向がある。奴隷にされて売春を始めた女性の多くは、やがて運命を受け入れ、自分の意志で売春するようになる。他のことを知らないうえに、世間にレッテルを貼られて他の仕事ができないからだ。

中国にはインドより多くの売春婦がいる。一〇〇〇万人、あるいはそれ以上とする推計もある[3]。だが、無理やり売春宿に入れられる女性はインドより少ない。実は中国には売春宿というものがほとんどない。売春婦の多くは「ピンポン少姐《シャオチエ》（客を探してホテルの部屋のベルを鳴らすのでこう呼

インドのビハール州で、やくざがこの男性に娘を売春宿に売るよう強制した。男性が断って少女が身を隠すと、やくざたちは男性の家を破壊した。援助団体アプネ・アプがこの家族を支援している。
photo: Nicholas D. Kristof

ばれている）」として個人で仕事をしている。マッサージ・パーラーやサウナで働く売春婦もたいていは契約で、辞めたければ辞められる。

逆説的なことだが、強制売春の数が飛びぬけて多いのは、インド、パキスタン、イランといった、最も束縛が強く、社会の性規範が保守的な国々である。こうした社会では若者はめったに恋人と寝ることはなく、売春婦で性的欲求を満たすことが容認されている。

上流階級の少女は純潔を守り、若者は売春宿で満足を得るというのが社会の暗黙の了解になっている。売春宿には、ネパールやバングラデシュ、インドの貧しい村から人身売買された奴隷の少女が送られる。ミーナのように、教育のない、低カーストの農村娘であるかぎり、社会は目をそむけつづける――むちで打たれる人々が自分と違うように見えたため、南北戦争前の多くの米国人が奴隷制の悲惨から目をそむけたのとまったく同じように。

ミーナの売春宿ではだれもコンドームを使わなかった。ミーナは今のところ健康だが、ＨＩＶ検査を受けたことはない（インドではＨＩＶ罹患率は低いが、売春婦は多くの客を取るため特にリスクが高い）。売春宿でミーナは妊娠し、絶望した。

「母親になんかなりたくなかった。人生をめちゃめちゃにされたんです。もう一人、同じ目に遭わせたくはなかった」

しかしインドの多くの売春宿と同じように、アイヌルの売春宿も、犠牲者の新しい世代を育てる機会として妊娠を歓迎した。娘は売春婦に、息子は洗濯や料理をする使用人にするために育てられる。

ミーナは何の手助けもなく女の子を産み、ナイナと名付けた。だがアイヌルは赤ん坊を取り上げた。乳を飲ませるのをやめさせ──客は乳を分泌する売春婦を嫌った──、またミーナが逃げ出さないよう人質として赤ん坊を手元に置くためだった。

「ナイナは預かるよ」アイヌルは言った。「あんたは売春婦で、節操も何もない。逃げだしかねないからね」

その後息子のビベクが生まれたが、宿主は息子も取り上げた。子どもは二人とも、ミーナが行くのを許されない宿の一画で他人に育てられた。

「子どもを人質にすれば私が逃げないと考えたのでしょう」とミーナは言う。その戦略ははずれてはいなかった。ミーナはある一三歳の少女の逃亡を助けたことがあったが、子どもたちを置いていくのが忍びなく、自分は逃げなかった。脱走の共謀をした罰として容赦なく殴られた。

宿主のアイヌルは自身も若いころ売春婦で、そのため年若い少女に冷淡だった。「あたしの娘が売春できるんだから、あんたたちだってできるさ」実際、自分の娘二人に売春をさせていた。(「アイヌルは娘を殴って言うことを聞かせていた」とミーナは言う。「だれもこんなところに入りたくなんかない」)

売春宿にいた十数年、週に五日は殴られた。大半の少女はすぐに気持ちをくじかれておびえたが、ミーナは決して完全には屈しなかった。彼女の真骨頂は粘り強さだ。頑固で、御しがたいところがある。だからこそ村人の気にも障るのだろう。泣き寝入りせず言い返すミーナは、インドの農村の女らしさに反するのだ。

売春宿の少女にとって、警察が救い主になる可能性は低い。警官はときどき売春宿に立ち寄り、ただでサービスを受けていたからだ。だがミーナは逃げ出したいあまり、あるとき抜け出して警察に助けを求めに行った。

警察で、驚く担当者に向かって「町の売春宿で無理やり売春させられているんです」と訴えた。「ポン引きに殴られて、子どもたちが人質にとられているんです」

他の警官たちがこの見かけないシーンを見物に現れ、彼女をからかって、戻れと言った。「警察に来るとは厚かましい」と一人の警官が叱りつけた。結局警察は、もう殴らないという約束を売春宿から取り付けたあと、彼女を送り返した。

すぐには罰されなかった。だがアイヌルが彼女を殺そうとしていると親切な隣人が教えてくれた。赤線地帯では殺人はあまり起こらない。農民がいい乳を出す牛を殺さないのと同じだ。だがときには売春婦があまりに厄介な存在になると、他の少女への見せしめとして殺すことがある。

命の危険を感じたミーナは子どもたちをおいて逃げ出し、数時間列車に乗って、フォーベスガンジへ行った。アイヌルの息子マヌージが居場所を突き止めてやってきて、ミーナを殴りつけた。宿でミーナがこれ以上トラブルを起こすのを嫌ったマヌージは、フォーベスガンジで一人で暮らすことを認めてやるが、売春して金を納めなくてはならない、と言った。他に生きていくすべを知らないミーナは承知した。

マヌージは金を受け取りにフォーベスガンジにやってくるたびに、渡す金額が少ないと言ってミーナを殴った。あるとき、マヌージがミーナを地面にたたきつけ、怒り狂ってベルトで殴っていると、名望のある地元の男性が止めに入った。

「もう十分彼女を食い物にして、搾れるだけ搾り取ってきただろう」ミーナの救い主、クドゥーズという名の薬屋店主はいさめた。「この上、殴り殺そうというのか？」

身を呈して止めてくれたわけではなかったが、社会から蔑まれるミーナのような女性には、だれかが声をかけてくれるだけで驚きだった。マヌージが気勢をそがれると、クドゥーズはミーナを助け起こした。二人は家が近く、この出来事で絆が生まれた。折にふれて言葉を交わすようになり、やがてクドゥーズが結婚を申し込むとミーナは喜んで承知した。

マヌージは結婚を聞いて激怒し、ミーナから手を引くようクドゥーズに一〇万ルピー（二五〇〇ドル）の手切れ金をもちかけた。ミーナが妻としての新しい名誉ある地位を使って売春宿に厄介事を持ちこむのを心配しての金額だった。クドゥーズは相手にしなかった。

「何万ルピー積まれてもあきらめるつもりはない」彼は言った。「愛は金で買えない」

結婚後、ミーナはクドゥーズとのあいだに二人の娘をもうけた。ミーナは両親を探しに、生まれ故郷の村へ戻った。母は世を去っていた――近所の人の話では、ミーナが姿を消したあと、涙にくれ、正気を失ったという――が、父は驚き、娘が生きて現れたのを見て喜んだ。

暮らしはずっとよくなったが、ミーナは売春宿に残してきた上の二人の子どもを忘れることができなかった。それで、バスで五時間かけてアイヌル・ビビの売春宿に戻る旅に出た。宿に着くと外に立ち、ナイナとビベクを返してほしいと懇願した。

「子どものために何度でも戻って闘った」ミーナは振り返る。「渡してくれないのはわかっていた。殴られるのもわかっていた。でも、つづけないわけにはいかなかった」

無駄だった。アイヌルとマヌージはミーナを門前払いし、むちで打って追い返した。警察はミーナの話を聞こうとしなかった。宿主はミーナを「殺す」と脅しただけでなく、クドゥーズとのあいだの二人の娘を連れ去ってどこかの売春宿に売り飛ばしてやる、と脅した。二、三人のやくざが一度、幼い娘たちをさらおうとフォーベスガンジの家に現れたが、クドゥーズがナイフを手に追い返した。「子どもたちに手を出そうとしたら、切り刻む」

ミーナは下の二人の娘がとても心配だったが、ナイナを忘れることはできなかった。ナイナが思春期を迎え、もうすぐ店に出されるのがわかっていた。でも何ができるだろう。

何年もミーナのような女性の話を聞いてきた私たちは、性人身売買について以前とは違う見方をするようになった。米国で育ち、その後中国と日本で暮らした私たちは売春を、女性が方便としてあるいは経済的に追い込まれて目を向けることがあるものと考えていた。香港で知り合ったオーストラリア人の売春婦は、シェリルを自分の「クラブ」のロッカールームに滑り込ませて女の子たちに会わせてくれたが、彼女たちは金を稼げると思ってそこにいた。売春婦が強制された奴隷だなどと私たちはもちろん考えていなかった。米国、中国、日本の売春婦のほとんどは奴隷にされてはいない。

だが、今日何百万人もの女性と少女が実際に奴隷にされているというのは誇張ではない（一九世紀の奴隷制との最大の違いは、多くが二〇代後半でAIDSで死亡することだ）。この現象を指してふつう使われる「性人身売買《セックス・トラフィッキング》」は、まちがった用語だ。まず問題はセックスや売春それ自体ではない。多くの国で――中国、ブラジル、大半のサハラ以南諸国で――売春は行われているが、ほとんどは自分の意志で（身体的強制より経済的圧力で動かされているという意味で）行われている。こうした場所では売春宿は女性を閉じ込めず、多くの女性がポン引きや売春宿なしで働いている。また、問題は正確には「人身売買」でもない。強制売春では必ずしも仲介業者が少女を遠くまで運ぶわけではないからだ。性人身売買という恐ろしい行為は「奴隷制」と呼ぶのが正しい。

現代奴隷の総数は推測がむずかしい。国連機関の一つである国際労働機関（ＩＬＯ）の推計によれば、性的隷従だけでなくすべての種類の強制労働に就かされている人々はどの時点でも一二三〇万人とされている。国連報告書によれば、アジアだけで一〇〇万人の子どもが奴隷制と区別できない状態に拘束されていると推計される。イギリスの一流医学誌『ランセット』は、「毎年一〇〇万人の子どもが強制的に売春を始めさせられ、売春させられている子どもの総数は一〇〇〇万人に上る可能性がある」と算出する。(4)

人身売買に反対する活動家は、現代の奴隷二七〇〇万人というような高い数字を使う傾向がある。(5)これは〈フリー・ザ・スレイブズ〉という有力団体を運営するケビン・ベイルズが初めて出した数字だ。だが数字を出すのはむずかしい。性労働従事者は自分の意志で働く人と意志に反して働く人というカテゴリーに明確に分けられないからだ。売春婦を性奴隷と決めつける論者もいれば、自営業者と見る論者もいる。しかし現実には、それぞれのカテゴリーの売春婦が少しずついて、他の女性の多くは自由と奴隷制のあいだの灰色領域《グレーゾーン》にいる。

売春宿ビジネスモデルの核心は、侮辱、強姦、脅し、暴力で少女の気力をくじくことだ。自尊心を粉々に砕くために犬の糞を食べさせられた一三歳のタイの少女にも会った。気持ちをくじかれ、おびえた少女は、逃亡の望みをすっかり失い、支配するのに力は必要なくなるかもしれない。通行人に笑顔を見せ、媚を売り、腕をつかんで売春宿へ引っ張ってこようとするだろう。多くの外国人が彼女は自分の意志でそこにいるのだと考える。だが、そういう状況で売春宿主の言うなりになるのを「同意」とは言わない。

私たち自身の推計では、性産業で文字どおり「奴隷」にされていると言うべき女性と少女（そしてごくわずかの少年）[6]は、世界中で三〇〇万人いる。これは控えめな数字で、操られたり脅されて売春する多くの人は含まれない。また一八歳以下で、売春宿で働くことに同意する意味がありえない、何百万人もの人も含まれない。三〇〇万というのは、実際に他人の所有物であって、多くの場合、所有者が罰せられずに殺すことができる人の数である。

専門用語としては、人身売買《トラフィッキング》とは、だれかを（力ずくで、あるいは欺いて）国境を越えて連れ去ることと定義されることが多い。米国務省は、毎年六〇万人から八〇万人が国境を越えて人身売買されていると推計する。その八〇％が女性と少女で、ほとんどが性的搾取のためだ。ミーナは国境を超えていないので、従来の意味では人身売買とは言えない。売春宿で奴隷にされている大半の人も同じだ。米国務省が指摘するように、国務省の推計には「世界中で、自国内で人身売買される何百万人もの犠牲者」は含まれない。

一七八〇年代、大西洋を越える奴隷貿易の最盛期にアフリカから新世界に船で運ばれた奴隷は、毎年平均で八万人弱だった。その後一八一一年から一八五〇年のあいだに、平均五万人強まで減った。

つまり、二一世紀の初めに毎年売春宿に送り込まれる女性と少女は、当時の総人口がはるかに少なかったことを差し引いても、一八世紀や一九世紀に毎年植民地の大農園《プランテーション》に送り込まれたアフリカ人奴隷よりもはるかに多いのだ。『フォーリン・アフェアーズ』誌が見たように、「正確な数字はともかく、現代の奴隷貿易が、絶対数において、一八〜一九世紀の大西洋奴隷貿易より大規模であることは、ほぼ確実と思われる」[7]

二世紀前の奴隷制と同じように、奴隷所有者には実際的な制約がほとんどない。一七九一年、ノースカロライナ州は、奴隷の殺害が「殺人」にあたると定め、その後ジョージア州は、奴隷を殺傷することは、白人を殺傷することと法的に同じであると断定した[8]。しかし、こうした原則は紙の上では存在したが、プランテーションでは、ないも同然だった。ちょうどパキスタンの法律が法令書には存在するが、厄介物の少女を始末する売春宿主の妨げにならないのと同じである。

ここ数十年間、多くの人道問題への取り組みに進展があったが、性奴隷問題は深刻化している。一つの理由は、東欧とインドシナでの共産主義の崩壊だ。ルーマニアなどの国で、直接の影響として経済的困窮が生じ、至る所に犯罪組織が生まれて力の真空を埋めた。資本主義は米とジャガイモの新市場だけでなく、女性の肉体の新市場も生んだのだ。

人身売買が広がった第二の理由はグローバル化である。一世代前、人々は家にいた。今では都市や遠くの国に、たいした金もかからずすぐ行ける。ナイジェリアの部族地域を一度も離れたことがない母親の娘が、いまイタリアの売春宿にいてもおかしくない。モルドバの農村地帯では、村々を車で通っても、一六歳から三〇歳の女性を一人も見ないことがある。

状況が悪化している第三の理由はＡＩＤＳだ。売春宿に売られるのはいつでも恐ろしいことに変

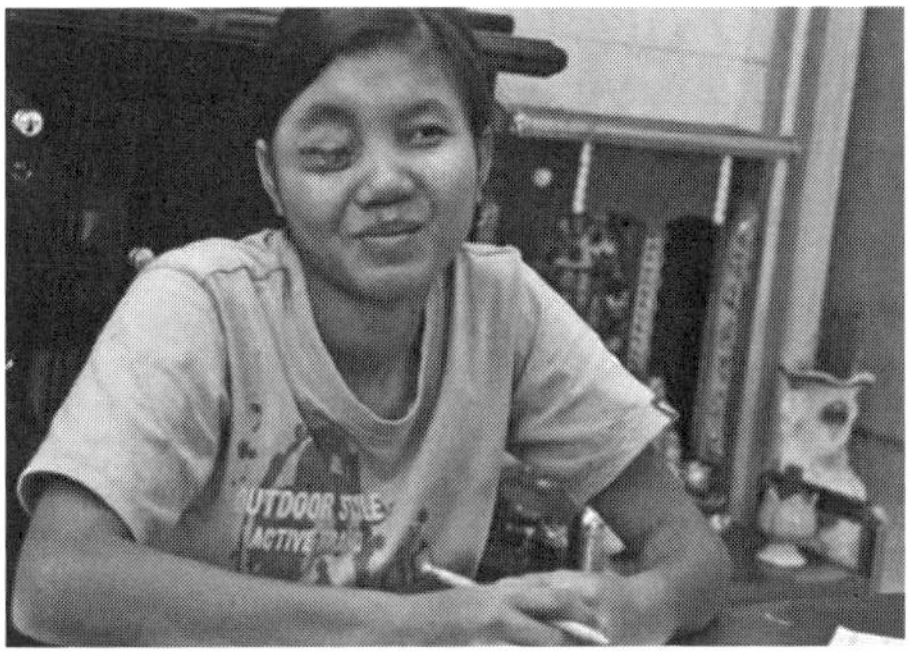

ロング・プロスは13歳で誘拐されてカンボジアの売春宿に売られた。反抗すると、売春宿の女主人はこらしめのため金属棒でロングの目をえぐった。
photo: Nicholas D. Kristof

わりはないが、かつては死刑宣告ではなかった。今はしばしばそうなる。またＡＩＤＳを恐れる客は、感染の可能性が少ないと思われるいっそう年若い少女を好む。アジアにもアフリカにも処女とのセックスでＡＩＤＳが治るという迷信があり、村からさらってきた若い少女への需要はさらに増す。

だから私たちは、他の強制労働ではなく性奴隷に重点を置く。インドの売春宿と、たとえばインドのレンガ焼き窯にしばらくいれば、レンガ焼き窯で奴隷にされるほうがましだということはだれでもわかる。レンガ焼き窯の労働者は家族と暮らせる可能性が高く、ＡＩＤＳの危険にさらされることもなく、逃げ出す希望もある。

売春宿のなかでナイナとビベクは殴られ、食べ物もろくに与えられず虐待された。二人はだれが親なのかよくわかっていなかった。ナイナはアイヌルをおばあちゃんと呼び、アイヌルの息子のビノッドを父さんと呼んで育った。ビノッドの妻ピンキーが母親だと言われたり、母親は死んでピンキーは継母だと言われたりした。だがナイナが学校に行きたいと言うと、ビノッドはだめだと言い、にべもない言葉で関係を説明した。

「言うことを聞くんだ」ビノッドはナイナに言った。「おまえはおれの物だからな」

近所の人たちが二人にほんとうのことを教えようとした。ナイナは振り返る。「ビノッドとピンキーはほんとうの親ではないと言われた。おまえたちをあんなに苦しめるのだからって」

ミーナが来て自分たちの名を呼ぶのも聞き、目にもした。ミーナは一度ナイナに言った。

「あなたのお母さんは私なのよ」

「違う」とナイナは言った。「ピンキーが私のお母さんよ」

ビベクもミーナが来たのを覚えている。

「殴られて追い払われるのを見た。母は死んだと言われていたけど、あの人がお母さんだと近所の人が教えてくれた。母が戻ってきてぼくのために闘うのを、ぼくは見たんだ」

ナイナとビベクは一日も学校へ行かず、一度も医者に診てもらったこともなく、外に出ることもめったに許されなかった。床掃除や洗濯など雑用を言いつけられ、着るものといえばぼろしかなく、靴もなかった――逃げ出したくならないように。

その後ナイナは一二歳のとき、恥ずかしい格好で年輩の男の前に立たされ、通りを歩かされた。

「〈母〉に男のことを訊くと殴られて、夕食抜きで寝かされた」
二、三日後、〈母〉はナイナを風呂に入らせ、市場へ連れて行き、きれいな服と鼻飾りを買った。
「どうしてこんなものを買ってくれるのと訊くと、叱られた。男の言うことは何でも聞かなくてはいけないと言われた。『お父さんがあんたのためにお金をもらってるんだから』って。私は大声で泣いた」

ピンキーは服を着るように言ったが、ナイナは服を放り投げ、泣きじゃくった。

ビベクはまだ一一歳で、おとなしい小柄な少年だったが、屈服を知らない気性を母から受け継いでいた。ビベクは〈両親〉と〈おばあちゃん〉に、姉を自由にしてください、それか姉に夫を見つけてくださいと懇願した。頼むたびに笑われ、ぶたれた。

「金も稼いでないくせに」と〈父〉はからかうように言った。「どうやって姉さんの面倒を見ようっていうんだ?」

それでもビベクは何度も何度も拷問者に果敢に立ち向かい、姉の自由を求めた。警官も役人も、ヒンドゥー教の聖職者も、立派な中産階級市民も、だれもが強制売春から目をそむける街で、唯一聞こえる良心の声は、声を上げるたびに殴られる一一歳の少年のものだった。

だが、ビベクのまっすぐな気持ちは実らなかった。ビノッドとピンキーはビベクを閉じ込め、ナイナに無理やり新しい服を着せた。ナイナの売春婦としての仕事が始まった。

「〈母〉は、男はいい人だから怖がるなと言っていた」とナイナは振り返る。「男と一緒に部屋に閉じ込められた。男は部屋の鍵を閉めろと言った。私は男を平手でひっぱたいた……そのあとで、男は無理やりセックスした。強姦された」

ナイナは客にチップをもらうと、こっそりビベクに渡した。一度もかけたことのない電話を使って、二人のほんとうの母だというあの不思議な女性を捜し出し、助けを求めようと考えた。だが電話を使おうとしたビベクが売春宿主に見つかり、二人ともむちで打たれた。

アイヌルは少女たちがビベクの気をひけるかもしれないと考え、売春婦とセックスしてみろと言った。ビベクはぞっとした。彼がしり込みするとピンキーは殴った。動揺し、姉の運命を恐れたビベクは、もう自分が逃げ出して、母と言われる女性を捜し出すしかないと考えた。女性がミーナという名で、フォーベスガンジに住んでいると聞いたことがあった。

ある朝、逃げ出して駅へ向かい、ナイナのチップで切符を買った。

「追いかけられて切り刻まれると思って、震えていた」と彼は振り返る。フォーベスガンジに着くと、売春宿地帯への道を尋ねた。赤線地帯までたどり着き、道行く人に次々と訊いた。

「ミーナはどこにいますか。どこに住んでいますか」

長いこと歩き、何度も道に迷い、ようやくミーナの家の近くに来たことがわかると、ビベクは大声で呼んだ。

「ミーナ！　ミーナ！」

一人の女性が小さな家から出てきて——この話をしてくれたときビベクの唇は震えていた——、不思議そうに彼を見つめた。少年と女性は長いこと見つめ合っていた。ついに女性が驚きを隠さずに言った。

「ビベクなの？」


再会はこの上ない喜びだった。混じりけのない幸福の日々。ビベクにとって生まれて初めて知る幸せ。ミーナは温かく情の厚い女性で、初めて母の愛を感じたビベクはうれしかった。

だが、ナイナのことを知った今、ミーナの粘り強さがふたたび頭をもたげてきた。ミーナは娘を取り返しに行こうと固く心に決めた。

「ナイナを産んだのは私なの。忘れられるわけがない」ミーナは言った。「生きているかぎり娘のために闘わなくては。ナイナのいない一日一日が、一年のように感じられた」

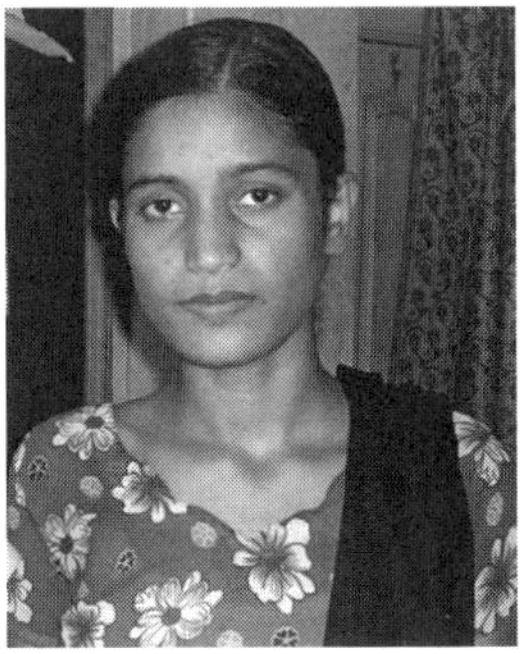

売春宿から救出されて間もないころのナイナ。
photo: Sraboni Sircar

インドの性奴隷問題と闘う団体〈アプネ・アプ〉がフォーベスガンジに事務所を開いたのをミーナは知っていた。アプネ・アプの本拠は、かつてカルカッタと呼ばれたコルコタだが、創立者――ルチラ・グプタという意志の強い元ジャーナリストの女性――が、子ども時代の一時期フォーベスガンジで育っていた。犯罪が蔓延しているため、他の援助団体はビハール州の農村地帯での活動に二の足を踏んでいたが、ルチラは地域に通じており、危険を冒して支部を開くに値すると考えた。最初にやってきた人々の一人がミーナだった。

「お願いです」ミーナはルチラに頼んだ。「娘を取り戻すのを助けてください」

ビハール州では売春宿を警察が摘発したことは一度もなかったが、ルチラはこれを最初の摘発にすることをめざした。アイヌル・ビビの売春宿は地元警察と持ちつ持たれつの関係にあったが、ルチラのほうは国家警察官僚と強いコネがあった。そしてルチラは、どの売春宿主にも一歩も引けを取らない強面だった。

アプネ・アプは、売春宿の摘発を行ってナイナを救い出すよう地元警察に迫った。警察は踏み込んでナイナを見つけ、署に連れ帰った。

だが、薬漬けにされ気持ちをくじかれていたナイナは、ミーナを見て無気力に言った。

「私はあなたの娘じゃない」

ミーナは深く傷ついた。

ナイナは、アイヌル・ビビに「ビベクは死んだ」と言われていた。自分はひとりぼっちだと思い、怖かった、とナイナはのちに語った。だが警察で一時間ほど過ごすうちに、売春宿から逃げ出せるかもしれないということが理解でき、ようやくミーナにささやいた。

「ええ、あなたがお母さんです」

アプネ・アプはすぐにナイナをコルコタの病院に運び、重い傷とモルヒネ中毒の治療を受けさせた。売春宿は言うことを聞かせるために絶えず薬を与えており、モルヒネの禁断症状は激しかった。

フォーベスガンジで、ミーナ一家の暮らしはますますむずかしく危険になった。アイヌルやマヌージとつながりのあるフォーベスガンジの売春宿主はミーナに激怒していた。ナット族の売春を嫌う人々でさえ、警察の摘発を快く思わず、町の住民はアプネ・アプの学校とシェルターに寄りつかなかった。ミーナと子どもたちは後ろ指をさされ、アプネ・アプで働く若者が刺された。クドゥーズとのあいだにもうけた二人の娘に対する脅迫もあった。

だが、道を歩くミーナは心穏やかだ。怖くはないかと訊くと笑い飛ばした。

「あの人たちは善を悪だと思っている」彼女は笑って村人のことを話す。「あの人たちは私と口をきかないけれど、私は何が正しいかわかっているし、譲るつもりはない。生きているかぎり、私も子どもたちも売春することは絶対にない」

ミーナはコミュニティ・オーガナイザーとしてフォーベスガンジで働き、娘に売春をさせないよう子どもを持つ親を説得し、娘にも息子にも同じ教育を受けさせるようすすめている。時とともにミーナへの敵意はいくらか和らいでいるが、彼女は相変わらず押しが強く女らしくないと見られている。

アプネ・アプはその後、米国の支援者からの寄付もあって、ビハール州で全寮制の学校を開き、ミーナの子どもたちも入学した。学校には警備員がいて安全だ。学校で勉強中のナイナは、将来は先生になって、特に恵まれない子どもたちを助けたいと考えている。

ある日の午後、ミーナは下の二人の娘たちに、歌を歌いながら教えていた。

インドは自由ではない、
インド女性が自由になるまでは。
この国の少女たちはどうだろう。
もしこの国で少女が侮辱され、虐待され、奴隷にされるなら、
胸に手をおいて尋ねてほしい、
この国はほんとうに独立しているのか、と。

遠い場所から、同じ空の下で

どうすれば支援できるのかという質問をいつも受ける。汚職、浪費、資金の不正管理といった懸念があるなか、どうすればミーナのような女性を実際に支援し、現代の奴隷制を打倒できるのか。ふつうの人間にできることがあるのだろうか。

出発点として、変化に到達するのがどれほど複雑か、とことん現実的になる必要がある。率直にいえば、人道支援の関係者は、ときどき誇張や過剰な売り込みに走り、落とし穴を見ようとしないことがある。空疎なデータをこじつけ、求められる成功の「証拠」をひねり出すこともある。それはこの大義が有意義で、人を熱くするからだ。女子教育の研究者は、当然ながら教育の力を信じている。その結果、あとで見るように、研究がたとえば歯磨き粉の効能の審査と同じ厳密さで行われないことがある。また援助団体は、失敗を率直に議論すると寄付を募るうえでの障害になるため、まちがいを認めたがらない。

実際、少女を支援するための努力が逆効果になったことがあった。一九九三年、トム・ハーキン上院議員はスウェットショップで働くバングラデシュの少女を支援しようと、一四歳以下の労働者によって作られた製品の輸入を禁じる法律を導入した。バングラデシュの工場は即座に、こうした少女を何万人も解雇し、少女たちの多くは売春宿にたどり着いて、おそらく今ではＡＩＤＳで命を落としたと思われる。

それでも多くの形の支援に――特に保健衛生と教育で――、すばらしい成果が出ている。その一つがワシントン州レドモンドのオーバーレーク校校長フランク・グリジャルヴァの活動だ。小学校五年生から高校生まで四五〇人の生徒がいる上流私立校。学費は年間二万二〇〇〇ドルを下らず、大半の生徒が中流の上の環境で何不自由なく育っている。グリジャルヴァは、世界人口の半分近くを占める貧困層がどのように生きているのか生徒に教える方法を探っていた。

「恵まれた私たちが、世界で大きな役割を果たす積極的な力になる必要がありました」とグリジャルヴァは振り返る。彼はバーナード・クリッシャーのことを耳にした。クリッシャーは元『ニューズウィーク』特派員で、カンボジアの貧困に衝撃を受け、援助団体〈アメリカン・アシスタンス・フォー・カンボジア〉を設立した。少女を売春宿から救出するのは重要だが、少女を救う最善の方法は、そもそも人身売買されないようにすること――学校をつづけられるようにすること――だというのが持論だ。そこでアメリカン・アシスタンス・フォー・カンボジアは、農村部の子ども、特に女子の教育に力を入れている。クリッシャーが編み出したユニークなプログラムに、農村部学校プロジェクトというものがある。一万三〇〇〇ドルを寄付すると、寄付と同額の資金が世界銀行とアジア開発銀行から提供され、カンボジアの村に学校が一つ建てられる。

グリジャルヴァの頭に名案が浮かんだ。生徒がカンボジアで学校を一つ後援して、公共サービスの重要性を訴える一助にしたらどうだろう。当初、生徒と親の反応は、理解は示すものの慎重だった。だが同時多発テロが発生して、学校全体で俄然、広く世界への関心が高まり、プロジェクトに力が入った。生徒はベークセールやタレントショーをしたり車を洗ったりし、またカンボジアの戦争と大虐殺の歴史を学んだ。学校は、タイ男性を顧客とする安い売春宿で悪名高いタイ国境の町、カンボジアのパイリンに建てられた。

二〇〇三年二月、学校の建設が完了し、開校式のためにグリジャルヴァは、オーバーレーク校の生徒代表一九人をカンボジアへ連れて行った。冷めた目で見れば、訪問にかかる費用でカンボジアにもう一つ学校を建てたほうがよかったということになるだろうが、実は一九人の米国人生徒にとって、この訪問は大切な研修であり、学びの機会だった。生徒たちは学用品の入った箱を苦労して運んで行ったが、車でパイリンに近づくにつれて、カンボジアが必要とするものは、自分たちには想像もつかないほど大きいのがわかった。パイリンに向かう泥と小石の道路は深いわだちの跡だらけでろくに通れず、大きな穴の横にブルドーザーがひっくり返っていた――地雷に触れたのだ。

学校に着いた代表団が目にしたものは、英語とクメール文字で「オーバーレーク校」と書かれたプレートだった。テープカットで、米国の生徒たちは、その場を埋め尽くすカンボジアの生徒たちの大歓迎を受けた。生徒を連れていた校長は地雷で片足を失った男性だった。当時カンボジアの男性は、平均二・六年しか教育を受けておらず、女性にいたっては平均わずか一・七年だったため、新しい学校は米国人には到底想像もつかないほど高く評価されていた。

開校式――そしてカンボジアでの丸一週間――は、米国人の生徒に強い印象を残した。オーバーレークの生徒と親は、カンボジアの同名校と継続的な関係を築くことにした。米国側の費用で学校に英語教師をおき、電子メール用のインターネット接続の設備を整えた。校庭を整備し、本を送った。その後の二〇〇六年、米国側は毎年代表を送ることに決め、春休みに英語と美術を教えるために生徒と教師を派遣した。そして二〇〇七年、ガーナでも学校を支援し、そこにも代表を送ることを決定した。

カンボジアのオーバーレーク校の前にいるクン・ソッケア
photo: Nicholas D. Kristof

「このプロジェクトは、私が教育に携わってきた三六年間で最も有意義でやりがいのあるものです」とグリジャルヴァは言う。カンボジアのオーバーレーク校は、実にすばらしい場所だ。橋が流されているため、たどり着くには流れを歩いて渡らなければならないが、そこは発展途上世界の多くの場所で目にする、崩れかかった建物とはまったく違う。生徒は六歳から一五歳までの二七〇人。英語教師は大学教育を受け、きちんとした英語を話す。教室をのぞくと、驚いたことに六年生がヤフーアカウントから電子メールを送るのに余念がなかった――送信相手は、米国のオーバーレーク校の生徒たちだった。

電子メールを書いていた生徒の一人にクン・ソッケアがいた。一三歳の少女で、まもなく、家族で最初に小学校を卒業することになった。父はAIDSで死亡し、母も同じ病気にかかってつねに看護が必要だった。クン・ソッケアはきゃしゃな身体に薄く長い黒髪の持ち主だ。引っ込み思案で、貧困の重荷が肩にのしかかっていた。

「お母さんは学校へ行くように励ましてくれるけど、お金を稼ぎに行かなくちゃと思うことがときどきある」クン・ソッケアは説明した。「お父さんがいないから、私がお母さんを養わなくちゃいけないの。生垣を刈ったりトウモロコシを植えたりして、一日に七〇バーツ（二ドルよりほんの少し多い）稼げるわ」

　こうした経済的圧力に対処するため、アメリカン・アシスタンス・フォー・カンボジアは、「少女よ大志を抱け《ガールズ・ビー・アンビシャス》」と呼ばれるプログラムを開始した。娘に学校をつづけさせるよう、いわば家族に「賄賂」を贈るのだ。娘が一カ月皆勤すれば、家族は一〇ドルを受け取る。似たようなアプローチは、メキシコその他の国でも低コストで有効に使われ、少女の就学率を高めている。クン・ソッケアの家族は定期的に給付を受けている。学校丸ごと一つ分の資金提供ができない寄付者にとって、少女一人につき年に一二〇ドルで人身売買と闘う方法にもなる。このアプローチは有効だ。というのも、クン・ソッケアのような少女こそが、人身売買の犠牲者にされてしまう少女の典型だからだ。どうしても金が要る家族の、ろくに教育を受けていない少女。人身売買業者は、遠く離れた都市で果物を売る「いい仕事」をもちかけるのだ。

　クン・ソッケアは家に案内してくれた。学校の近くの野原に建った、壊れそうな高床――洪水や害虫を防ぐため――の小屋。家には電気がなく、彼女の持ち物は一つの小さな袋に入っていた。着るものを選ぶ心配をしたことは一度もない。シャツは一枚しかないし、突っかけサンダル以外には靴もない。一度も歯医者に行ったことはなく、医者に行ったのも一度だけだ。一家の飲み水は近くの小川から取っている。クン・ソッケアが家族の服を洗うのと同じ川だ（自分のシャツを洗わなくてはならないとき、彼女はだれかのシャツを借りる）。床に置いたマットレスに弟と二人で寝ており、他の三人の家族が一メートルほど離れたところで眠る。クン・ソッケアは電話に触ったことがなく、車に乗ったこともソフトドリンクを飲んだこともない。牛乳を飲んだことがあるかと訊かれて困った様子で、赤ん坊のとき母の乳を飲んだことがあると答えた。

それでもクン・ソッケアがベッドの脇に置いているのは、米国のオーバーレーク校にいる生徒たちの写真だ。夜、眠りに就く前に、彼女は写真を手に取って、笑顔と、手入れの行き届いた芝生と、近代的な建物を眺める。母は病気で泣いてばかり、兄弟はお腹をすかせている、そんな自分の小屋にいる彼女にとって、その写真は、だれにでも食べ物がふんだんにあり、病気になれば治療してもらえる、魔法の世界への窓なのだ。そういう場所では、だれでもいつでも幸せにちがいないと彼女は考える。

恩恵を受けているのは、クン・ソッケアと家族だけではない。米国人もカンボジア人と同じくらい変わりつつある。これはよくあることだ。援助プロジェクトは、海外の人々の支援という点では評価が分かれるが、寄付者を啓発し動かすことについては折り紙つきの成果を上げている。

教訓はときに複雑だ。小学校を卒業したクン・ソッケアの中学進学を支援しようとしたオーバーレーク校がぶつかったように。中学が遠く、通学路で地域の若者が少女に嫌がらせをすることがあったので、彼女には通学手段が必要だった。

そこで教師たちの提案で、オーバーレーク校はクン・ソッケアに自転車を一台贈った。数カ月は順調だった。そのうち近所の一人の女性が、自転車を貸してくれと言ってきた。クンは年上の人にいやと言えなかった。女性は自転車を売り、受け取った金を自分のものにした。グリジャルヴァと米国の生徒たちはほんとうにくやしい思いをし、貧困と闘うのが見かけよりどれほどむずかしいか、身にしみて知った。米国側は、もう一台自転車を買うわけにはいかないと判断し、それでクンは、学校への行き帰りにまた、時間ずつ歩くことになった。おそらく遠さと通学途中の危険のせいもあって、学校に行けない日がずいぶん増えた。成績も落ちた。二〇〇九年初め、彼女は退学した。

米国の学校で、一日二ドル以下で生活している二七億人（世界の人口の四〇％）について、深い理解を伝えられることはめったにない。女性のための新しい運動の第一の目的は性奴隷と名誉殺人を止めることだが、もう一つの目的は、若い米国人を外国の生活に触れさせることだ。彼らが学び、成長し、可能性を開花させ――そして大人になってもこうした問題に取り組みつづけるように。

「カンボジアに行ったあと、将来の計画が変わりました」と語るのは、オーバーレークに通う一七歳のナタリー・ハマークイストだ。二人のカンボジア人生徒と定期的に電子メールを交わしている。

「今年、外国語を三つ習っています。大学に行ったら、もっと勉強するつもりです」

ナタリーの友達のカンボジア人少女は医者になりたいと思っているが、大学に行く金がない。ナタリーにはそれが歯がゆい。自分となにも変わらない女の子が、お金がないために夢をあきらめなければならないとは。ナタリーは、世界中の若者をエンパワーする仕事に就くつもりだ。

「だれでも、自分に与えられたものを自分なりの方法で活かすべきだと思います。私にとっては、カンボジアをこの目で見た経験はとても貴重でした。だからそれを活かしたいのです」

第2章

禁止と売春

奴隷制はきわめていいものだということを証明するために万巻の書が書かれているが、自分が奴隷になってその恩恵に与りたいという話は一度も聞いたことがない。

——エイブラハム・リンカーン

ミーナ・ハシナとルチラ・グプタをビハール州に訪ねたあと、ニックはインドを横断して、ある国境の町からネパールに入ろうとした。町は、服や軽食、そしてもっと邪悪な商品を売る店でごったがえしている。この国境通過点は、何千人ものネパールの少女がインドへ売られる地点の一つなのだ。コルコタの売春宿に連れて行かれる少女たちはここで、肌の色の薄さ、美貌、従順さを値踏みされ、コルコタの言葉を話せないかどうか調べられる——脱走を防ぐために。

ニックが国境検問所で必要書類に記入しているあいだ、ネパール人は一枚も書類を書かずにインドへ流れ込んでいた。

ニックは国境検問所の小屋にすわって、申し分のない英語を話すインド人将校と言葉を交わした。将校は国境監視のために諜報部局から派遣されたという。

「というと、正確には何を監視なさっているわけですか」とニックは訊いた。

「テロリストやテロ物資だ」と将校は言ったが、横をトラックが次々と走りすぎるのだから、何であれ厳しく監視しているわけではない。「同時多発テロ以後、ここの取り締まりを強化している。密輸品、海賊版商品も摘発し、見つければ没収する」

「人身売買される少女たちはどうでしょう?」とニックは訊いた。「少女にも目を光らせておいでですか。大勢いるにちがいありませんが」

「ああ、大勢いる。だがわれわれが気にかけることはない。できることは何もない」

「人身売買業者を逮捕できるんじゃありませんか? 少女の人身売買はＤＶＤの海賊版製作と同じくらい重要な問題では?」

情報将校は快活に笑って両手を上げた。

「売春は必定でね」彼は含み笑いをした。「どこの国にも、いつの時代にもある。一八になってから三〇で結婚するまで、男はどうすりゃいいんだ?」

「ネパールの少女を連れ去ってインドの売春宿に閉じ込めることが、ほんとうに最善の解決策なんですか?」

「不運なことだがね」将校は狼狽する様子もなく肩をすくめた。「そういう娘たちは、社会の調和が保たれるよう犠牲になっている。善良な子女を守るためだ」

「でも人身売買されているネパールの少女の多くも、善良な子女です」

「それはそうだが、読み書きもできない農家の娘、田舎娘だ。わが国の良家の子女は安泰だ」

「なるほどね」頭に血が上っていたニックは、とんでもないことを言い出した。「ご存じのように、米国では社会の調和に大変問題があるんです。そうか、インドの良家の子女を連れ去って、米国で無理やり売春宿で働かせればいいのか! 米国の若者にもお楽しみができる、そうですね? 社会の調和も保たれるってわけだ!」

不吉な沈黙があった。だが結局、警察将校は大笑いした。

「本気にするじゃないか」将校はにやりとした。「なかなかうまいね」

お手上げだった。

村娘を奴隷にしても罪に問われない理由は、二〇〇年前に黒人を奴隷にしても罪に問われなかったのと同じである。被害者が人間として数えられていないからだ。インドは海賊版商品の取り締まりには情報将校を一人派遣する。米国が知的所有権に関心があるのを知っているからだ。西側社会が海賊版DVDと同じくらい奴隷問題にも関心を持っていると感じとれば、人身売買業者を摘発するために国境に人を送り込むだろう。

奴隷制を打倒する道具は存在する。欠けているのは政治的意志だ。これが現代の奴隷制廃止運動の出発点である。奴隷制が欧米社会の責任だからこの大義に取り組むべきだと主張しているのではない。ほとんどの貧困国の売春で、欧米の男は中心的役割を果たしていない。欧米のセックスツアー客はタイ、フィリピン、スリランカ、ベリーズの問題の一部に関与しているが、売春宿の客のごく一部を占めるだけで、大多数は地元の男だ。また欧米の男はたいてい、多少なりとも自分の意志で売春をしている女性を相手にする。ホテルの自室へ連れ込みたいからだ。強制売春をさせられている売春婦はふつう、売春宿の外に出ることを許されない。

だから、罪滅ぼしのために奴隷制打倒に取り組めというのではない。私たちが行動すべきなのは、この恐ろしい悪を乗り越えるために私たちの行動が必要だからである。

現代の奴隷制廃止運動が現状のレベルにとどまっている理由の一つは、売春をめぐる政治的分裂にある。米国では一九九〇年代、左派と右派が協力し、二〇〇〇年に人身売買被害者保護法が成立した。これは、世界的な課題として人身売買への意識を高める画期的な出来事だった。当時、人身売買撲滅運動はめずらしく超党派的で、故ポール・ウェルストーン上院議員といったリベラル民主党員からも、サム・ブラウンバックのような保守的共和党員からも強力な支持を受けていた。ヒラリー・ロダム・クリントンも指導的立場にあり、ニューヨーク州選出の民主党下院議員のキャロライン・マロニーはだれよりも強力な提唱者だった。人身売買に反対する強い働きかけは、ジョージ・W・ブッシュの数少ない肯定的な国際的遺産の一つだった。性人身売買反対の牙城には〈バイ

連れ去られて売春宿に売られた、カンボジアの10代の少女。働いている部屋で。
photo: Nicholas D. Kristof

タル・ボイス〉などのリベラル団体も、〈インターナショナル・ジャスティス・ミッション〉などの保守的福音派の団体もあった。だが両派は多くの場合、別々に活動を行った。内部が統一されていれば、運動ははるかに大きな影響力をもったはずである。

不一致の理由の一つは売春のとらえ方にある。左派はしばしば、「性労働者《セックスワーカー》」という中立的な言い方を使い、同意にもとづく成人同士の交渉には寛大だ。右派は、一部のフェミニストとともに、「売春婦」「売春させられる女性」という言葉を使い、売春は本来的に名誉を傷つける、侮辱的なものだと主張する。この論争の結果、だれもが憎むべきと考えるもの、すなわち強制売春、児童売春と闘うための協力がむずかしくなった。

「学会の理論的な枠組みの中で論争がつづいています」

〈アプネ・アプ〉のルチラ・グプタは、赤線地帯で一日を過ごしたあと、ビハール州の家族代々の家にすわって、目をくるくると動かしながら言った。

「そういう理論家には、現場にやってきて、何が起きているか自分の目で見る人がほんとうにわずかしかいない。問題を何と呼ぶべきかをめぐる論争全体が無意味です。重大なのは、子どもが奴隷にされているということです」

奴隷制の廃止のために、どんな政策を追求すべきか。当初は私たちも、売春を禁止しても一九二〇年代の米国の禁酒政策よりましな成果はあげないだろうという見方に同調していた。売春を禁止しようと不毛な努力をする代わりに、合法化して規制するほうが望ましいと考えていた。この実際的な「被害軽減」モデルは、多くの援助団体に好まれている。ヘルスワーカーがＡＩＤＳの広がりを抑えるためにコンドームの配布ができ、また売春宿と接触して未成年者の有無をチェックしやすくなるからだ。

だが時とともに、私たちの考え方は変わった。合法化・規制モデルは、売春が強制される場合が多い国では機能しない。理由の一つは、多くの場合ガバナンスが貧弱で規制が効果的でないこと、もう一つは、合法的な売春宿が、年若い少女の強制売春という非合法ビジネスを助長する傾向があることだ。これと比べて警察による取り締まりは、職業再訓練と薬物リハビリなどの社会サービスと組み合わせられた場合、成功を収められるという経験的証拠がある。

私たちは後者のアプローチを望ましいと考えるようになった。人身売買が蔓延する国々では、まず警察の姿勢に根本的な変化を求める法執行戦略をとり、警察は未成年者や監禁された少女がいないか、定期的に査察を行うのが望ましい。すなわち各国政府に、単に法律を作るだけでなく、その実行を迫り、摘発した売春宿、逮捕したポン引きの数に目を光らせる。牢獄のような売春宿は閉鎖し、処女の少女を買おうとする人間にはおとり捜査をしかけ、国家警察幹部には人身売買に関する汚職の摘発を行うよう圧力をかけるべきだ。眼目は、売春宿主の利益を減らすことにある。

売春を根絶しようというのではない。イランでは売春宿は厳しく禁じられ、テヘラン市長は取り締まり強化の強硬派だったが、イランのニュースによれば、警察による売春宿摘発で、六人の裸の売春婦と一緒にいるところを逮捕された。取り締まりは完璧に機能するわけではない。だが、神経質になった警察が賄賂の額を釣り上げることにつながり、そうなればポン引きの利益は目減りする。あるいは警察は、少なくとも警察官僚の縄張りでない売春宿は閉鎖するだろう。こうした方法によって、ＡＩＤＳで命を落とすまで檻に閉じ込められる一四歳の少女の数を、まずまちがいなく減らすことができる。

「やればできます」と、インターナショナル・ジャスティス・ミッションを運営するゲーリー・ホーゲンは言う。「全員を逮捕する必要はないんです。波及効果を起こして、損得のそろばんをはじき直させるだけの人間を捕えればいい。そうすればポン引きは商売替えする。処女の村娘の人身売買をしていた人間が、盗品ラジオの密売人になります」

多くのリベラル派とフェミニストは、私たちの提唱する弾圧手法に反対し、セックス産業を地下にもぐらせるだけだと主張する。代わりに性労働者の権利強化にもとづく合法化・規制モデルを提唱し、一つの「成功例」を引きあいに出す。ソナガチ・プロジェクトだ。

ソナガチは「金の木」という意味で、コルコタに広がる赤線地帯だ。一八世紀から一九世紀を通じて、愛人を囲う伝説の場所だった。今日、狭い小道に沿って何百もの数階建ての売春宿が並び、六〇〇〇人以上の売春婦がいる。一九九〇年代初め、保健衛生専門家はインドでのＨＩＶ／ＡＩＤＳの広がりを深く懸念し、一九九二年、世界保健機構（ＷＨＯ）の後押しを受けてソナガチ・プロジェクトをスタートさせた。かぎを握るのは、〈抵抗女性統合委員会（ＤＭＳＣ）〉という性労働者組合の育成で、この組合がコンドームの使用を奨励し、売春を介したＨＩＶの広がりを抑えることをめざした。

コンドーム使用の奨励には成功したようだった。ＤＭＳＣは売春による公衆衛生問題への実践的解決策として、自らの役割を宣伝した。ある研究は、ソナガチ・プロジェクトによってコンドームの一貫使用が二五％増えたと指摘した。二〇〇五年の研究では、性労働者組合のないムンバイ（かつてのボンベイ）にはＨＩＶ感染者が約五〇％いるのに対して、ソナガチの性労働者には九・六％しかいないと言われた。ＤＭＳＣはマスコミの格好の話題になり、ソナガチ見学ツアーも企画された。また、未成年者や売春の意志のない少女の流入をＤＭＳＣのメンバーが阻止していること、性を売るのは未熟練女性労働者が一定の収入を得られる少なくとも一つの方法であることをＤＭＳＣは強調した。ソナガチモデルは、ＣＡＲＥとビル＆メリンダ・ゲイツ財団から間接的支援を受けていた。多くの開発専門家がこのモデルを喝采した。

だが数字を調べていくと、最初の話より根拠が薄弱であることがわかってきた。ソナガチの新参者のＨＩＶ罹患率は不可解に高かった――二〇歳以下の性労働者のあいだで二七・七％。[1]また研究は当初、ソナガチでインタビューされた性労働者全員がほぼつねにコンドームを使用していると述べたとしていたが、さらに説明を迫られると、割合がもっと低かったことを認めた。過去三人の顧客に一貫してコンドームを使ったと答えた人は五六％しかいなかったのだ。また、ムンバイとの対比は誤解を招くものだった。インド南部と西部は、ＨＩＶ罹患率が北部と東部より全体的にはるかに高いからだ。実際、ソナガチ・プロジェクトがコルカタで始まった時点で、ムンバイの性労働者のＨＩＶ罹患率は、ハーバード公衆衛生大学院の研究によれば、すでに五一％であり、コルカタでは一％だった。[2]ＤＭＳＣはたしかにコンドームの使用を奨励したかもしれないが、公衆衛生への貢献は、支持者が主張するより控えめなもののようだ。
ニックが自分のブログでＤＭＳＣを批判すると一人のインド人から反論があった。

> 女性が性と労働をめぐる決定力をもつという見方を、あなたのようにフェミニストで進歩派のはずの論客がどうして認めようとしないのでしょう……性労働者がようやく自らの安全を築こうとわずかながら前進しているそのときに、悲惨な状況にいる性労働者の話を利用して、職業としての性労働に反対するのは不当です。あなたの立場は、……褐色の肌の未開人を宿命から救おうとした、西洋の宣教師じみています。

多くのインド人リベラル派がこの見方に同意する。だが私たちはコルコタの赤線地帯で人身売買と闘った長い経験をもつ女性たちから、別の見方を聞いている。一人はアプネ・アプのルチラ・グプタ、もう一人は、現役・元売春婦のために闘う財団〈ニュー・ライト〉を運営するウルミ・バスだ[3]。ルチラもウルミも、ＤＭＳＣが売春宿主の看板組織になりつつあり、欧米からＤＭＳＣへの善意の支援は人身売買業者に隠れみのを提供しているという。

ウルミの紹介でジータ・ゴシュに会った。ジータが話すソナガチは、ＤＭＳＣのツアーで目にするのとはかなり違っていた。ジータはバングラデシュの貧しい村で育ち、一一歳のとき、虐待する両親のもとを逃れた。友達の「おばさん」に助けられてソナガチに来たが、おばさんが売春宿主であることがわかった。ＤＭＳＣが自分のような少女の人身売買を阻止しているという気配さえ、ジータは一度も見たことがない。

初め、おばさんは親切だった。だがジータが一二歳になると、髪を結わせて着飾らせ、ぴちぴちのワンピースを着せて、アラブ人の客と一緒に部屋に閉じ込めた。

「大きな男がいるのを見て怖くなって」と彼女は言った。「泣き叫んで、足下にひざまずいて頼みました。でもだめだった。ワンピースを引きちぎられた。一カ月つづきました。男の横で裸で寝させられた。男は酒浸りだった……。つらかった。ずいぶん出血した」

ソナガチで売春婦だった最初の三年間、ジータは外出を許されず、ＤＭＳＣの言う「自由」はまったくなかった。しょっちゅう棒で殴られ、肉切り包丁で脅された。

「その家には下水を流す大きな排水溝があったんです」とジータは振り返る。「女主人が言いました。『逃げようとでもしてごらん。切り刻んで放り込んでやる』」

ジータの見るかぎり、人身売買を防ぐというＤＭＳＣのキャンペーンは、宣伝用の看板だった。客引きのため売春宿の外の路に立つことをようやく許されたときでさえ、厳重に見張られていた。少女が一定の収入を得ているという主張に反して、ジータは一度も一ルピーも支払われたことはなかった。それは、言うことを聞かなければ命がないという脅迫のもとで行われた、奴隷労働に他ならなかった。ＤＭＳＣが主導権を取ったあとにソナガチで働いた他の女性たちの話も似たり寄ったりだ。

夜ソナガチを歩けばだれでも、未成年の少女を目にする。ニックはソナガチを数回歩きまわり、客を装って売春宿に入った。多くの年若い少女を見たが、脱走の恐れからだろう、建物から連れ出すことは許されなかった。少女たちはベンガル語、ネパール語、ヒンドゥー語しか話さず、ニックはどれも話せないので、話を聞くことができなかった。だが、イェール大の医学生でヒンドゥー語を話すアヌプ・パテルが、二〇〇五年、コルコタでコンドームの使用について調査を行った[4]。ソナガチではセックス料金が客と売春宿主と（少女自身とではなく）のあいだで交渉されるだけでなく、客が売春宿主に割り増しを払って、コンドームを使用しない権利を得られることがわかった。少女には発言権がない。

DMSCのツアーに参加したアヌプは、ある売春宿で女主人が得々と話すのを聞いた。いかにほぼすべての売春婦が自らの意志で「性労働という気高い職業に就くために」ソナガチにやって来たか、と。アヌプと他の二人が奥のベッドにすわっていると、近くに売春婦がいて、その話を黙って聞いていた。少女たちはDMSCが保証する人権とすぐ金になる稼ぎ口を自発的に選んでいるのです、と女主人は言った。アヌプはこう書いている。

女主人が部屋で他の人を相手に、DMSCの成功についてまくしたてているあいだ、私たち三人はベッドの上で、ほんとうかどうか話してくれないかとヒンドゥー語で売春婦に頼んだ。彼女は怖いのと恥ずかしいのとで、私たちが迷惑はかけないと保証するまで、黙っていた。それからほとんど聞き取れないほどの声で、ソナガチの売春婦のなかに、性労働者になりたいと思って来た人はほとんど一人もいないと言った。ほとんどは彼女のように人身売買されて来た……。ソナガチを離れたいかと尋ねると、彼女の目は輝いた。だが彼女が何も言えないうちに、DMSCの役員が私の背中に手をおいて、もう行く時間だと言った……。

次の売春宿へツアーをつづける途中で何百人もの売春婦の横を通り過ぎた。グループの一人が、依然として未成年者に売春させているといううわさの売春宿、〈ニール・カマル〉を訪問できるかと尋ねた。DMSCの役員は拒否した。あらかじめ許可を得ていないので、抜き打ち訪問して売春婦の権利を侵害したくないと言う。はったりはインドでは功を奏することがある。もし協力しないなら「しかるべき電話をかける」と脅されて青くなったDMSC役員は、悪名高いニール・カマルへ私たちを連れて行った。

五人のポン引きが、数階建ての売春宿の入り口にある、鍵のかかった門を警備していた。一人が鍵を開けているあいだに、他の四人は甲高い声で叫びながら中へ走った。「人が来た!」私たちも走り込み、二階への階段を上って思わず足を止めた。一六歳以上には見えない十数人の少女が真っ赤な口紅をして、薄暗い玄関を駆け抜け、奥の部屋へ消えたのだ。

ポン引きが叫びつづけ、DMSC役員は私たちにじっとしているように言った。どこを見ても少女たちが逃げていた。私は一つの出入り口を押さえた。一三歳か一四歳の少女が二人、足を大きく開いてベッドに横たわり、デニムのミニスカートから性器が見えていた。

ソナガチ・プロジェクトはAIDSの抑制にはいくらか成果を上げたが、ムンバイで取られた弾圧手法とはきわだった対照をなしている。ムンバイの売春宿は歴史的にコルカタより悪質で[5]、格子の向こうに閉じ込められた「檻の中の少女」で有名だ。それでも米国の圧力もあり、警察による取り締まりの結果、中心部の売春婦の数はここ数年で急激に減った。ムンバイの中心的赤線地帯では、一〇年前の三万五〇〇〇人から、今日では六〇〇〇人しかいないと思われる。一方ソナガチでは売春婦の数は変わっていない。

ムンバイでの取り締まりで、地下にもぐった売春宿があるのは確かだ。このため、ほんとうの成果を判断するのはむずかしく、また売春婦へのコンドームや医療の提供もしにくくなった。非合法の売春宿にいる少女に検査を受けさせる方法がないため確かめられないが、ＨＩＶ罹患率が上がった恐れはある。しかし取り締まりは、売春宿主にとって売春のうまみを減らした。そのため、ムンバイの売春宿へ売られる少女の売値が暴落した。人身売買業者はムンバイの代わりに、もっと高値をつけられるコルコタに、若い肉体を船で運ぶようになった。今ではムンバイへの人身売買は減っていることがうかがわれ、少なくともある程度の成功と考えられる。

弾圧手法と合法化・規制モデルの違いは、オランダとスウェーデンの比較によっても浮かび上がる。オランダは二〇〇〇年、（ずっと黙認されていた）売春を公式に合法化した。売春婦に健診と労働チェックを提供し、未成年者と人身売買犠牲者の売春業への流入を阻止しやすくなると考えたからだ。一方スウェーデンは一九九九年、逆のアプローチをとり、性サービスを買うことを処罰の対象とした。ただし売春婦が身体を売ることは処罰対象としなかった。男がセックスに金を払っているところを押さえられた場合、罰金を科されるが（理論的には、六カ月以内の刑務所行きの可能性もある）、売春婦は罰されない。これは、売春婦が犯罪者というよりは被害者であるという見方を反映していた。

一〇年たち、人身売買と強制売春を減らすうえで、スウェーデンの弾圧手法のほうが成功を収めたように思える。[6] スウェーデンの売春婦の数は、ある総計によれば最初の五年間で四一％減少し、セックス料金も下落した——需要の減少を示すかなり有効な指標だ。この値下がりは、売春婦には歓迎されていないが、人身売買業者にとってスウェーデンの魅力を減らした。スウェーデンに少女を売っても利益が見込めない、オランダに連れて行くほうがいいと考える人身売買業者が出てきた。

導入されたときは論争を呼んだが、スウェーデン人も対策は功を奏したと考えている。ある世論調査によれば、スウェーデン人の八一％が法律を支持している。

オランダでは、合法的な売春宿にいる女性の健診は容易になったが、性感染症やＨＩＶが減っているという証拠はない。相変わらずポン引きが未成年の少女を提供し、人身売買と強制売春がつづいている。アムステルダムがセックスツアーの中心地になったためだろうが、少なくとも当初、非合法の売春婦の数は増加した。アムステルダム市議会はセックスツアーと犯罪を問題視し、二〇〇三年、街娼のための実験的「寛容地帯」を廃止したが、合法的売春宿は残した。最終結果は？　アムステルダムでは、売春婦として働く東欧出身の未成年の少女が簡単に見つかるが、ストックホルムでは見つからない。

他のヨーロッパ諸国は、スウェーデンの試みが成功を収めたと結論し、そのモデルに向かって動き出している。米国でもこのモデルを試みる州が出てくるのを見たいものだ。

とはいえ発展途上世界では、二極分化を引き起こすこの厄介な議論は、たいていの場合、問題の本筋をそらすものでしかない。たとえばインドでは、売春宿は厳密にいえば非合法である――だが前に述べたように、売春宿はどこにでもある。カンボジアでも同じだ。貧困国、特に首都以外では、法律が意味をもたないことはしばしばある。私たちの取り組みは、法律を変えることではなく、現実を変えることでなくてはならない。

米議会は二〇〇〇年、国務省に『人身売買年次報告書』（ＴＩＰレポート）の提出を求め、この方向に向けて重要な一歩を踏み出した。報告書は、人身売買への取り組みに従って各国をランク付けし、ランクの低い国々には制裁を科す。これで外国駐在の米大使館は初めて、人身売買に関する情報を集める必要が出てきた。米国人外交官は各国外務省役人と協議するようになり、役人は人身売買を核拡散やテロといった主要政策課題のリストに加える必要に迫られた。各国外務省は国家警察に問い合わせを行うようになった。

ただ問いを発するだけで、この問題が政策課題に加えられた。各国は、法律を成立させ、摘発を行い、事実関係報告をまとめるようになった。ポン引きは警察への賄賂が釣り上がり、自分たちの利益マージンが食いつぶされるのを知った。

このアプローチはさらに推進することができる。国務省内では人身売買室は軽視され、別の建物に追いやられていた。もし国務長官が公の場で積極的な評価をし、たとえば外遊に室長を伴っていけば、この問題の重要性が高まる。インド公式訪問の際に、大統領がアプネ・アプのようなシェルターに足を運んでもいい。ヨーロッパは、東欧諸国のEU（ヨーロッパ連合）加盟交渉で人身売買を問題にすべきだったし、トルコに対して問題にすることは、今ならまだできる。

弾圧手法は処女の売買に特に重点を置くべきだ。特にアジアでは人身売買業者がこうした売買で不当に大きな利益をせしめ、年若い一〇代の少女の誘拐が頻発する。強姦された少女はあきらめて売春婦になり、死を迎えることがしばしばだ。買い手はしばしば裕福なアジア人、特に華僑である――このうち何人かを刑務所に入れればいい。処女市場が急速に縮小して、処女の値段が下落し、悪人連中はもっとリスクが少ないか利益の多い、別のビジネスに鞍替えする。売春婦の平均年齢が上がり、強制売春の割合が下がる。

このような転換を、スヴェイ・パクというカンボジアの村で目にした。ここは性奴隷問題で世界で最も悪名高い場所の一つだった。ニックが最初に訪問したときには、七歳や八歳の少女が売られていた。有望な客と見られたニックは、一三歳の少女と話すことを許された。売春宿に売られてきたこの少女は、処女を売られるのを恐れおののきながら待っていた。しかしその後、米国務省がTIPレポートを出しはじめ、カンボジアを厳しく非難し、マスコミ報道もカンボジアの少女奴隷問題を取り上げ、インターナショナル・ジャスティス・ミッションが現地に事務所を開いた。スヴェイ・パクは性奴隷問題のシンボルになったのだ。面倒なことになりイメージも落ち、売春宿からの賄賂では引き合わないとカンボジア政府は判断した。警察が摘発を行った。

ニックがスヴェイ・パクを訪れたここ数回、少女たちは表立って並べられておらず、売春宿の正面玄関も鎖で閉められていた。ニックを客と思った売春宿主は、裏口から中に入るよう神経質そうに合図し、数人の売春婦を連れてきたが、多くてもかつての一〇分の一しかいないようだった。ニックが年若い少女か処女に会いたいと頼むと、売春宿主は、そういう少女はおいていない、一日か二日後に予約をとって連れてくる段取りをしなくてはならない、と言った。

この実例からは、進歩はまちがいなく可能であることがわかる。人間がいるかぎり売春がなくなることはないのだろうが、性的搾取の蔓延を黙認する必要はないのだ。

むずかしいのは少女を救い出すことではない

私たちは二一世紀に昔ながらのやり方で奴隷所有者になった。金を払い、引き換えに二人の少女と二枚の領収証を渡されたのだ。少女は私たちの意のままにできる所有物になった。

だが、むずかしいのは少女を売春宿から救い出すことではない。売春宿に戻らせないことだ。解放されたあと、地域社会で後ろ指をさされ、薬物依存やポン引きからの脅迫が重なって、少女たちはしばしば赤線地帯へ戻る。売春宿の摘発を見守り、少女をシェルターへ連れて行って食べ物と治療を提供する善意の援助関係者にしてみれば、結局少女たちがいつの間にか舞い戻ってしまうのを見るのは、大きな失望だ。

買い取りなどという異例のことをしたのは、ニックが、当時『ニューヨーク・タイムズ』紙のビデオ制作者だったナカ・ナサニエルとともに、犯罪で悪名高いカンボジア北西部へ行ったときのことだ。二人はポイペットの町に着き、売春の手配もしている一晩八ドルの宿に泊まった。そしてスレイ・ネスとスレイ・モムという二人の一〇代の少女に、それぞれ別々の売春宿で話を聞いた。

ネスはとてもかわいく、小柄で明るい肌の色をしている。一四歳か一五歳に見えたが、自分ではもっと年上だと思っていた。ほんとうの生年月日は知らなかった。女のポン引きに連れられてニックの部屋に来たネスはベッドに腰かけ、恐ろしさに震えていた。売春宿に来てまだ一カ月で、ニックが最初の欧米人客になるところだった。通訳も部屋に残す必要があるとニックが言うと、ポン引きは怪訝そうだったが、それでも融通をきかせた。

黒髪がネスの肩とぴっちりしたピンクのTシャツにかかっていた。やはりぴちぴちのブルージーンズにサンダル。頬がふっくらしている以外はやせてきゃしゃだった。母親の化粧品で遊んでいた子どものように、不釣り合いな厚化粧が顔に塗りたくられていた。

通訳を介してしばらくぎこちない会話を交わしたあと、ニックが生い立ちと家族について尋ねると、ネスは落ち着きを取り戻した。震えが止まり、声が漏れないようニックがつけておいた、部屋の隅のテレビの方にほとんど目をやりながら、無頓着に短く質問に答えた。

最初の五分間、ネスは自分の意志で体を売っているのだと言った。好きなように行き来する自由があると言い張った。だがこれがポン引きの仕組んだテストか何かではなく、ほんとうのことを言っても殴られたりしないとわかると、のろのろと単調な口調で話しだした。

いとこの女性が、家族にはポイペットで果物を売ると言って、ネスを村から連れ出した。ポイペットに着くと、ネスは売春宿に売られて厳重に見張られた。処女膜が無傷であることを医者が確認すると、売春宿はネスの処女性を競売にかけ、タイのカジノのマネジャーが競り落とした。マネジャーはネスを数日間ホテルの部屋に閉じ込め、三度寝た（マネジャーはのちにＡＩＤＳで死亡した）。売春宿に閉じ込められたネスは、若くて肌の色が明るいからと最高の値がつけられた。

「ポイペットのなかを歩けたけど、宿主の親戚がいつも一緒だった」とネスは説明した。「厳重に見張られていた。一人では外出させてもらえなかった。逃げると思われていた」

「夜中に逃げようとはしなかったの」とニックは訊いた。

「連れ戻されるに決まってる。それから何かひどいことをされたにちがいない。殴られるとか。女の子たちが逃げようとしたとき、部屋に閉じ込められて殴られたと聞いたもの」

警察は？　警察に助けを求めていくことはできなかったのか。

ネスは肩をすくめた。「警察は助けてくれない。売春宿主から賄賂をもらっているから」と相変わらずテレビに目をやりながらロボットのような口調で言った。

「ここを出たい？　自由になったら何をする？」

ネスは突然テレビから目を離した。目に関心が光った。

「家に帰る」と彼女は言い、質問が本気かどうかを計っているようだった。「家族のところへ帰る。小さな店を開いてお金を稼いでみたい」

「ほんとうにここを出たい？」とニックは訊いた。「もしぼくが売春宿から買い受けて、村へ連れて帰ったら、もう戻らないと絶対に言える？」

ネスの無関心さが突然消えた。テレビからすっかり目を離して向き直り、目には光が戻っていた。

「ここは地獄」と吐き捨てるように言った。初めて、声に気持ちがこもっていた。「こんなこと、したくてやってると思う？」

ニックはネスを買い受けて家族のもとへ連れて帰るために、静かに慎重に彼女と話を進めた。少しばかりの値段交渉のあと、宿主は彼女を一五〇ドルで売り、領収証を出した。

別の売春宿で、私たちはモムに会った。大きな目をした華奢な少女で、五年間売春をさせられて心が壊れかけているようだった。笑って冗談を言ったかと思うと、次の瞬間には泣き崩れ、怒りを爆発させる。彼女は自分を買い受けて自由にし、家に連れて帰ってくれと懇願した。交渉の末、オーナーは彼女を二〇三ドルで売り、領収証を書いた。

私たちは二人を町から連れ出し、家族のもとへ連れて行った。まず近いほうのネスの家に行き、彼女が村で小さな食料品店を開けるよう金を置いて帰った。当初、店は繁盛した。〈アメリカン・アシスタンス・フォー・カンボジア〉がネスの面倒を見、支援をした。ネスが家を離れていたのは六カ月だけで、家族は、果物を売っていたという話を受け入れ、疑いを抱かず家に迎え入れた。

モムの家はカンボジアの反対側にあり、車で長い道のりを行くあいだじゅう、家族に受け入れられるか追い払われるか、モムは一マイルごとに心配を募らせた。家を出て売春宿に売られてから五年、家族と何の連絡もとっていなかった。ようやく村に近づくと、モムの気持ちは舞い上がったり落ち込んだりした。突然彼女は叫び声を上げ、まだ走っている車のドアをぐいと引き開けて飛び出した。車のほうを不思議そうに見ていた中年女性に向かって突進すると、その女性も叫び声をあげ、二人は抱き合って泣いた。モムの伯母だった。

一瞬ののち、村のだれもかれもが叫び、モムのほうへ走ってきた。母は一マイル離れた市場の店にいたが、一人の子どもが走って行って、モムが帰って来たと知らせた。母は涙をほほにつたわらせ、村に駆け戻って娘を抱き締めた。娘は地面に付して許しを請おうとし、二人とも倒れ込んだ。叫び声がやみ、涙が乾くまで、九〇分はゆうにかかった。それから時ならぬ祝宴になった。家族はモムが人身売買されたのではないかと疑いをもっていたが、彼女がカンボジア西部で働いていたのだとぼやかして言うと、それ以上追究しなかった。家族はモムに、市場で母のすぐとなりの店で肉を売ることをすすめ、ニックはこの計画の足しになるようにいくらかの金を渡した。アメリカン・アシスタンス・フォー・カンボジアがモムの様子を見守り、新生活を始めるのを支援することになった。それから数日間、モムは繰り返し電話をかけて様子を知らせてきた。

スレイ・ネス。売春宿から家族のもとに帰った直後、自宅前で。
photo: Nicholas D. Kristof

「お母さんの店のすぐとなりに店を借りたの。明日はそこで働いているわ」と彼女は言った。「何もかもうまく行ってる。ポイペットには決して戻らない」

一週間後、心の痛むメールが、通訳をしてくれたロル・チャンダラから届いた。

残念な知らせです。お父さんの話によると、スレイ・モムは自分からポイペットの売春宿に戻ってしまいました。だれか彼女をぶったり責めたりしたのかとききましたが、お父さんの話では何も悪いことは起こっていなかったということです。彼女は家族に黙って月曜日の朝八時に村を出て行きました。家族のところに残していた電話に夕べ連絡があり、ポイペットにいるそうです。

売春宿の多くの少女と同じように、モムもメアンフェタミン依存症になっていた。少女に言うことを聞かせ、依存させるために売春宿主がしばしば与える薬物だ。モムは薬がほしくなり、売春宿に戻ってでも手に入れたいという欲求に駆られたのだ。

一服を手に入れるとすぐ、モムは売春宿を出たくなった。アメリカン・アシスタンス・フォー・カンボジアのバーニー・クリッシャーがその後二度、モムをプノンペンに落ち着かせようとしたが、二度とも、数日たつと彼女はメアンフェタミンを手に入れたくてたまらなくなり、逃げだした。

モムはまったく「強い女性」ではなかった。やさしく感傷的で、いつも友達に贈り物を買い、仏の加護を仏壇に祈っていた。売春宿を離れることを願っていたが、依存症を克服できなかった。

私たちが次にポイペットを訪ねたときは、丸一年がたっていた。ニックが売春宿に入って行くと、彼女は涙をこぼして走って逃げた。落ち着いてから姿を見せ、床にひざまずいて許しを請うた。「人に嘘をつくことはないのに、あなたには嘘をつきました」彼女は絶望したように言った。「戻らないと言ったのに、戻ってきた。戻りたくないと言ったのに、戻りたくなった」

ネスとモムを見ると、多くの売春婦が自由に行動しているわけでも奴隷にされているわけでもなく、その両極端のあいだのどこか、どちらともつかない世界の中に生きているのがよくわかる。戻ったあと、モムは薬物と債務で売春宿に縛られていたが、客と自由に出かけることは許されていたので、逃げたければ簡単に逃げることができたはずだった。

時がたち、年齢が高くなると、モムの売値は一回わずか一ドル五〇セントになった。モムは、どちらかが客を取っているとき以外は、二人で売春宿の小部屋を使うようにと、一人の少女をあてがわれた。同室になったウェン・ロックは一六歳で、家族のバイクを盗まれたあと、父の怒りを恐れるあまり、家から逃げてきた。人身売買業者にポイペットでホテルのメードの仕事をもちかけられ、それからモムの売春宿に売られて、客を取るまで殴られた。モムはこの新入りが逃げ出さないよう

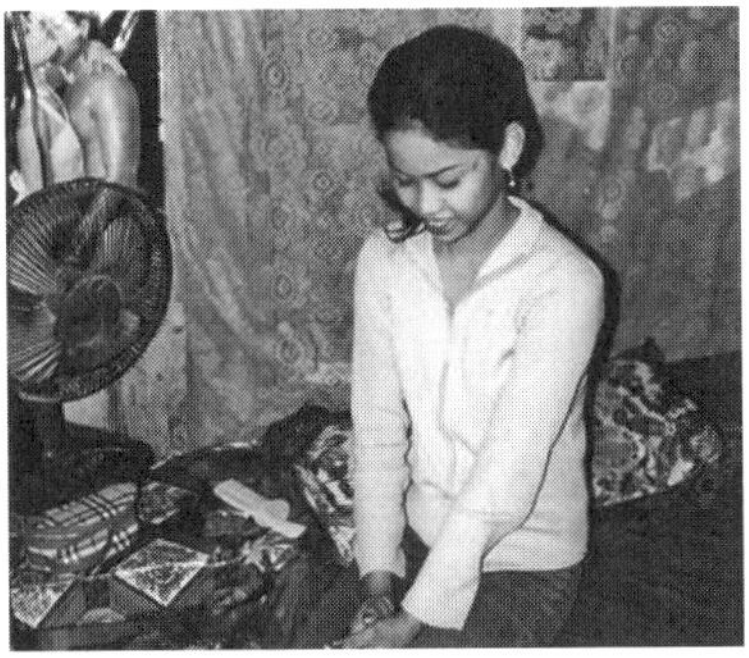

ポイペットの売春宿の自室にいるモム。
photo: Nicholas D. Kristof

にする番人になった。

何年も売春宿で残忍な仕打ちを受けてきたモムが、いまや監督役になるところだった。このままいけば、若い少女の希望をくじいて売春業に就かせる――まさに自分が殴られたように少女を殴ることになっていただろう。

だが、この運命は実現しなかった――番人としてのモムの軌跡を終わらせたのは売春宿の摘発だった。

宿主はソク・コーンという中年の女で、いつも仕事の文句を言っていた。「もうからないわりに、仕事が山のようにある」とソクは売春宿（自宅でもあった）のロビーにすわってよく不満をもらした。「それにあの酔っ払いどもときたら――しゃくに障るよ。おまけにおまわりはいつだってただでお試しさ」

ソク・コーンは、夫が売春宿の雑用を一度もしたことがないのに年じゅう少女たちと寝ていることにも腹を立て、結局は離婚した。それに、一三歳になった娘がロビーで宿題をしているとき、酔った男たちが押しかけて手を出しかねないのも心配だった。

ついに見切りをつける気になったのは二〇〇八年、高まる欧米社会の圧力を受けたカンボジア当局が、性人身売買の摘発に動いたときだった。これで少女の値段が上がり、警察も売春宿主からの賄賂の額をつり上げた。地区の警官が代わる代わる立ち寄って五ドルせびる。このころ、ポイペットの売春宿の約半分が店をたたんだ。ソク・コーンはうんざりした様子で、何か別のことでもやってみると言った。

「もうからなかったからね。手放して小さな店でもやろうと思ってね」

少女たちを買い取る売春宿はなく、モムは突然自由の身になった。有頂天だったが不安もあった。モムは客の一人だった警官と大急ぎで結婚し、その家に落ち着いた。二〇〇八年のクリスマス休暇に、私たちは——三人の子どもも一緒に——家族でカンボジアを訪れ、ポイペットでモムと喜びの再会をした。

「今は主婦なのよ」モムは誇らしげにほほえみながら言った。「もう客はとらない。あの生活とは永遠に縁を切ったの」

ネスの新しい食料品店は、村には他に店がなかったので、当初は大繁盛した。彼女も家族も大喜びだった。だがネスの商売の繁盛ぶりを見て、他の村人も次々に店を開いた。あっという間に村に六軒の店ができ、ネスは売り上げが落ちているのに気づいた。

その上、ネスの親族は相変わらず彼女を、何の権利もない、愚かな幼い娘とみなしていた。一族の男はみな、必要なものがあればネスの店から持ち出した——金を払うときも払わないときもあった。祭りの季節がめぐってきたとき、祝宴用の食べ物を買う金が足りなかった男たちは、ネスの店から勝手に持っていった。ネスは抗議した。

母があとで振り返っている。「ネスはとても怒った。私たち（親族）に、店に近寄らないで、と言った。何もかもなくなってしまうって。新しい品物を買うにはお金が要るんだって」

だがカンボジアの村では、教育も受けていない一〇代の少女の言うことなどだれも耳を貸さない。祝宴はつづき、店は空っぽになった。ネスには商品をもう一度そろえる金がなくなった。開店から四カ月後、ネスの商売の計画はつぶれた。

元手がなくなったことがくやしく、ネスは何人かの女友達と、街に仕事を探しに行く相談を始めた。一人の取引業者が、タイで皿洗いの仕事を見つけてやるともちかけた。でもこっそり国境を越えさせてもらうには、一〇〇ドル要った。金のない少女たちは、取引業者に借金しなくてはならなかった。これは少女に力をふるう古典的なやり方だ。借金は法外な利息で膨れ上がり、返済できないと売春宿に売られるのだ。

ネスは悩んだが、どうしても金が稼ぎたかった。父が結核で血を吐き、治療費がなかった。それで彼女は危険を冒して、タイに行くことにした。ネスと友達が村を出ようとしたとき、アメリカン・アシスタンス・フォー・カンボジアの援助関係者が彼女の様子を見に立ち寄った。人身売買業者の魔の手を警戒したこの援助関係者は危険を冒さないようネスを説得した。でも代わりにネスに何ができるだろう?

アメリカン・アシスタンス・フォー・カンボジアのバーニー・クリッシャーが別の道を探した。クリッシャーは、ネスがプノンペンに行って、街で最高級の美容室〈サポール〉で美容の勉強ができるよう段取りをつけた。ネスはアメリカン・アシスタンス・フォー・カンボジアの集合住宅に住んで英語を勉強する傍ら、美容室でフルタイムで働き、ヘアカットとマニキュアを習った。メーキャップコンテストで三位になり、穏やかに静かに暮らして、勉強に全力を注いだ。

「スレイ・ネスにはとても満足しています」と店主のサポール・レンダールは当時言っていた。「勉強家なんですよ」ただ、一つだけ問題があると言った。「マッサージをしたがらないんです。何度も話しているんですけど、どうしても嫌がって」

ネスはマッサージをためらう理由を、サポールに説明する勇気がなかった。サポールのような立派な美容室ではマッサージは性的なものではないが、ネスのような過去をもつ少女にとっては、マッサージというだけで、恐ろしい記憶を呼び覚ました。

時がたつにつれて、ネスは丸くなった。いつもとてもやせて悲しげだったが、少し体重も増え、リラックスして、ときには快活で、くすくすと笑った。一〇代の少女らしくふるまい、少年たちの目を引いた。少年たちはふざけていちゃつこうとしたが、彼女は無視した。

「近づかないようにしているの」と彼女はさらりと言った。「男の子たちとふざける気にならない。美容の勉強をしたいだけ。自分で美容室が開けるように」

ネスは、美容のコースを卒業したら、経営の経験を得るために小さな美容室で美容師・エステシャンとして働くことにした。一年ほどたったら、村に近い地方都市バタンバンで自分の店を開く。そうすれば父の面倒を見ながら、治療費も稼げる。

そのうちネスは健康がすぐれなくなった。不可解な熱と頭痛が何カ月もつづき、最近増えた体重がまたいくらか減った。ネスはバタンバンの診療所に行き、通例のＡＩＤＳ検査を受けた。半時間後、一枚の紙を渡された。検査は陽性だった。

打ちのめされたネスは、その紙をくしゃくしゃに握りしめて診療所を出た。カンボジアの農村部では、ＨＩＶの診断は死刑宣告のように感じられ、自分が長く生きられるとは思えなかった。何日も泣き暮らし、眠れなかった。ネスは他の人に打ち明けたり感情を表に出したりするほうではなかったが、自分一人では抱えきれなくなって、ようやくこの悪い知らせを伝えてきた。アメリカン・アシスタンス・フォー・カンボジアは治療を受けさせようとしたが、ネスは無駄だと考えた。心を閉ざし、怒りで神経が張り詰めた彼女は、家族の近くで死のうと村へさまよい戻った。

ソセアという若者が彼女に求愛しはじめた。ネスのような村娘にとっては願ってもない相手だった。大学教育を受け、英語も少し話す。長身で学者肌で、ネスより年上で大人だった。美しい女性に会えたことを喜んでいた。ネスはそっけなく拒んだが、彼の耳には入らなかった。

「初めは振られました」とソセアは言った。「『私は貧しいし、家はバタンバンの近くだし（ソセアはプノンペン出身だ）、だめです』って。ぼくはそれでも愛しているし、最後まで愛しぬくと言ったんです」

ネスはソセアに惹かれていき、まもなく結婚を申し込まれると、承諾した。ポイペットで働いたことがあり、米国人のジャーナリストの友達がいるとは話したが、売春婦だったこと――あるいはHIV検査で陽性だったことを告げるのはためらった。秘密は絶えず彼女を悩ませたが、打ち明ける勇気がなかった。

結婚後まもなく、ネスは妊娠した。妊娠中にネヴィラピンという薬を飲み、出産後に母乳を与えなければ、子どもがHIVに感染するリスクを大幅に減らせる。でもこの方法をとるには、自分がHIV陽性であり、売春婦として病気に感染したことをソセアに告げなくてはならない。妊娠中のネスとソセアを見るのはつらかった。自分のいのちと子どものいのちをひそかに危険にさらしている女性のことをソセアがこれほど愛していたからだ。

ある午後、みんなで二人の家の外にすわっていると、ソセアが彼の両親への不満を口にした。ネスがしばらくレストランで働いていたからといって見下しているのだという。はしたない仕事だとみなしているのだ。「両親は怒ったけれど、ぼくはいつまでも愛するとネスに約束した」と彼は言った。「両親は勘当だと言ったんです。『ネスを選ぶなら、もうこの家の敷居をまたがせない』。両親はぼくをマレーシアへやって別れさせようとしたんですが、向こうでどんなに恵まれた生活をしていても、ネスに会いたくて戻ってきた。たとえ問題に巻き込まれても、彼女を離さない——食べるものがなくたって一緒にいるつもりです」

ネスはこの大っぴらな愛の告白に照れた様子だったが、二人は視線を合わせてくすくすと笑った。人生の絶頂にいるはずのネスは、骨ばって病人のように見えた。すでにＡＩＤＳに蝕まれているように思えた。

「ネスはどんどん弱っている」とソセアは気をもんでいた。「妊娠した女性はふつう食欲が出るものなのに、あまりお腹がすかないという」

ソセアが数分席を外したとき、ネスはげっそりした顔で私たちの方を向いた。

「わかってる、わかってます」彼女はつらそうにささやいた。「言いたいと思っています。言おうとしているんです。でも大切な人だから。彼にどう思われるかと思うと」

愛しているなら言わなくてはいけないと私たちは彼女に言い、ソセアが戻って来たとき、ネスの健康に話を持っていこうとした。「二人とも子どもが生まれる前にＨＩＶの検査をしたほうがいいな」ニックがさりげなく聞こえるようにと念じつつすすめた。「どういうところでかかるかわからないもんだから、検査するにはいい機会だろう」

ソセアは鷹揚にほほえんで一蹴した。「妻がＨＩＶにかかっているわけがない」とぴしゃりと言った。「ぼくは他の女性と出かけたことも売春宿に行ったこともない。どうして彼女がＨＩＶになることがあるんです？」

私たちは何回かネスを訪ねて、母体のために食べ物や粉ミルクを渡したが、会うたびに心が痛んだ。売春宿での短い時間に植え付けられた病気が、彼女と夫、そしてまだ生まれていない子どものいのちを奪おうとしているように思えた。彼女の人生は、ようやく幸せをつかんだように見えたその瞬間に引き裂かれようとしているようだった。

出産が近づくと、ネスは再検査に同意した。そしてなんと、今回はＨＩＶ陰性という結果が返って来たのだ。今回のテストのほうが前回よりも近代的で信頼性があった。ネスはたしかに病気でやつれていたが、それは結核か寄生虫、あるいは極度の疲労からだったようだ。いずれにせよ、ＡＩＤＳではなかった。

それを知ってネスは明るくなった。体重も増え、元気そうになった。孫が生まれるという見通しがソセアの両親に若夫婦の勘当を解かせ、家族はふたたび結ばれた。

二〇〇七年、ネスは息子を産んだ。赤ん坊は丸々として元気だった。ネスは自宅の中庭で息子を抱きしめ、喜びに輝いていた。私たち一家が二〇〇八年の終わりにネスとソセアを訪ねたとき、彼女はわが家の子どもたちに息子を見せ、息子がよちよち歩きをするとくすくすと笑った。美容のコースを終えるために学校に戻っており、姑は、ネスが美容師・エステシャンとして商売ができるよう、小さな店を買う計画を立てていた。

「店の名前はもう決めてるの」とネスは言った。「ニック＆バーニー」

たび重なる曲折と挫折を経て、ネスはもう一度人生を築いていた。売春宿で恐怖に震えていた幼い少女は永遠に葬られた。

この物語には三つの教訓がある。第一に、売春宿から少女を救い出すのは複雑で不確実であること。不可能なときもある。だからこそ予防に力を入れ、売春宿を廃業させることが最も有効なのだ。第二に、絶対にあきらめないこと。人を支援するのはむずかしく、予想がつかないものだ。あいだに入って行うことが、いつもうまくいくとは限らない。だが、成果を上げることはできるし、着実に成果をあげることが重要だ。

第三に、一つの社会問題があまりに広範で、たとえ全体を解決できなくても、問題を軽減することはできるということ。貧困国の少女をみんな教育する、出産時に死亡する女性をみんな救う、売春宿に閉じ込められている少女をみんな救う、それは無理かもしれない。だがネスのことを思うと、元『ニューヨーク・タイムズ』ビデオ制作者でハワイ出身のナカ・ナサニエルが教えてくれた、ハワイの寓話を思い出す。

一人の男が浜に出かけ、満ち潮で打ち上げられたヒトデが浜を覆い尽くしているのを見る。一人の幼い少年が歩きながらヒトデを拾い上げ、海に投げ返している。

「坊や、何をしているんだい」と男は訊く。「いったいいくつヒトデがいると思う？　いくらやったって同じだよ」

少年は動作を止めてじっと考えた。それからまた一つヒトデを拾い、海に投げ込んだ。

「こいつにとっては同じじゃないさ」

第3章

声を上げること

分別のある人間は自分を世界に適応させる。分別のない人間は世界を自分に適応させようとする。それゆえあらゆる進歩は、分別のない人間に負っている。

――ジョージ・バーナード・ショー

これほど多くの女性と少女が連れ去られ、人身売買され、強姦され、あらゆる虐待を受ける理由の一つは、彼女たちがほほえんでそれを耐え忍ぶからだ。世界の多くの場所で、女性は赤ん坊のときから、禁欲的な従順さ——特に男の命令を何でも受け入れること——を教え込まれる。それで、たとえ一日に二〇回強姦されながらほほえんでいろという指示であっても、しばしば言われたとおりにするのだ。

犠牲者を非難するわけではない。女性にとって抵抗して殺される危険を冒すより、虐待を受け入れたほうがましだという実際的、文化的理由はたしかにある。だが現実として、女性と少女が売春婦にされ殴られることを受け入れるかぎり、虐待はつづく。

叫び、抗議する少女が増え、売春宿から脱走する少女が増えれば、人身売買というビジネスモデルは成り立たない。人身売買業者はそれを承知している。教育のない農村の娘なら命令に従い運命に身をゆだねる可能性が最も高いからこそ、そうした少女が餌食にされるのだ。マーティン・ルーサー・キング牧師が米国の公民権運動の闘いのなかで言ったとおり、「私たちは背筋を伸ばして、自らの自由のために行動しなくてはならない。背中が曲がっていなければ、だれも馬に乗るようにあなたの背に乗ることはできない」

むろん、これはデリケートな問題で、外国の応援団が地元の少女に無闇にリスクを引き受けろとせっつくのは危険だ。だが、若い女性が自らの声を上げることを支援するのもまた重要である。教育とエンパワーメントがあれば、女性らしさとはつねに従順さを意味するものではないと少女に伝え、女性が自分のために立ち上がれるよう積極性を育むことができる。まさにこれが、インド中央部の都市ナグプールの郊外にある、カスターバ・ナガールというスラムで起きたことだった。

カスターバ・ナガール。ぬるぬるした下水が流れるどぶが絶望的な悪臭を放つ。住民はダリット――不可触民だ。大半は肌の色が暗く、服とふるまいに貧しさがにじむ。住まいの小屋が並ぶ曲がりくねった小道は、雨が降ると下水と泥でぬかるむ。男はリキシャを引くか、卑しい仕事、汚れ仕事につき、女はメードとして働くか、家にいて子どもを育てる。

この想像を絶する環境で、ウシャ・ナラヤネという一人の若い女性が絶望を払いのけ、困難をはねのけて成功した。二八歳で自信に満ちたウシャ。小柄で長い髪、丸顔に豊かなまつ毛。栄養不良に長いこと苦しんできたインドのような土地では、体重は特権になりうる。ウシャはその成功をうかがわせる風貌をしている。話しだすと止まらない。

ウシャの父マドゥカル・ナラヤネもダリットだが、高校を卒業して電話会社で安定した仕事に就いている。母アルカも例外的に教育を受けている。一五歳で結婚したが、九年間教育を受け、読み書きができるのだ。両親は、カスターバ・ナガールから抜け出す道として、子どもにしっかり教育を受けさせようと決めていた。つましい生活をして子どもの教育のためにせっせと貯金し――英雄的なことを成し遂げた。だれも単科大学すら行ったことがないスラムで、ウシャを含め五人の子どもがみな総合大学を卒業したのだ。

教育が娘にどのように作用したか、母は喜び、少し怖がっていた。

「娘は怖いもの知らずです」と母は言う。「だれも恐れない」

ウシャはホテル・マネジメントの学位を得て卒業し、インドのどこかで一流ホテルのマネジャーになるはずだった。すでにカスターバ・ナガールを抜け出し、ホテルの仕事に就くつもりで、家族に会いに帰ってきた――ところがそのとき、アク・ヤダヴの支配欲と傲慢にぶつかった。

アク・ヤダヴはある意味で、カスターバ・ナガールのもう一つの「成功例」だ。ダリットよりカーストが高く、三流やくざ見習いからスラムのギャング王になった。ヤダヴは、カスターバ・ナガールを牛耳る、盗み・殺人・拷問やり放題のチンピラ暴力団の親玉だった。中流地区であれば、インド当局もこれほどほしいままにやくざの餌食にさせなかったのだろうが、ダリットや低カーストの住むスラムでは、賄賂の金を受け取る以外に当局が介入することはめったになく、やくざが絶対的な支配者となることがままあった。

ヤダヴは抜け目なく縄張りを築き上げ、一五年もカスターバ・ナガールを恐怖に陥れてきた。歯向かってくるかもしれない人間を恐怖に陥れるため、強姦を脅しの手段として使っていた。殺人は厄介な死体の山を残し、警察を遠ざけておくために賄賂が要るが、強姦なら、後ろ指をさされるのを恐れた犠牲者が泣き寝入りするのを当てにできた。性的侮辱は、歯向かう人間を脅し、カスターバ・ナガールを支配するための、効率的かつリスクの低い戦略だったのだ。

スラムの住人によれば、アク・ヤダヴはある女性を結婚直後に強姦したことがあった。また別のときはある男性を裸にし、たばこを押し付けて六歳の娘の前で踊らせた。アショ・バガトという女性を連れてきて、娘と数人の隣人の目の前で、胸を切り落として拷問したという。それから道で彼女を切り刻んだ。隣人の一人アヴィナシュ・ティワリはアショが殺されて恐ろしくなり警察に行こうとしたために殺された。

襲撃はつづいた。ヤダヴと手下たちはカルマという女性を、出産後わずか一〇日しかたたないときに輪姦し、深く傷ついたカルマは、灯油をかぶって焼身自殺した。また妊娠七カ月の別の女性を家から連れ出し、裸にして、道で公衆の面前で強姦した。ふるまいが野蛮になればなるほど、人々

ウシャ・ナラヤネ。インドの出身スラム地区で。
photo: Naka Nathaniel

はますますおびえて、なすがままになった。

二五の家族がカスターバ・ナガールを離れたが、大半のダリットには選択肢がなかった。住民は娘を退学させ、人目を避けて家から出さないようにした。野菜売りはカスターバ・ナガールに寄りつかなくなり、主婦は食べ物を買いに遠くの市場まで行かなくてはならなかった。アク・ヤダヴの標的がダリットであるかぎり、警察は介入しなかった。

「警察は階級意識がとても強いから」とウシャは言う。「肌の色が薄ければ上流階級に見られて助けてもらえるかもしれない。でもやくざが襲うのは、肌の色が濃く、ひげを剃っていない人。警察に苦情を言いに行って、かえって捕まった人も多い」ある女性はアク・ヤダヴと手下に輪姦されたと警察に訴えた。警察は自分たちも輪姦して応じた。

アク・ヤダヴに痛めつけられていないのはウシャ一家だけだった。ヤダヴは、教育のあるナラヤネ家には訴え出る力があると警戒し、敬遠していた。途上国では、読み書きできない人を痛めつけるのは、たいていやり放題だ。教育を受けた人間は食い物にしにくい。だが結局ウシャが帰省してきたとき、二つの家は正面からぶつかることになった。

一三歳の少女を強姦したばかりのアク・ヤダヴは、余勢をかってナラヤネ一家のとなりに住むラトナ・ドゥンギリの家に行き、金をせびった。やくざたちは家具を壊し、家族を殺すと脅した。

ウシャは、警察に行くようラトナに言った。ラトナが行こうとしないので、ウシャは自分で警察に苦情を届け出た。警察からウシャのしたことを聞いて激怒したヤダヴは、手下四〇人を引き連れてナラヤネ家に現れ、取り囲んだ。ヤダヴは酸のビンを手に、外からウシャに向かって、余計なことをするなと怒鳴った。

「苦情を取り下げるんだ、さもないとひどい目に遭わせてやる」

ウシャは入り口をふさいで、譲るものかと言い返した。それから警察に電話し必死で訴えた。警察は来ると言ったが、来なかった。そのあいだ、アク・ヤダヴは戸を叩きつづけた。

「お前の顔に酸をぶっかけてやる。そうすりゃもう苦情なんか言える身分じゃなくなるぜ」とヤダヴは怒鳴った。「どっかで会ったらただじゃおかねえ。回すなんてもんじゃねえぞ。どんな目に遭うか見当もつかねえだろうよ」

ウシャはののしり返した。アク・ヤダヴは、どうやってウシャを強姦し、酸で焼き、惨殺するか、生々しく描写した。ヤダヴと手下は戸をぶち破ろうとした。ウシャは、一家が調理に使うガスボンベを開いて、マッチを手に取った。

「家に押し入ったら、マッチを擦ってみんな吹っ飛ばすよ!」ウシャは言った。やくざたちはガスの臭いをかいでためらった。「さがりなさい、さもないと吹っ飛ばす!」とウシャはもう一度叫んだ。襲撃者たちは引き下がった。

そのあいだ、この立ち回りのうわさが近所を駆けめぐっていた。ウシャが教育を受け成功していることに深く誇りをもっていたダリット住民は、アク・ヤダヴがウシャまで傷つけるかと思うとつらかった。彼らはどうしていいかわからず遠巻きに集まっていた。だがウシャが反撃してアク・ヤダヴに罵倒の言葉を投げつけ、手下がついに退却したのを見ると勇気がわいた。怒ったダリットたちが一〇〇人、すぐに道に出て棒や石を拾いはじめた。

「もしヤダヴがウシャにまであんなことができるとしたら、もう望みはないと思った」と一人の住人は説明した。石が飛んできはじめると、群衆の険悪な雰囲気を察知した手下たちは逃げ出した。スラムは有頂天になった。初めて対決に勝ったのだ。ダリットはスラムじゅうを行進して祝った。それからアク・ヤダヴの家に行き、火をつけて全焼させた。

アク・ヤダヴが警察に出頭すると、警察は保護するために逮捕した。ほとぼりがさめるまで拘留してから釈放しようとしているようだった。保釈尋問が予定され、警察が腐敗した取引でヤダヴを釈放しようとしているといううわさが広がった。保釈尋問は何マイルも離れた、ナグプール中心部で行われることになった。

何百人もの女性がカスターバ・ナガールからナグプールまで行進し、かつての大英帝国の威光の残る、大理石の床と高い天井の、壮麗な法廷に繰り出した。サンダルと色あせたサリーのダリット女性たちは緊張したが、正面に近い席についた。気取って入って来たアク・ヤダヴは、自信満々で悔い改めた様子もなく、女性たちが立派な法廷に気後れしているのに気づいた。かつて強姦した一人の女性を見つけ、売女とからかい、また強姦してやると叫んだ。彼女は前に走り出て、サンダルでヤダヴの頭を叩いた。

「今度は、あたしがあんたを殺すか、それともあんたがあたしを殺すか、どっちかだ」

彼女は甲高い声で言った。それをきっかけに、堰《せき》が切って落とされた。事前に計画されていたようだった。カスターバ・ナガールの女性がみな前に押し寄せて、アク・ヤダヴを取り囲み、叫び、怒鳴った。数人の女性が、服の下から唐辛子粉を取り出して、アク・ヤダヴと二人の護衛警官の顔に振りかけた。警官たちは目をやられ、ほうほうのていですぐ逃げた。女性たちは服からナイフを取り出し、アク・ヤダヴを刺しはじめた。

「許してくれ」といまや恐怖に陥ったヤダヴは叫んだ。「許してくれ！　二度とやらない」

女性たちはナイフを回し、ヤダヴを刺しつづけた。一人ひとりが一回刺すことで話がついていたのだった。それから、ヤダヴがアショ・バガトの胸を切り取ったことに対する身の毛もよだつ復讐として、ペニスを切り落とした。しまいにヤダヴは切り刻まれていた。私たちが法廷を訪れたとき、血痕がまだ残っていた。

血に染まった女性たちは勝ち誇ってカスターバ・ナガールへ行進して帰り、夫や父に怪物をやっつけたことを告げた。スラムは一気にお祝いムードに染まった。人々は音楽をかけ、道で踊った。財布をはたいて子羊の肉と菓子を買い、知り合いに果物を贈った。カスターバ・ナガールじゅうで、盛大な結婚式にも似た祝宴が繰り広げられた。

アク・ヤダヴへの攻撃が入念に計画されたものだったことは明らかで、リーダーはまちがいなくウシャだった。そのため、ウシャは当日法廷にいなかったと証明できたにもかかわらず逮捕された。だがこの殺人で、カスターバ・ナガールの苦境に注目が集まり、激しい抗議が巻き起こった。引退した最高裁判事バウ・ヴァハネは、公に女性たちの肩をもって言った。

「この女性たちが耐えてきた状況では、ヤダヴを始末するしか選択肢は残されていなかった。女性

たちが繰り返し警察に保護を求めたにもかかわらず、警察はそれを怠った」(1)

全員そろって自分に責任があると言えば、だれも殺人罪に問われないだろうという話が、何百人もの女性のあいだでまとまっていた。数百人がそれぞれ一度ずつ刺したなら、どの一刺しが致命的とは言えないはずだと論理的に考えたのだ。カスターバ・ナガールじゅうで、女性たちは一つのせりふを繰り返した。「みんなで殺した。みんなを逮捕しなさい！」

「みんなで責任をとります」と、内気な若い母ラジャシュリ・ラングダールは言った。四五歳のしっかり者の主婦ジジャ・モアがこう付け加えた。「自分たちのしたことに誇りをもっています。……だれかが罰を受けなくてはならないなら、みんなで受けます」ジジャは満足していた。「私たち女は怖い物知らずになった。男を守ったんですよ」

警察は苦虫をかみつぶし、二週間後に、地区を離れないという条件つきでウシャを釈放した。ホテル・マネジャーとしてのキャリアは終わってしまい、またアク・ヤダヴのやくざが強姦か酸で復讐をねらっているにちがいないと彼女は思っている。

「どうってことありません」と彼女は自信をもって頭をあげ、そっけなく言った。「あいつらのことはどうでもいい」

ウシャはコミュニティ・オーガナイザーとして新しい生活を始めた。マネジメントスキルを活かしてダリットに呼びかけ、ピクルスや服など市場で売る製品を作る。ダリットが商売を始めて収入を上げ、教育に金をあてられるようになればというのが願いだ。

今はまだ生計を立てようと格闘中だが、ウシャはカスターバ・ナガールを活気づける新しいリーダー、スラムのヒロインだ。彼女を訪ねたとき、タクシーの運転手はなかなか家を見つけられなかった。たびたび止まって道を訊くと、みんな、そんな人はいないと言い張るのだ――あるいは車を一帯から遠ざけようとする。とうとうウシャに電話をかけて、立ち往生していると言うと、彼女は大通りに出て、手を振って合図してくれた。

私たちにまちがった道順を教えた人たちはみな、彼女のところにだれか子どもをやって、よそ者が探していると知らせていたという。

「守ろうとしてくれるんです」とウシャは笑いながら説明した。「地域全体で見張ってくれる」

カスターバ・ナガールの話は複雑で、簡単に教訓を引き出せるものではない。それでも、女性が黙って虐待を受け入れるのを何年も目にしたあとでは、ウシャのような人が逆襲を率いるのを見るのは溜飲が下がるものだ――血なまぐさい展開には動揺を禁じえないし、殺人を大目に見ることはできないとしても。

「エンパワーメント」は援助業界の常套句だが、これがほんとうに必要なのだ。平等に向かう第一歩は、女性の従順さと従属性という文化を変え、女性が声を上げて要求できるようにすることだ。

もちろん、私たちのような部外者が言うのはたやすい。私たちは声を上げたことで恐ろしい危険を負うわけではない。だが、一人の女性が立ち上がったとき、外部の人間が擁護することが絶対に必要だ。声を上げた人を保護する機関も作らねばならない。命の危険にさらされている人に避難所を提供することも必要かもしれない。そして、女性と少女に自分の権利のために立ち上がる勇気を与える、ただ一つの最も重要な方法は教育だ。貧困国ですべての人が教育を受けられるようにするために、やるべきことはまだまだある。

結局はカスターバ・ナガールの女性のような女性たちが、自ら人権革命に加わる必要がある。こうした女性たちこそが答えの一部なのだ。もう片方の頬を差し出すことをやめて叩き返す女性が増えれば、人身売買と強姦は減るだろう。

新世代の奴隷廃止運動家

今日の世界には依然としてさまざまな形の奴隷制が存在するとザック・ハンターが学校で教わったのは、アトランタに住んでいた一二歳のときだった。驚いて本を読み、ますます衝撃を受けた。まだ七年生だったが、強制労働と闘うために募金をしようと考えた。そして作ったのが、生徒の運営する現代の反奴隷制運動〈鎖を解くため変化を放て《ルース・チェンジ・トゥー・ルースン・チェインズ》〉、愛称ＬＣ２ＬＣだ。初年度に八五〇〇ドルを集めて以来、成長中だ。

高校生になったザックは米国各地を飛び回り、学校や教会の集会で人身売買について話している。〈マイスペース〉の職業欄に「奴隷廃止運動家・学生」と書くザックにとって、ヒーローはウィリアム・ウィルバーフォースだ。二〇〇七年、人身売買に対する行動の強化を求める請願を、一〇〇〇人の署名とともにホワイトハウスに提出した。若者に奴隷廃止のための行動を呼びかけた著書『変化になろう』（*Be the Change*）も出版し、米国各地の学校や教会にＬＣ２ＬＣの支部を育成している。

途上国の女性支援に新しいアプローチを提供する「社会起業家」の運動が急成長している。ザックもその一人だ。援助関係者が官僚組織の枠内で活動するのに対して、社会起業家は、新しい機関や企業、運動を起こして独自の枠組みをつくり、創造的な方法で社会問題に取り組む。従来のリベラル派がもっていた資本主義への不信感が薄く、持続可能性を確保するためにサービスの有料化やビジネスモデルを援用することも多い。

「社会起業家は、ただ魚を与えたり魚の捕り方を教えたりすることでは満足しない」社会起業という発想を普及させた元コンサルタント・元官僚のビル・ドレイトンは言う。「漁業を改革するまで手を休めないのだ」

ドレイトンは、世界中で社会起業家を支援し、育成する〈アショカ〉の創設者だ。支援を受けるアショカ・フェローと呼ばれる社会起業家は、今では二〇〇〇人を超え――その多くが女性の権利運動にかかわっている。ドレイトンは、社会起業家の台頭をめぐる歴史をこうまとめる。


農業革命はわずかな余剰しか生み出さなかったため、都市へ移動して文化と歴史を創造したのは、少数のエリート層だけだった。以来、このパターンがつづいてきた。少数だけが社会的ツールを手にし、イニシアティブを独占した。欧米社会で一人あたりの収入がローマ帝国崩壊から一七〇〇年ごろまで固定していた理由の一つがこれである。しかし一七〇〇年ごろ、進歩的な新機構がヨーロッパ北部で発展しはじめていた。寛容で進歩的な政治が促進する、起業家的・競争的ビジネスである。……その結果、欧米社会は一二〇〇年の停滞から抜け出し、それまで世界が経験したことのない急成長を遂げた。一人あたりの平均収入は一七〇〇年代には二〇%、一八〇〇年代には二〇〇%、前の世紀には七四〇%上昇した。……しかし一九八〇年ごろまでこの変貌は、社会的活動を素通りしていた。……一九八〇年ごろ初めて壁にひびが入り、社会的活動の領域全体が、この社会起業的・競争的新機構へと構造的に急移動した。ひとたび壁が壊れはじめると、政府が警戒していた地域は別として、世界中ほとんどどこでも遅れを取り戻す変化が押し寄せた。自ら開拓する必要がなく、むしろビジネスに倣えばいいという有利さがあり、この第二の大変貌は、非常に急速に生産性の成長を達成した。この点、タイのような成功した途上国と似ている。アショカの最良の予測では、社会活動部門の生産性レベルとビジネスの生産性レベルとの格差は、一〇年から一二年ごとに半分に縮まっている(2)。

社会起業家たちの後押しを受ければ、女性の権利運動がどれほど力を発揮できることか。国連と官僚的な援助機関は、――ワクチンの改良や井戸掘りの新方式を含め――もっぱら技術的解決を追い求める。これはたしかに重要だ。だが進歩は、政治的、文化的対策、そして端的に言ってカリスマ性にも依存している。リーダーシップを持つ一人の人物が鍵を握ることも多い。米国のマーティン・ルーサー・キング牧師、インドのマハトマ・ガンジー、イギリスのウィリアム・ウィルバーフォース。新しい手法に投資すると同時に、頭角を現しつつあるリーダーに投資することが重要だ。援助機関は、ドレイトンがアショカで送り出したボートに乗り遅れていると言わざるをえない。

「それはたしかに、開発関係者や政府による取り組みの大きな盲点だったようだ」『世界を変える人たち』(ダイヤモンド社)という、社会起業家に関する優れた本の著者デビッド・ボーンスタインは指摘する。政府の援助機関であれ巨大フィランソロピー団体であれ、大口の寄付者は、数字で計れる組織的な介入をしたがり、それにも一理ある。だが結果として、最前線の現場で変化を創り出す個々のリーダーを発掘・支援するネットワークを築くことができず、社会変革をもたらす機会を逸している。こうした寄付組織はふつう、的を絞った少額の資金提供を地域社会レベルで行うようにはできていない――だがそうした資金提供こそ、変化を実現する重要なツールになりうる。

海外で小規模プロジェクトの支援をめざすベンチャーキャピタルファンドとして活動する機関はいくつかある。アショカはアショカ・フェローの支援を通してまさにそれを行っている。シェリルの大学院時代のクラスメート、カヴィータ・ラムダスが運営する世界女性基金（ＧＦＷ）も一九八七年以来、一六七カ国で三八〇〇以上の女性団体を支援してきた。ニューヨークに本拠をおく国際女性保健連合（ＩＷＨＣ）は人権擁護の主張で最もよく知られているが、世界中で女性を支援する小団体への資金提供も行う。

ザックも、そしてルチラ・グプタとウシャ・ナラヤネも優れた社会起業家だ。女性は一般に政治家としては上りつめていかないが、社会起業家としてはしばしば優勢な勢力である。男性が政治権力を独占する国々でさえ、女性は独自の有力機関を創設して変化をもたらし、成果を上げている。特に性人身売買に反対する新世代の奴隷廃止運動で、新進社会起業家としてリーダーシップを発揮する女性が多い。

インドのアショカ・フェローで、人身売買と闘う人間のあいだでは伝説的な存在であるスニータ・クリシュナンもその一人だ。彼女の話をたびたび耳にしていた私たちは、ようやく本人に会ってその小柄さに驚いた。一三五センチの体は、先天性の足の障害のために余計小さく見える。

中流階級出身のスニータは幼稚園のとき、その日習ったことを貧しい子どもに教えに行く役に名乗り出た。この経験に非常に心を動かされたのがきっかけで、ソーシャルワーカーになる決心をした。インドの大学と大学院で社会福祉を学び、識字問題に重点的に取り組んだ。あるとき学生仲間のグループで貧しい人々に呼びかけようとしたことが、村の一部の男たちには、余計な口出しと思われた。

「不愉快だから目に物見せてやれということになったんでしょう」

ハイデラバードで運営するシェルターにある、がらんとした小さなオフィスでスニータは語った。ハイデラバードは、ルチラ・グプタがミーナの命を守るために闘うビハール州の村から南西に一〇〇〇マイル近く行ったところにある。洗練された上流階級のインド英語で話すスニータは、活動家というより大学教師のようだ。客観的で分析的だが、あの日のその後の出来事を説明するとき、今も深く憤っている。活動を嫌った男たちが彼女を強姦したのだ。

警察には行かなかった。「無駄だとわかっていました」スニータは非難され、家族は後ろ指をさされた。

「強姦自体はそれほど強い衝撃ではありませんでした」と彼女は言う。「ショックだったのは、世間の扱い、人々が私を見る目でした。男たちがなぜそんなことをしたのか、だれも問題にしなかった。みんな、なんだってそんなところへ行ったんだ、親はなんだって娘の好き勝手にさせたんだ、と言った。これは私には一回かぎりのことだけれど、多くの人にとっては日常的なことなのだと気づいたんです」

このときからスニータは、活動の焦点を識字問題から性人身売買へ移した。国中を回って一人でも多くの売春婦と話し、性産業の世界を理解しようとした。ハイデラバードに落ち着いてまもなく、警察が街の赤線地帯の一つに摘発を行った――賄賂を払い渋る売春宿主への警告だったのだろう。摘発は悲惨な結果に終わった。一帯の売春宿は一晩で閉鎖され、働いていた少女たちは放り出された。後ろ指をさされる存在である売春婦は、行くところがなく、金を稼ぐすべもない。

設立したシェルターで子どもたちと話すスニータ
photo: Nicholas D. Kristof

「自殺する女性がたくさん出ました」とスニータは振り返る。「遺体の火葬を手伝いました。死が人々を結びつけていました。私は女性たちに言いました。『何をしてほしいか、何でも言ってください』。答えはこうでした。『私たちは何も要らない。子どものために何かしてください』」

スニータは、カトリックの伝道師ジョー・ベティカティルとともに働いていた。彼は世を去ったが、スニータのオフィスには写真がかかっている。ジョーの信仰はスニータに強烈な印象を残した。彼女は言う。「私はヒンドゥー教徒ですが、キリストの道に教えられています」

スニータとジョー伝道師は、かつて売春宿だったところで学校を始めた。最初、出席する資格のある売春婦の子ども五〇〇〇人のうち、登録したのはたった五人だった。だが学校は成長し、まもなくスニータは、子どもたちと、売春宿から救出された少女や女性たちのためのシェルターも始めた。彼女は自分の団体を〈プラジュワラ〉と呼んでいる。永遠の炎という意味だ。

一つの赤線地帯は閉鎖されたが、ハイデラバードにはほかにも赤線地帯があり、スニータはこうした売春宿からの救出に組織的に取り組みはじめた。街で最も汚く、みすぼらしい地区を歩き回り、臆せず売春婦に話しかけ、ポン引きのことを教えてくれと力づけた。ポン引きや売春宿主と対決し、証拠を集めて警察に持ち込み、摘発を迫った。売春宿主たちは激怒した。彼らは、なぜスズメのような女性――小娘じゃないか――が自分たちに立ち向かい、商売の邪魔をするのか理解できなかった。やくざがスニータとその仲間たちを襲撃した。スニータは、右耳の鼓膜が破れて聞こえなくなった。片腕も折られたという。

初期のスタッフに、かつてポン引きだったが改心したアクバルがいた。彼は赤線地帯に閉じ込められた少女を救うために勇敢に働いた。だが売春宿主はアクバルを刺殺して報復した。スニータは、彼の死を家族に告げることになったとき、慎重にならねばと思った。

「これではつづけられないことがわかってきた」と彼女は初めのころのやり方について言う。「長くここにいようと思ったら、チームのメンバーとその家族に説明責任を果たさなきゃならない。みんなに私みたいに頭のおかしい人になってくれとは頼めませんから」

プラジュワラは政府や援助団体と協力し、社会復帰の準備、カウンセリングなどのサービスも徐々に提供するようになった。スニータは元売春婦に手芸品製作や製本の研修――他の救援団体もやっているようなこと――だけでなく、溶接工や大工の研修も受けさせる。プラジュワラは、新しい仕事に就くのを支援する六カ月から八カ月の職業訓練を通して、これまでに約一五〇〇人の若い女性を社会復帰させてきた。社会復帰センターは、インドでは興味深い光景を呈する。金槌の音や賑やかな声で活気があり、若い女性が釘を打ったり鋼鉄を運んだり機械を操作したりしている。

プラジュワラはまた、女性が家族のもとに戻り、結婚し、自分で生計を立てることも支援する。これまでに売春に舞い戻ったのは一五%、八五%の女性が足を洗ったとスニータは言う。

アッバスは現在このシェルターで働き、結婚相手として自分と同じように HIV 陽性の男性を探している。
photo: Nicholas D. Kristof

スニータ自身は成功について控えめだ。「活動を始めたときより、売春は増えています」と彼女はあるとき厳しい表情で打ち明けた。「失敗だったと言いたいところです。一〇人救出しても、一二人が売春宿に入る」だがこれは評価としては厳しすぎる。

ある晴れた暖かい日のハイデラバード。スニータのきびきびした鋭さは、オフィスを出ると消えていった。学校で子どもたちがまわりに集まって笑い、大声で話しかけると、政府官僚に見せる厳しさが溶け、やさしさが顔を出す。彼女は子どもたちの名を呼んであいさつし、勉強のことを尋ねる。

レンズ豆のカレーとチャパティの簡単な昼食が、打ち出しのブリキ皿で全員に配られる。チャパティをかじりながら、スニータはボランティアの一人アッバス・ビーに追いついた。

アッバスは黒髪と明るいチョコレート色の肌、白い歯の若い女性だ。一〇代の初め、メードとして働くためにデリーに連れてこられたが、売春宿に売られ、クリケットのバットで殴られて従順さを叩きこまれた。三日後、アッバスと他の七〇人の少女たちはみな集められ、客に抵抗してほかの少女に反抗を呼びかけた一〇代の少女が見せしめにされた。厄介者の少女は裸にされて両手両足を一つに縛られ、辱められからかわれ、激しく殴られ、腹を刺されて、アッバスとほかの少女たちの目の前で失血死した。

その後売春宿の摘発で解放されたアッバスに、スニータはプラジュワラで職業技能を身につけるよう声をかけた。製本業に就くべく修行中のアッバスは、どうすれば人身売買されずにすむか、少女たちにアドバイスもする。スニータはアッバスがＨＩＶ検査を受ける段取りをつけ、陽性と診断された彼女の結婚相手にやはり陽性の男性を探している。

スニータもアッバスも、規制ではなく、すべての売春宿の閉鎖を望んでいる。スニータの声は地域で次第に重みをもつようになってきた。十数年前だったら、小柄な若い女性ソーシャルワーカーがハイデラバードで売春宿を営むギャングに影響を与えるなど一笑に付されただろう。援助機関は分別がありすぎてこの問題に取り組まない。だがスニータは臆せず赤線地帯に入り込み、社会起業家らしい方法で活動を始めた。社会起業家は気むずかしく、無分別に見えるかもしれないが、まさにその資質のおかげで成功することがある。

スニータは自力では反売春宿キャンペーンを闘う資力がなかっただろうが、米国の寄付者の支援によってインパクトが倍増した。特に〈カトリック救援サービス（ＣＲＳ）〉はスニータとプラジュワラに揺るぎない支持をつづけている。ビル・ドレイトンも、アショカ・フェローであるスニータのためにネットワークと人の輪を築き、その声を広く伝えた。これこそ、奴隷制廃止運動が必要とする、第一世界と第三世界のあいだの連携のモデルだ。

第4章

暴行による支配

暴力のメカニズムこそが、女性を破壊し、支配し、名誉を傷つけ、「いるべき場所」にとどまらせる。

——イブ・エンスラー

『記憶、独白、長いおしゃべり、そして祈り』

(*A Memory, a Monologue, a Rant, and a Prayer*)

強姦が蔓延する南アフリカで、臨床技師ソネット・エーラーの開発したある製品が、またたく間に全国の注目を集めた。

エーラーの頭には、絶望した強姦被害者から聞いた話が残っていた。「あそこに歯がありさえしたら」その後、勤務先の病院に、ペニスをズボンのファスナーに挟まれてひどく痛がっている男性がやって来た。エーラーはこれらをヒントに〈レイペックス〉という製品を考案した。中にとげがついた管で、装着器具を使ってタンポンのように膣に挿入しておく。この女性を強姦しようとした男は〈レイペックス〉に串刺しにされ、外してもらうのに緊急外来に駆け込まなくてはならない。中世的な罰だと批判の声が上がると、エーラーはぶすりと答えた。

「中世的な行為には中世的な装置を」

〈レイペックス〉が映し出すのは、発展途上地域の多くの場所に蔓延し、どの戦争よりもはるかに多くの犠牲者を出している、性別にもとづく暴力だ。世界中の全女性の三分の一が家庭で殴られる危険にさらされているという調査がある。一五歳から四四歳までの女性は、がん、マラリア、交通事故、戦争を合わせたよりも、男性の暴力によって身体障害を負ったり死亡したりする可能性が高い。[1] 世界保健機構（ＷＨＯ）の調査によって、大半の国で、女性の三〇～六〇％が、配偶者または恋人による身体的、性的暴力を受けていることがわかった。「近しいパートナーによる女性への暴力は、女性の健康を害する主要な要因です」とＷＨＯ元事務局長の李鍾郁《イ・ジョンウク》は言う。

強姦は、後ろ指をさされるのを恐れて届け出ない女性が多く、研究者が正確な数字を集めるのは容易ではない。それでも強姦の蔓延をうかがわせる証拠はある。ある研究では、ガーナ女性の二一％が、初めてのセックスは強姦だったと述べた。[2] ナイジェリア女性の一七％は、一九歳までに強姦または強姦未遂にあったと言った。また南アフリカ女性の二一%は、一五歳までに強姦されたことがあると述べた。

女性に対する暴力はつねに新しい形に変異する。酸による攻撃が最初に記録されたのは一九六七年、今のバングラデシュでだった。現在、南アジアと南西アジアで、言うことを聞かない少女や女性の顔に男性が硫酸をかけることはめずらしくない。酸は皮膚と、ときには皮下の骨も溶かす。目にかかれば視力を奪う。女性蔑視の世界ではこれは技術革新なのだ。

こうした暴力は、しばしば女性を低い地位にとどめておく役割を果たす。ケニアで政界への立候補を考える女性にとって、二四時間連続護衛の費用が一つの障害になっている[3]。政敵による強姦から身を守るために必要なのだ。脅迫者は、女性候補者が強姦によってこの上なく辱められ信用を傷つけられると計算する。そのためケニアの女性候補者はつねにナイフを忍ばせ、また強姦を防ぎ、手間と時間をかけさせるために何重にもタイツを履く。

多くの貧困国で、問題は個々のやくざや強姦者ではなく、性的強奪の文化全体である。それが、ウォインシェット・ゼビーン[4]の住む世界だ。

ウォインシェット・ゼビーンは、明るい色の肌をしたエチオピアの黒人少女で、後ろにとかした黒髪が、まじめでしっかりした勉強家の顔を縁取っている。ウォインシェットが育ったのは、少女の誘拐と強姦が昔からの伝統である農村部だった。

エチオピアの田舎では、少女に目をひかれた若者が、婚資(持参金にあたるものだが、男性側が払う)がなかったり、少女の家族に受け入れられるという確信を持てない場合、仲間と組んで少女を誘拐し強姦する。これで若者は一気に有利な立場に立てる。傷ものにされた少女が他のだれとも結婚しにくくなるからだ。リスクは最少である。少女の両親が強姦者を起訴することは決してない——起訴すれば、娘の評判をさらに傷つけ、伝統違反として地域社会の怒りを買う。実際、ウォインシェットが強姦された時点でエチオピアの法律は、男性が女性や少女を強姦してその後結婚した場合、強姦罪で起訴できないと明記していた。

「うちの村ではよくあった」とウォインシェットの父ゼビーンは言った。ゼビーンは、数年前に村を離れてエチオピアの首都アディスアベバで行商人として働き、ときおり帰省していた。「ひどいことだとわかっていたが、何もできなかった。どの娘も加害者と結婚した。……男が罪に問われないのを見て、同じことが何度も繰り返された」

ウォインシェットと父の話を聞いたのは、自宅の小屋だった。アディスアベバのはずれにあって、マフラーもない車やバスが警笛を鳴らしてひっきりなしに通る。周囲の家との仕切り壁は薄く、父も娘も、強姦のことをだれにも聞かれないよう声をひそめた。ウォインシェットは内気で、自分の手を見つめ、ときおり、村人は悪い人間ではないのだと説明しようとする父のほうを見た。

「村では、盗みは恥ずべき行いです」と父は言った。「ヤギを盗めば、村人から殴られる」

だが少女なら誘拐してもいいのか。

「今でも、人を盗むより物を盗む罪のほうが重大だ」とゼビーンは悲しげに言い、娘を見て付け加えた。「まさか自分の家族がこういう目に遭うとは思わなかった」

ウォインシェットが話を引き取った。ほとんどうつむいたまま、薄暗い小屋にすわり、静かに、尊厳をもって、村に住んでいたときの出来事を話した。一三歳、七年生のときだった。

「彼らが来たとき、家族でぐっすり眠っていたんです」と彼女は静かに言った。「たぶん、夜の

ウォインシェットと父ゼビーン。アディスアベバで。
photo: Nicholas D. Kristof

一一時半ごろだった。四人以上いたと思います。電気はなかったけど、彼らは懐中電灯をもっていて。ドアを壊して私を連れ出した。私も家族も大声を出したけど、だれにも聞こえなかったか、だれも来なかった」

ウォインシェットは自分を誘拐したアベルー・ジェンマのことを知らず、話をしたこともなかったが、アベルーは彼女に目をつけていた。誘拐者たちは二日間、彼女を殴り、強姦した。

家族と一人の教師が警察に行って救出を頼んだ。警察が近づくと、ウォインシェットは逃げ出した――血とあざだらけで、叫び声をあげながら、村の道を走り抜けた。

ゼビーンは娘が誘拐されたと聞くと、アディスアベバから飛んで帰ってきた。かわいい勉強家の娘を加害者と結婚させる気はなかった。ゼビーンはアディスアベバで、〈エチオピア女性法律家協会〉がラジオで流す、女性の権利に関する放送をよく耳にしていた。女性が自信をもって働き、有意義な仕事をもち、権利と平等政策を享受しているのも見ていた。ゼビーンは娘と話し、結婚を拒否することに決めた。

父も娘も静かで控えめだが、芯が強い。二人とも譲る気はなかった。ショックは受けていたが、伝統の求めるままに泣き寝入りするのはごめんだった。二人は強姦を犯罪として届け出ることに決めた。

ウォインシェットはいちばん近いバス停まで八キロ歩いて、バスを二日待ち、疲れ果てながらも保健所のある町までたどり着いた。看護師が検査をして、カルテに書きこんだ。「処女喪失。……あざ、すり傷多数」

ウォインシェットが村に戻ると、長老たちがいさかいを収めるよう家族にすすめた。氏族間の反目を避けようと、長老は繰り返しゼビーンに圧力をかけ、二頭の牛と引き換えに、結婚話を認めさせようとした。ゼビーンはそんな取引の話を聞く耳はもたなかった。

行き詰まりがつづくと、起訴を恐れたアベルーと彼の家族は打開を図った。ふたたびウォインシェットを誘拐して遠くへ連れ出し、殴って強姦し、結婚への同意を迫ったのだ。

ウォインシェットはようやく逃げ出したが、家まで歩いて三日かかるあいだにまた捕まった。なんとアベルーは、彼女を地方裁判所にまで連れて行った。彼女を痛めつけ、裁判所の役人の前で自分と結婚したいと言わせるためだ。ウォインシェット――脅しつける男たちに囲まれ、殴られた小柄な少女――は逆に、誘拐されたと裁判所職員に訴え、家に帰らせてほしいと頼んだ。男性職員は耳を貸さず、四の五の言わずに結婚しろと言った。

「家に帰ったところで、また追いかけられる」と職員は言った。「抵抗しても無駄だ」

ウォインシェットは、まだだれとも結婚しないと決めていた、まして自分を誘拐した人間となど。「学校をつづけたかった」声は低かったが、きっぱりとしていた。彼女は塀に囲まれた集合住宅の一軒に入れられていたが、塀をよじ登って逃げることができた。みなその姿を見、叫び声を聞いたが、だれも助けてくれなかった。

「伝統をぶち壊していると言われました」とウォインシェットは悲しげに言って、しばらく手から顔を上げた。「逃げ出したと言って、みんなに批判されました。とても腹が立った」

ウォインシェットは身を守るため警察に移り、刑務所の房に身を置いた——強姦の被害者が刑務所にいて、加害者が大手を振って歩いていたわけだ。警察は遅まきに、ウォインシェットの家の壊されたドアや引き裂かれて血のついた彼女の服など証拠を集めた。また多くの村人をはじめ、目撃者の証言も集めた。だが訴訟が持ち込まれた判事たちは、アベルーの起訴は妥当ではなかったと考えた。法廷尋問で判事はウォインシェットに言った。

「アベルーはあなたと結婚したがっている。なぜ拒否するんです？」

結局、アベルーに禁固一〇年の判決が出たが、一カ月後、理由もはっきりしないまま釈放された。ウォインシェットはアディスアベバに逃げ、父の小屋に移って勉強を再開した。

「村を出て、だれも私のことを知らない場所へ行くことにしました」それからゆっくりときっぱりと言った。「絶対だれとも結婚しない。だれとも付き合いたくない」

エチオピア農村部のこうした文化は、変化を受け付けないように思えたかもしれない。しかし、思いがけないところから支援がやってきた。怒れる米国人——ほとんどは女性——が、エチオピアに法改正を求める怒りの手紙を書いたのだ。ウォインシェットの被ったトラウマをぬぐい去ることはできなかったが、彼女にとっても父にとっても、精神的支援は重要だった——伝統破りと周囲から批判を受けているときの励ましになった。米国からは財政的支援と、ウォインシェットのアディスアベバでの教育を支援するための奨学金も提供された。

手紙の書き手を動員したのは、ニューヨークに本拠をおいて世界中の女性の虐待問題に取り組む

〈イクオリティ・ナウ〉という人権団体だった。創設者のジェシカ・ノイワースは、アムネスティ・インターナショナルで働いたことがあり、手紙キャンペーンがいかに政治犯の釈放に貢献したかを目の当たりにして、一九九二年、イクオリティ・ナウを設立した。

イクオリティ・ナウは活動資金のための寄付集めに悪戦苦闘をつづけているが、グロリア・スタイナム〔米国のジャーナリスト。女性の権利問題に取り組む〕やメリル・ストリープをはじめとする人々の支援で、活動を継続してきた。今日、ニューヨーク、ロンドン、ナイロビに一五人のスタッフをおき、年間予算は二〇〇万ドル——フィランソロピーの世界では小遣い程度の額だ。

イクオリティ・ナウが運動しても、アベルーが再収監される可能性は低いだろう。だが手紙攻勢を受けたエチオピア政府は、恥じて法律を改正した。今日では、たとえ被害者がのちに結婚に同意したとしても、加害者の男性は強姦罪に問われる。

もちろんこれは法律にすぎず、貧困国では、首都の外で法律が物を言うことはめったにない。欧米人は不公正な法律の改正に力を入れすぎ、学校建設や草の根の運動に対する支援など、文化を変革することには十分に力を注いでいないと私たちはときどき考える。米国でさえ、結局のところ黒人に平等の権利をもたらしたのは、南北戦争後に成立した合衆国憲法修正第一三、一四、一五条ではなく、むしろ一〇〇年近くたってからの草の根の公民権運動だった。たしかに法律は重要だが、ふつうは法律を変えるだけではほとんど何も達成できない。

エチオピア女性法律家協会を運営するダイナミックな女性マハデレ・パウロスも同意見だ。協会の主な活動は訴訟を起こし、法改正のためのロビー活動を行うことだが、変化は法律だけでなく文化にも起こる必要があるとマハデレは認める。

「女性のエンパワーメントは教育から始まります」教育を受けた女性の指導者集団が育っているという。毎年約一万二〇〇〇人の女性がエチオピア女性法律家協会でボランティアとして働き、協会に法律的、政治的重みを加えている。イクオリティ・ナウはエチオピア女性法律家協会と密接な連携をとる。これは有益なモデルだ。私たち先進国の人間が最も貢献できるのは、地元の人を支援することだろう。

エチオピア女性法律家協会にはまもなくもう一人のボランティアが加わる。いまや高校生になったウォインシェットは成績もよく、大学に進学して法律の勉強をしようと考えているからだ。「神の御心なら、誘拐事件に取り組みたいと思います」と彼女はさらりと言った。「私自身のための正義は得られなくても、他の人のために正義を得るつもりです」

世界の多くの場所で、強姦など女性に加えられる虐待の背後には、単なる性衝動や身勝手な劣情より、もっと卑劣なものが透けて見える。性差別と女性蔑視だ[5]。でなければ、なぜ魔法使いと比べてあれほど多くの魔女が火あぶりにされたのか、説明がつかない。なぜ女性の顔には酸をかけるのに男性の顔にはかけないのか。なぜ裸にされて性的に辱められる危険が女性は男性よりこれほど高いのか。多くの文化で、年老いた男性は長老として尊敬されるのに、年老いた女性はなぜ村の外に連れ出され、渇きで死ぬにまかせられ野生動物の餌食にされるのか。たしかにこうした虐待が起きる場所では、男性も暴力にさらされている――だが、女性に加えられる暴力は特に多く、残虐で命にかかわる。

こうした態度は文化に組み込まれ、教育と地元のリーダーシップがなければ変わらない。しかし外部の人間にも支援の役割がある。一つは、反進歩的行為の実態を明るみに出すことで、多くの場合こうした行為のまわりに存在するタブーを破ろうとすることだ。二〇〇七年、ジョセフ・バイデン、リチャード・ルーガー両上院議員が、対女性暴力防止法国際版（IVAWA）を初めて提出した。法律として成立するまで毎年再提出される。この法案は毎年、名誉殺人、花嫁焼殺、性器切除、酸による攻撃、集団強姦、家庭内暴力を防ぐ取り組みのために、一億七五〇〇万ドルを海外援助として拠出すると定める。また、国務長官直属機関として女性国際戦略局、米国際開発庁（USAID）内には女性国際開発局の創設を求める。どちらも、性別にもとづく暴力の問題を外交の優先事項にするよう働きかける。ふつう法律にはあまり期待がもてないが、これは、海外の人身売買に関する年次報告を求めた、二〇〇〇年の画期的な法律と同じように、世界中に真のインパクトを広げるはずだ。問題を完全に解決するわけではないが、ウォインシェットのような少女たちにとっては意味がある。

女性蔑視と性別にもとづく暴力を取り上げると、「男は悪者だ」という考えにいつの間にか陥りがちだ。だがこれは真実ではない。もちろん男性が女性に対して残酷であることも多い。だが、貧困国で売春宿の経営者が女性であるのはよくあることだ。娘に性器切除をさせるのも、娘より息子にまず食べ物を与えるのも、また息子ならワクチン接種に連れて行くのに娘は連れて行かないのも女性なのだ。

ある研究は、シエラレオネ内戦における集団強姦の四分の一で、男性とともに女性の加害者が関与していたことを示唆する。(6) たいていの場合、女性戦士は犠牲者を強姦現場までおびき寄せ、男性戦士が強姦しているあいだ、犠牲者を拘束する。「捕まえて手も足も出ない状態にしておくのを手

夫一家のもとを逃れて、アフガニスタンのシェルターにいるゾヤ・ナジャビ。
photo: Nicholas D. Kristof

伝った」とある元女性兵士は説明した。この研究の著者、ダラ・ケイ・コーエンは、ハイチ、イラク、ルワンダの例を引いて、シエラレオネの性暴力における女性の加担が例外的なケースではないことを示唆している。コーエンは、内戦中どこでも見られる集団強姦では性的満足が重要なのではなく、むしろ、軍部隊――女性兵士も含めて――にとって、紛れもなく女性蔑視的な暴力をふるうことが一つの結束の手段なのだと論じている。

多くの国で女性による幼児殺しが後を絶たず、しばしば母がわが娘を殺す。コロンビア大学臨床精神医学教授で幼児殺人の専門家であるマイケル・H・ストーン博士は、娘を殺したパキスタン女性についてデータを集めた。博士によれば、たいていの場合、女の子を手元においたら離婚する、と夫に脅されて殺害に及ぶという。たとえば、シャハナズという女性は、夫に離婚されるのを避けるため娘を毒殺した。パーヴィーンは、女の子を産んだと言って舅に殴られたあと、娘を毒殺した。だがパキスタンや中国では、ときには単に娘を産むことは息子を産むほど「名誉ではない」という理由で、生まれたての娘を殺すことがある。レハナという女性は「女の子が生まれて運が悪い」から娘をおぼれ死にさせた。

ある研究によれば、インドの村で妻を殴ることを支持する女性は六二％いるという[7]。若い女性に対して一貫して最も残酷に虐待を加えるのは姑だ。世界の多くの場所で、姑は世帯の母家長として若い女性を懲らしめる役を担っている。

アフガニスタンの首都カーブルに住む、中流階級の二一歳の女性ゾヤ・ナジャビの経験は、このことを如実に物語る。花の刺繍のついたブルージーンズをはいてインタビューに現れた彼女は、アフガン人というよりは米国人のようだった。八年生まで学校に通ったが、その後、一二歳で一六歳の少年と結婚したあと、絶えず体罰を受けるようになった。

「夫だけでなく、夫の兄も母も姉も――みんなにぶたれました」

ゾヤは、カーブルのシェルターで、怒りを込めて振り返った。家事をきちんとしなかったと言って、バケツに結び付けられて井戸に浸され、凍えて息もできず、おぼれかけるままにされたことさえあった。最悪の瞬間は、姑にぶたれた彼女が無意識に蹴り返したあとのことだった。姑に手向かうのは大罪だ。まず夫が電線を掘り出し、彼女が気を失うまで打ちすえた。翌日は舅がゾヤの両足をひもで縛って、体も縛り、姑に棒を手渡すと、姑はゾヤの足の裏をぶった。

「足がヨーグルトのようになるまでぶたれた」とゾヤは言った。「毎日がつらかったけど、あのときが最悪でした」

「妻をぶつのは、夫が読み書きできなかったり、教育を受けていないからです」と彼女は付け加えた。「でも妻が夫の世話をしないとか、言うことを聞かないときにもぶつ。そういうときはぶっていいんです」

私たちの驚いた顔を見ると、彼女はほほえんで辛抱強く説明した。

「私がぶたれたのはおかしい。いつも夫の言うことを聞き、言うとおりにしていたんだから。でも言うことを聞かない妻だったら、夫はぶつべきです」

つまり、男性とまったく同じように、女性たち自身が女性蔑視の価値観を体現して伝えているのだ。

世界は、暴君の男性と被害者の女性のいる、白黒はっきりした場所ではない。むしろ、男性も女性も抑圧的な社会慣習を信奉することがある、混沌とした世界なのだ。法律も成果を上げうるが、抑圧的な伝統と闘う最良の方法は、おそらく教育だ。パキスタンのパンジャブの人里離れた辺鄙《へんぴ》な場所に、世界最高の女性の一人が運営している学校がある。

ムフタールの学校

最大のインパクトを与える変化の担い手は外国人ではなく、運動を活性化する地元の女性（ときには男性）である――たとえばムフタール・マーイ。[8]

ムフタールは、パンジャブ州南部ミールワーラーという村の農家で育った。年齢を訊かれると、答えはするが、実は自分がいつ生まれたか見当もつかない。ミールワーラーには女子校がなかったので、学校に通ったことがなく、毎日家の手伝いをしていた。

二〇〇二年七月、弟のシャクールが地位の高いマストイ氏族に誘拐され、輪姦された（パキスタンでは、異性愛男性による少年の強姦はめずらしくなく、少女の強姦ほど後ろ指をさされない）。一二歳か一三歳のときだった。マストイ氏族は強姦したあと、処罰されることに神経をとがらせた。それでシャクールを解放せず、逆にマストイ氏族の少女サルマとセックスしたと濡れ衣を着せて自分たちの犯罪を隠蔽した。

マストイ氏族がシャクールを性的暴行で訴えたため、村の部族会が開かれた。部族会はマストイ氏族に牛耳られている。ムフタールは家族を代表して謝罪と和解のために出席した。まわりには群衆が集まり、銃で武装したマストイ氏族の男も数人いた。部族会議は、謝罪ではすまないと結論を出し、シャクールと家族への制裁としてムフタールを輪姦すると宣告した。叫び懇願する彼女を、四人の男が会議所のとなりにある空いた家畜小屋へ引きずっていった。群衆が外で待っているあいだに、男たちは彼女の服を引き剥がして、次々と、土の床の上で強姦した。

「こうやって侮辱された女性は自殺するほかないと知っているのです」とムフタールはのちに書いている。「武器を使う必要さえない。強姦が彼女を殺すのです」

判決を実行したあと、強姦者はムフタールを家畜小屋の外に放り出し、あざける群衆の前を裸同然で家までよろよろと帰らせた。家に帰るとムフタールは、こうした状況におかれたパキスタンの農村女性ならだれでもすること、自殺を図った。女性が自分と家族の恥をすすぐために当然とされている方法だった。だが彼女を見守った母と父が未然に防いだ。また地元のムスリム指導者――この物語のヒーローの一人――が、金曜の祈りのときに彼女のために声を上げ、強姦をイスラムに反する言語道断の行為と糾弾した。

日がたつうちに、ムフタールの気持ちは恥から激しい怒りに変わった。ついに彼女は革命的なことをした。警察に行って強姦を訴え、起訴を求めたのだ。警察はいくぶん驚いたように、襲撃者を逮捕した。ムシャラフ大統領が同情し、八三〇〇ドル相当の補償を送ってきた。ムフタールはその金を村が最も必要としているものに投資した。学校である。

「自分のために使うなんて」初めてミールワーラーを訪ねたニックに彼女は言った。「女の子たちやみんなの役に立つのに」

ムフタールとはすぐ知り合いになれたわけではない。父親にあいさつされ家に招き入れられたニックはしばらく、どの人がムフタールかわからなかった。父と兄弟だけが口を開き、彼女はただ女性たちに交じって後ろで聞いていた。顔をスカーフで覆い、見えるのは激しく燃える目だけだ。彼女に質問するたびに兄が答えた。

「ムフタールさん、なぜご自分のお金で学校を?」

「妹が学校を始めたのはですね、教育を信じているからです」
二、三時間たつと、米国人を家に迎え入れたという目新しさが薄れて、男たちは腰を浮かし、用事を片づけに散って行き、ようやくムフタール自身が話しはじめた。声はスカーフでくぐもっていた。教育が救済の役割を果たすという信念と、教育さえあれば村の男と女が共生できるという望みについて、熱っぽく語った。
「自分の強姦につながった考え方を克服する最良の道は」彼女は言った。「教育の普及です」

警察は彼女を守るという名目でムフタールの家に駐留し、インタビューのあいだもずっと聞いていた。ムフタールはあとでニックに耳打ちし、助けを求めた。「警察は家族のものをかすめ取っているだけです」と彼女は怒った。「助けてくれはしない。政府ももう私のことを忘れている。学校の支援を約束したのに、何もしてくれません」

新しいムフタール・マーイ女子校は自宅のとなりに立っていた。ムフタール自身も登録し、幼い少女たちに交じって読み書きを習っていた。だが学校は未完成で、運営資金が底をつきはじめていた。

ニックはムフタール(当時はムフタラン・ビビと名乗っていた)のことをコラムに書いた。パキスタンで活動する援助団体〈マーシー・コア〉を通じて、読者から四三万ドルの寄付が集まった。だが、政府からの弾圧も招いた。当初ムフタールの勇気を称賛していたムシャラフ大統領は、パキスタンが野蛮な強姦で悪名をはせるのではなく、驀進する経済で評判になってほしかったのだ。公の場でのムフタールの発言は――貧しい女性の強姦は構造的な問題だと強調したことも――、大

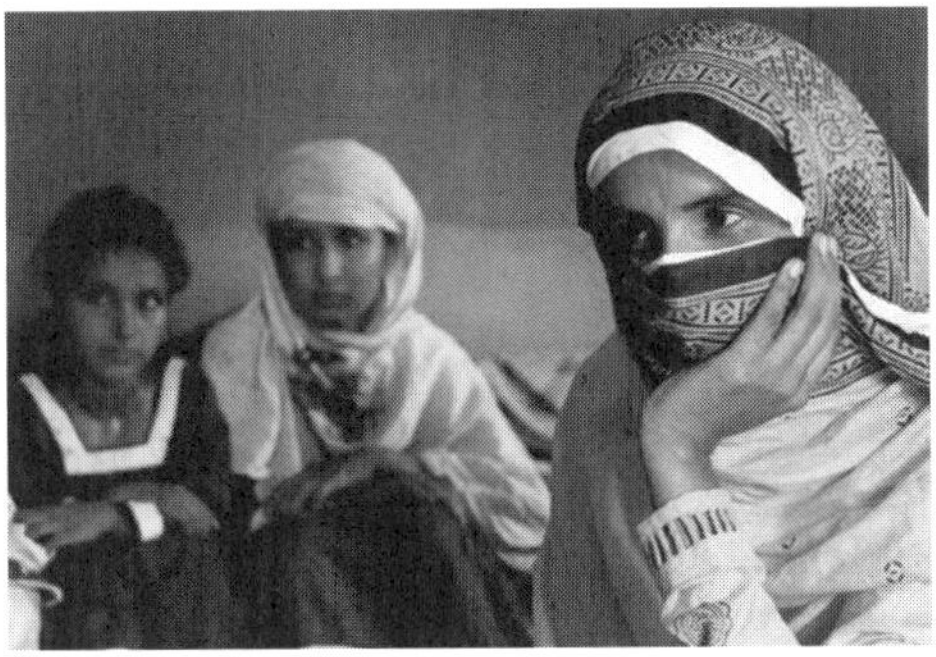

最初に会ったときのムフタール・マーイ。彼女の学校の生徒と。
photo: Nicholas D. Kristof

統領の神経を逆なでした。

　情報機関はムフタールを黙らせておこうとした。彼女が黙ろうとしないと政府は警告を発した。強姦罪で有罪を宣告されていた加害者の男たちを釈放したのだ。ムフタールは泣いた。

「殺されるかもしれない」とその晩彼女は電話で言った。

　だが彼女は引き下がらなかった。女性の権利にもっと注意を払うよう、パキスタン政府に申し入れた。訪米して女性会議で発言する計画も進めた。ムシャラフ大統領は彼女を「出国管理リスト」に載せた。出国を禁止するパキスタン人のブラックリストだ。ムフタールは政府の行為を糾弾し、ひるまなかった。情報機関は彼女を軟禁し、電話回線を切断した。だが彼女は屋根にあがって微弱な電波をとらえ、警察が守ってくれるどころかいかに自分を弾圧しているかを伝えつづけた。

　ムフタールが果敢な抵抗と発言をつづけることに怒ったムシャラフは、誘拐（ムシャラフの婉曲表現にならえば、「首都へ連れてくること」）を命じた。情報部員がムフタールを車に押し込んでイスラマバードへ送り、彼女は強く叱責された。

「あなたは祖国を裏切り、われわれの敵を利している」と役人が言った。「世界の前でパキスタンを辱めた」

情報部員は、すすり泣くムフタールを軟禁状態におき、彼女は外部と連絡を絶たれた。ちょうど、パキスタン外相がホワイトハウスを訪れ、ジョージ・W・ブッシュ大統領がムシャラフの「大胆なリーダーシップ」をほめちぎっていたときのことだ。

弾圧が知れ渡るのはブッシュ政権にも都合が悪いため、ライス国務長官はパキスタン外相を呼んで軟禁の停止を求めた。パキスタン当局はムフタールを解放した。ムシャラフの側近は、ほとぼりが冷めたら、パキスタン官僚の付き添いで訪米してはどうかとムフタールにすすめた。パキスタン政府がいかにすばらしい仕事をしているかを彼女の口から言わせるのだ。ムフタールは拒んだ。「自分の意志で行きたいだけです」彼女はパスポートが押収されたことも訴えた。まもなくムシャラフはパスポートを返却し、単独の訪米を許した。

ムシャラフのおかげでムフタールはいまや有名人になっていた。ホワイトハウスと国務省に招かれ、フランス外相が彼女と国際問題を論じた。『グラマー』誌は晩餐会で「ウーマン・オブ・ザ・イヤー」として栄誉を称えるため、ファーストクラスでニューヨークまで飛ばせた。一度も名前を聞いたことがない相手にも紹介された――ブルック・シールズ〔米国の女優、モデル〕。大統領夫人のローラ・ブッシュは称賛のビデオメッセージを送った。

「どうかこれをただ傷心の物語と受け止めないでください。彼女は一人の女性がほんとうに世界を変えられることを証明しています」

セントラルパークウェストにある宮殿のようなホテルのスイートに滞在したムフタールは、注目と贅沢さに戸惑い、故郷ミールワーラーを思ってホームシックになった。生徒の少女たちがどうしているか気にかかった。

記者は強姦にしか興味がなく、インタビューはうんざりだった。同じ質問ばかりなのだ。「輪姦されるのはどういう感じですか」CBSの朝のニュース番組でやはりこのことをきかれたムフタールは、憤然と「その話はもう……」と答え、生中継に気まずい沈黙が訪れた。

訪米中、有力者と高級レストランで夕食をともにする招待をたびたび受けたが、ムフタールはパキスタン料理のテイクアウトを頼みつづけた。

各国官僚はムフタールに、自国政府や援助機関がパキスタンでいかに積極的に活動しているか説明した。彼女は尋ねる。

「パキスタンのどこで？」

「イスラマバード、カラチ、ラホール」という答えが返ってくると、頭を振って言った。

「支援が必要なのは農村部です。村に行って仕事してください」

ムフタール自身はこの信条に沿って生きていた。彼女に近い援助関係者は安全なイスラマバードに移るよう、いつも強くすすめていた。彼女は耳を貸さなかった。

「支援が必要なのは村。怖いけれど、運命に出会うでしょう。神の御手の中にあるのですから」

ムフタールが栄誉を受けるイベントに出席すれば、スカーフで頭を覆った内気な女性が次々とスタンディングオベーションを受けるのを目にすることになった（『グラマー』誌に登場したムフタールは、雑誌史上例のない、服対肌比率記録を樹立した）。だがムフタールの情熱はつねに学校と村にあり、仕事のほとんどは華やかさとはほど遠かった。

ニックはムフタールの学校で二度、卒業式でスピーチしたが、式はほんとうに見ものだ。一〇〇〇人以上の生徒、親、親戚が、空き地に建てられた巨大テントに集まる。生徒たちは歌を歌い、妻を殴ったり早く結婚したりしないよう警告を発する寸劇をする。お祭りムードが漂い、投獄中の加害者の子どもたちさえいる。夫にぶたれる演技をしながら、場ちがいな笑いをはじけさせる少女たち。一貫したメッセージは、娘を学校に通わせるよう親にすすめることだ。ムフタールの固い信念なのだ。

ムフタールは、なんとかして四年生の生徒ハリマ・アミルが結婚のために学校をやめさせられないようにしようと思っていた。やせて背が高く、長い黒髪の一二歳の少女ハリマは、七歳のとき五歳年上の少年と婚約していた。

「一度会っただけ」とハリマは婚約者アッサラームのことを話した。「話をしたことはない。こんど会ってもわからないと思う。今は結婚したくない」

ハリマは前年クラスでトップの成績を収め、好きな教科は英語だった。婚約者は読み書きができなかった。だが両親は娘がもうすぐ思春期になるのを気にかけ、だれかに熱をあげてうわさになる——あるいは最も貴重な持ち物、処女膜を台無しにする前に、結婚させたがった。ムフタールは何度もハリマの家に行き、学校をつづけさせるよう両親に頼んだ。

ニックは次に訪問したときハリマのことを尋ねた。

「もういません」と一人の生徒が説明した。「両親が結婚させました。ムフタールが旅行で留守になるのを待って、ハリマに学校をやめさせたんです。今はずっと遠くに住んでいます」

すべての闘いが勝利に終わるわけではない。

寄付が集まると、ムフタールは活動を広げた。女子高校を設立し、男子校も始めた。学校をつづける収入を確保するため、乳牛も手に入れた。学校用ライトバンを買い、妊娠した女性が産気づいたとき病院へ運ぶ救急車としても使った。やくざがのさばる近隣地区にも学校を建てた。政府も活動に二の足を踏む一帯だが——やくざは学校を襲う代わりに、わが子を登録した。高校を卒業した女性の進学先として女子大を設立するよう州を説得した。

ムフタールは学校で英語を教えるボランティアを歓迎している。数カ月滞在すると約束すれば、無料で部屋と食事が提供される。これ以上豊かな学習経験は考えられない。

ムフタールは援助団体〈ムフタール・マーイ女性福祉団体〉も設立した。虐待された女性のための二四時間ホットライン、無料の法律相談所、公共図書館、暴力被害者のためのシェルターを運営する。これは必要だった。ムフタールが週一回テレビの番組を始めたこともあって有名になるにつれて、国中から女性たちが家にやって来るようになったからだ。バス、タクシー、リキシャ、あるいは歩いて——運転手に払う金さえないこともあった。リキシャの運転手たちはすすり泣く女性を送り届ければ運賃を払ってもらえることに気づいた。

ムフタールは知名度をてこにして、警察、マスコミ、法曹界に被害者支援を求めた。洗練された学のある話し方はしないが、毅然とした態度で成果を上げた。酸で顔に傷を負った女性や、鼻を切り落とされた——「不出来な」あるいは「身持ちの悪い」女に対する伝統的罰——女性が来れば、整形手術を受けさせた。

ムフタール自身も変わった。ウルドゥー語〔パキスタンの国語〕を習い、流暢に話す。初めて会ったころは、家を出るたびに父か兄の許可を求めていたが、大使を迎えるようになるとそうもいかず、許可なしで出かけるようになった。これが兄の機嫌を損ね（父と弟は彼女を認めていたので問題なかった）、軋轢が生じた。あるとき兄は、従順にならなければ殺すと彼女を脅した。家にやってくる寄るべない女性たちが、一家の食べ物を食べ、離れを占領していることもあった。だが女性たちの話に心を動かされて、兄も態度を和らげた。しぶしぶではあるものの、妹がすばらしい仕事をしていることと、時代が変わりつつあることを認めている。

ムフタールはいつも顔と髪をすっぽり覆い、目だけがのぞいていた。米国の歓迎晩餐会で、男性は彼女と握手したり抱きしめたり――もちろん頬にキスしたり――してはいけないと申し渡されていた。それでも一年ほどたって、ムフタールはスカーフのことをやかましく言わなくなり、男性とも握手するようになった。信仰は依然として重要だが、スカーフが落ちたところで世界の終わりではないことがわかったのだ。

有名になるにつれ、パキスタン政府から揺り戻しがきた。ムシャラフ大統領は相変わらず、彼女が国を「辱めた」と中傷し、情報機関が彼女や支持者を弾圧した。明らかにでっちあげの罪状で、兄弟の一人に逮捕状が出た。彼女を擁護し、彼女に近いという理由で、私たちもしばらくビザを拒否された。情報機関が、ムフタールの浪費（まったく事実無根）を責め、インドやニックと組んでパキスタンに危害を加えようと企んでいると非難する記事をウルドゥー語各紙に載せた。

初めは彼女に理解を示したものの、教育のない農民と軽蔑し、外国でのもてはやされ方を快く思わない上流階層もいた。彼女が金と名声に飢えているという中傷を信じ込み、私たちにも、もっと都市の医師や法律家の活動を紹介しろと言った。「悪気はないんでしょうがね、ただの農民ですよ」中傷は彼女を深く傷つけた。

「生も死も神の御手にあります」と彼女はまた言った。「だからどうでもいい。でも政府はなぜ、私のことを嘘つきや犯罪者として扱いつづけるのでしょう」

現在のムフタール・マーイ。
着実に成長する彼女の学校で。
photo: Nicholas D. Kristof

「私を始末しようと計画している気がしてきました」とムフタールは付け加えた。殺すか投獄するか、信用を傷つけるスキャンダルをでっちあげるかだという。

たしかに一人の上級警察官僚が、もし協力しないなら姦淫罪で投獄すると警告した。姦淫罪？ いつだって一〇人以上の女性が彼女の寝室の床ですぐ横にいたのに（彼女は自分のベッドをチーフスタッフのナシーム・アフタールに提供していた）。

ムシャラフ大統領は、ムフタールのニューヨーク訪問への同伴を考えていた勇気あるパキスタン系米国人医師アムナ・ブッタルに対し、一人の最高顧問を通して警告まで送った。米国に行ったら言葉に気をつけるといい。パキスタン政府は地元やくざを雇ってムフタールを殺し、強盗にあったように見せかけることができる。私たちはブッタルからこのことを聞いた。

「覚えておいてください」ナシームは言った。「私たちがどんなやり方で殺されたとしても、事故のように見えたとしても、そうではない。私たちがもし鉄道やバスの事故や火事で死んだら――事故ではなかったと世界に言ってください」

ムフタールの勇気はインパクトを与えつづけ、偉大な社会起業家が特権層からだけ出てくるのではないことを示した。パキスタン農村部にはかつて強姦が蔓延していたが、ムフタールがパラダイムを変え、女性や少女が泣き寝入りせず警察へ行くようになった。

二〇〇七年、ムフタールと似たケースが、ハビブ・ラバノという村で起きた。ある若者がカーストの高い恋人と駆け落ちして、少女の家族を激怒させた。高カーストの会議は、若者のいとこの一六歳の少女サイマに報復することを決定した。一一人の男がサイマを誘拐し、裸で村を歩かせ、会議の命令で二人の男が強姦した。

ムフタールの影響で、サイマは自殺しなかった。家族は起訴を要求した。サイマは強姦を証明する検査に行き、援助団体も支援に動いた。抗議行動が道を封鎖した末、上級当局が二人の警官を解雇し、地位の低い容疑者のうち五人を逮捕した。厳密には正義とはいえないが、進歩だった。貧しい少女の強姦は、やり放題というわけではなくなり、パンジャブ州南部では著しく減ったと見られる。データはないが、村々の住民の話では、強姦は以前はめずらしくなかったが、今ではまれだという。

ムフタールは後につづく変化の担い手も生んでいる。ファルーク・レガリ。雄牛のようにがっしりしたこの男はタフな警官で、英語も話し、厄介な土地で勤務してきた歴戦のつわものだ。彼が指揮をとる警察署で話し込むうちに、恐怖による支配、容疑者を殴って自白させる話も聞いた。彼が知っていたのはジャングルの掟だけだった。ファルークはミールワーラーに派遣されてムフタール監視の責任者になった。ところがムフタールと彼女の献身ぶりに驚き、意に反して彼女を深く称賛するようになった。

「理屈じゃないんだ」と彼は振り返る。「ムフタールが外国に行ったり、学校やシェルターを開くと、うれしい」

ムフタールの魔法にかかったファルークは、彼女を監視し弾圧しろという命令に違和感をもつようになった。ムフタールを保護したことで叱責されたとき、ファルークは上司に彼女の仕事のすばらしさを訴えた。そのあと突然、遠くの警察署に飛ばされた。だがムフタールへの迫害を公然と非難しつづけている。

なぜ自分のキャリアを危険にさらしてまで、弾圧するはずだった女性のために立ち上がるのかと尋ねてみた。

「仕事柄いろいろやった」と彼は言った。「悪人が相手だったが、こっちもほめられたもんじゃない。ある日こう考えた。人生で何かいいことをしたことがあるかってね。今はその機会を神から授かってる。ムフタールは人助けをしている。だったら私は彼女を助ける。人間、何かいいことをしなくちゃな。だから命や首は危ないが、一肌脱ぐ」

人事評価は最低で、警察でのキャリアは実質的に終わったとファルークは言った。殺されるかもしれないと恐れてもいた。だがムフタールと出会って、人生の新たな目的を見出した。貧困に陥った村の女性を保護し、彼女たちのために声を上げることだ。

ムシャラフ政権が二〇〇八年に崩壊したあと、ムフタールの運動にのしかかっていた重石が取り除かれた。情報機関はテロリストをスパイするようになり、ムフタールが近くの村を案内してくれるときに、スパイが後をつけてくることはなくなった。パキスタン政府はムフタールへの弾圧をやめ、危険はいくらか和らぎ、ムフタールは活動を広げられるようになった。二〇〇九年、彼女は長いこと求婚されていた警官と結婚し、第二夫人になった。女性の権利のシンボルとしては妙な話だが、ほんとうに納得しての結婚だ。ふつうと違う人生の、ふつうと違う一章だった。

小さな村出身の、教育のない女性が、自国の大統領にして軍最高司令官に立ち向かい、絶え間ない脅迫と迫害に何年も耐えたあと、生き残った。犠牲者を生む浅ましい出来事を耐え忍んだムフタールは、すばらしい勇気とビジョンを通して、私たちみなを啓発する存在だ。

第5章

「名誉」という恥

もし人が妻をめとり、妻のところに入ったあと、その女をきらい、『わたしはこの女をめとって近づいたとき、彼女に処女の証拠を見なかった』と言って虚偽の非難をもって、その女に悪名を負わせるならば、その女の父と母は、……かの布（二人が寝た敷布）を町の長老たちの前にひろげなければならない。……しかしこの非難が真実であって、その女に処女の証拠が見られないときは、その女を父の家の入口にひき出し、町の人々は彼女を石で撃ち殺さなければならない。

——旧約聖書『申命記』二二章一三節～二一節

人が神の名の下に行うことで、初夜に出血しなかったという理由で少女を殺すほど残酷なことはない。それでも、処女膜――この壊れやすく、目にすることもなく、意味もないもの――は、世界中の多くの宗教と社会で崇拝の対象、名誉の幻影でありつづける。黄金がいかに高価であれ、処女膜のほうが限りなく価値が高いとされる。しばしば一人の人間の命よりも。

処女性崇拝はとても広範に見られる。聖書が初夜の敷布に血のつかなかった少女を石で撃ち殺せと主張しているだけではない。古代アテネの偉大な立法者ソロンも、アテネ人は一人として奴隷に売られることはないが、結婚前に処女を失った女は例外だと定めた。中国で、宋王朝の新儒学者はこう断言していた。

「女性が飢え死にするのは些細なことだが、貞節を失うのは取り返しのつかない重大事である」

こうした厳格な見方は世界の大半の場所では姿を消しているが、中東には生き残っている。性的名誉の重視は、今日、女性への暴力の主要な根源だ。あるときは――ムフタールのように――強姦の形をとる。ライバル家族に制裁を加える最も簡単な方法は娘を犯すことだからだ。あるときは名誉殺人の形をとり、ふしだらにふるまったり男性と恋に落ちたという理由で自分の家の娘を殺す(性行為の証拠はないことが多く、名誉殺人の犠牲者の解剖ではしばしば処女膜が無傷であることが明らかになる)。名誉殺人の逆説は、最も厳格な道徳的掟をもつ社会が、殺人という最大の反倫理的ふるまいを許容するところにある。

ドゥア・アスワドはイラク北部に住むクルド人の美少女で、一七歳のときスンニ派アラブ人の少年と恋に落ちた。ある晩、彼女は恋人と外で夜を明かした。二人が寝たのかどうかだれも知らないが、家族は寝たと考えた。翌朝帰宅したドゥアは、家族が激怒しているのを見て、部族の長老の家に走って逃げた。だが宗教指導者も家族も彼女の死を要求した。八人の男が長老の家を襲い、彼女を道へ引きずり出した。大勢の人がまわりに集まった。

イラクのクルディスタンでは名誉殺人は違法だが、ドゥアが暴行されているあいだ、そこにいた治安部隊は介入しなかった。少なくとも一〇〇〇人の男が加担した。群衆の中の大勢の男が携帯電話で動画を取り、事の次第を映した映像が半ダースもウェブサイトにある。

ドゥアは地面に叩きつけられ、辱めのために黒いスカートをはぎ取られた。長い豊かな髪が肩にかかった。男たちは起き上がろうとする彼女をサッカーボールのように蹴りまわした。彼女は半狂乱になって避け、立ちあがって身を守ろうとし、群衆のなかに同情的な顔を探した。男たちは岩とコンクリート塊を集めて投げた。大半は脇に落ちたが、彼女は血を流しはじめた。いくつかが頭に当たった。三〇分ほどでドゥアは死んだ。

息を引き取り、もはや恥を感じなくなった彼女の足と尻を、群衆の中の数人の男がふたたび覆った。殊勝な正義漢ぶりだった。あたかも非難されるべきは一〇代の少女が血を流して横たわっていることではなく、そのむき出しの肉体であるかのようだった。

国連人口基金は、毎年五〇〇〇件の名誉殺人があると推定する。ほぼすべてがムスリム世界で起きる(パキスタン政府は二〇〇三年だけで一二六一件を明らかにした)。だがこの推計は低すぎると見られる。多くの処刑が事故や自殺を装うからだ。少なくとも六〇〇〇件、おそらくそれよりはるかに多くの名誉殺人が世界各地で毎年起きていると私たちは見る。

いずれにせよ、こうした数字は問題の大きさをとらえていない。名誉強姦とでもいうべきものを含まないからだ――犠牲者や犠牲者の氏族の名誉を傷つけることを意図した強姦だ。最近のジェノサイドでは特定の民族グループを恐怖に陥れるために、強姦が組織的に行われる。集団強姦は虐殺と同じ威力をもちながら、人権侵害の非難につながる死体を残さない。また女性を守れなかった指導者が権威を失うため、被害者部族の秩序構造を切り崩す傾向がある。女性のセクシュアリティが聖なるものであるからこそ、強姦は保守的社会で戦争の道具になるのだ。女性を貞節にもとづいて評価する名誉の規範は、表向きは女性を保護するが、その実、女性が組織的に名誉を傷つけられる環境を作り出す。

スーダンのダルフール地方では、政府が後ろ盾となったジャンジャウィード〔アラブ系の民兵組織〕民兵が三つの部族の女性を捜し出して輪姦し、強姦犠牲者として消えない印を残すために、耳など体の一部を切り落としていることが次第に明らかになった。外部世界に知られないよう、スーダン政府は強姦を訴えたり治療を求めたりする女性を罰した。ハワという学生が、カルマキャンプの外でジャンジャウィードによって輪姦され暴行されたとき、友人たちは援助団体〈世界医師団〉の運営する診療所に彼女を連れていった。二人のフランス人看護師がすぐに手当てをしたが、数台のトラック一杯の警官が診療所を急襲し、果敢に抵抗しようとした看護師を押しのけて、ハワにつかみかかった。警官は、ハワを診療所の外に引きずり出して刑務所に送り、片方の手と足でベッドにつないだ。

罪状？　姦淫罪だ。ハワは治療を求めたことで、結婚前に性行為を行ったと認めたことになり、強姦の証明に義務づけられている四人の成人ムスリム男性証人がいなかったからだ。スーダン政府はまた、強姦被害者がＨＩＶに感染するリスクを大幅に減らせる予防キットを、援助団体がダルフールに持ち込むのを妨害した。

最近の紛争では驚くべき数の集団強姦が報告されている。シエラレオネの女性の半数が、動乱のあいだに性的暴力またはその脅迫を受けていた。[1] 国連のある報告は、内戦中のリベリア各地で三歳以上の少女と女性の九〇％が性的虐待を受けたと指摘する。

ジェノサイドや全面戦争のないパキスタンのような場所でも、処女性に対する固定観念、教育のない貧困層が苦しむ不正義に対する当局の無関心によって、名誉強姦が増加している。カラチの著名な婦人科医シャーシャ・サイエドは、強姦されたスラム出身の年若い少女を頻繁に診ていると話す。少女が自殺しなければ、家族は村を離れなければならない。でなければ、――たいてい裕福でコネをもった――加害者が家族を恐怖に陥れ、証人である家族も消すだろう。そして警察は無関心などという生易しいものではない。

「強姦被害者を治療するとき、警察には行くなとぼくは言うんです」とサイエド医師は付け加えた。「警官に強姦されるからです」

世界最悪の強姦地帯はコンゴ東部だ。民兵は、他の武装兵士との銃撃戦はリスクが高いと見て、その代わり民間人を襲う。民間人を恐怖に陥れるための最も費用対効果の高い方法は、驚くほど残酷な強姦だと彼らは気づいた。コンゴの民兵は、棒やナイフや銃剣を使って強姦し、女性の膣に銃を撃ち込むこともしばしばある。兵士たちが三歳の少女を強姦し、銃を撃ち込んだケースもある。外科医が診察したとき、修復する組織は残っていなかった。悲しみに打ちひしがれた父親は自殺した。

「民兵はみな女性を強姦する。強さを見せつけ、相手に弱さを思い知らせるために」コンゴ東部ゴマのカウンセラー、ジュリエンヌ・チャクペアは言う。「他所では女性ほしさに強姦が起きる。

ここでは倫理の欠如や憎しみが加わる。代償を払うのは女性です」

「女性と言っても」ジュリエンヌは急いで付け加えた。「被害者は大人ではありません。一四歳の少女や六歳の子さえいます」

二〇〇八年、国連は公式に強姦が「戦争の武器」とされていることを宣言し、コンゴ問題をつねに取り上げている。元国連軍司令官パトリック・カマート少将は、戦争戦術としての強姦の蔓延について、頭にこびりついて離れないことを言った。

「武装紛争では、おそらく兵士よりも女性であるほうがいっそう危険になってきている」

コンゴの被害者の一人が、キンドゥ出身の一七歳のディナだ。ブルーのシャツとさまざまな明るい色のスカートに、オレンジ色のスカーフを頭の上で慎み深く結んでいた。内気で、通訳を通して静かに話し、神経質そうにしばしばほほえんだ。

ディナは六人兄弟で、バナナやキャッサバや豆を育てる家族の畑で働きながら大きくなった。兄弟のうち二人は少し学校に通ったが、娘たちはだれも通わなかった。「男の子を教育するほうが大切なんです」と彼女は言い、自分もそう思っているようだった。

地元住民はみな、一帯にフツ族インテラハムウェ〔ルワンダで大虐殺を主導した民兵組織。敗れてコンゴ東部に入った〕の民兵がいるのを知っていた。ディナも作物の世話をしに行くのはいつも怖かった。だが行かなければ食べ物がなくなる。ある日、彼女は危険を感じて豆畑での仕事を切り上げ、日没よりかなり前に町へ戻ろうとした。家に向かって歩いていると、五人のフツ族の民兵に取り囲まれた。民兵は銃とナイフを持ち、彼女を地面に押し倒した。一人は棒をもっていた。

「大声を出したら殺す」と一人がディナに言った。五人が順に強姦するあいだ、彼女は静かにしていた。それから民兵は彼女を地面におしつけ、一人が彼女に棒を突っ込んだ。

ディナが帰らないので、父と友人は畑に出て草むらの中で半死半生の彼女を見つけ、くるんで家に連れ帰った。キンドゥには保健所があるが、家族には治療費が出せず、ディナは家で手当てを受けただけだった。麻痺してベッドに横たわり、歩けなかった。棒は膀胱と直腸まで突き抜け、組織に瘻《ろう》、つまり穴が開いていた。尿と便が絶えず膣に漏れ、足を伝った。膣表・膣裏瘻と呼ばれるこうした外傷は、性的暴力のためコンゴではめずらしくない。

「私の部族と民兵のあいだに部族紛争はなかった」とディナは言う。「ただ私を強姦して、血が出て排泄物が漏れるようにしたんです」

蛮行は民兵から民兵へ、部族から部族へ広がっている。国連は、コンゴの南キブ州だけで二〇〇六年に二万七〇〇〇件の性的暴行があったと推計する。別の国連推計によれば、女性の四分の三が強姦された地域もあった。国連人権問題事務次官ジョン・ホルムズは「コンゴの性暴力は世界最悪だ」と言い切る(2)。

部隊が強姦に関与してきた軍閥の一人がローラン・ヌクンダだ。長身の快活な男で、快適な山の隠れ家で夕食をふるまった。ペンテコステ派の牧師と言われ、制服のボタンには「キリストのための反乱」と敬虔に刻まれている。米国の支持が得られると考えているらしい。飲み物と軽食を出す前に感謝の祈りを捧げた。ヌクンダは自分の部隊では絶対に強姦はないと主張し、一度だけ兵士一人が一人の女性を強姦したことがあったが、処刑したと付け加えた。だが強姦が日常茶飯事なのは周知のことだ。ヌクンダの兵士に捕えられていた、敵対する武装民兵の捕虜たちに強姦のことを尋ねてみた。

「娘を見たら、やっていいのさ」と捕虜の一人、ノエル・ルワビリンバが言った。一六歳で、二年間銃を持っていたという。「暴行していいんだ」

国連平和維持軍は、強姦を食い止めるためにほとんど何もしていない。世界の女性の最も雄弁な擁護者の一人、カナダの元大使スティーブン・ルイスは、潘基文《パン・ギムン》国連事務総長が集団強姦を優先事項とし、加盟国の支持が得られないなら辞任すると表明すべきだと提案している。「世界人口の五〇％以上の人にかかわることなのです。そのなかには、地球上で最も追い立てられ、権利を奪われ、貧困に陥った人たちがいる」とルイスは言う。「世界の女性のために立ち上がることができないなら、事務総長を辞すべきだ」

女性は、ルワンダとダルフールのジェノサイドで非常に苦しんできた。男性もまたしかりだ。ルワンダでは多くの男性が殺され、ジェノサイドが終わったとき人口の七〇％が女性だった。ダルフールで、薪を取りにキャンプを離れて強姦されたと数人の女性から聞いた私たちは、至極当たり前の質問をした。

「女性が行くと強姦されるなら、なぜキャンプにとどまっていないんですか。なぜ男性が薪を集めに行かないんですか」

「男がキャンプを出たら撃ち殺される」と一人の女性が辛抱強く説明した。「女なら、強姦されるだけですむから」

ほとんどの紛争でも、死亡率は圧倒的に男性が高い。だが男が戦争の犠牲者だとすれば、女は戦争の武器である——他の人を恐怖に陥れるために、傷つけられたり拷問されたりするのだ。コン

ノエル・ルワビリンバ。コンゴの少年兵士。女性を強姦するのは部隊の権利だと言った。
photo: Nicholas D. Kristof

ゴ東部を訪れて村人と話すと、日常化された強姦の層が何層も何層も現れてくる。ある難民キャンプで、強姦被害者に話を聞きたいと頼むと、すぐに一人が連れてこられた。プライバシーを守るため、私たちは彼女を他の人から離れた木の下に連れて行った。だが一〇分後、女性たちの長い列ができた。

「何をなさっているんですか」と私たちは訊いた。

「みんな強姦されたんです」と前のほうにいた女性が説明した。「私たちの話も聞いてもらおうと待っているんです」

麻痺したまま失禁状態で横たわるディナには、人生が終わったように思えた。その後、彼女のような傷を治す病院の話を家族が近所の人から聞いてきた。コンゴ東部最大の都市ゴマの〈HEALアフリカ〉という病院だ[3]。家族はHEALアフリカの代表に連絡し、代表は、宣教師の飛行機でディナをゴマに運んで治療する手配をした。費用は病院が出した。

ディナはゴマ飛行場から救急車でHEALアフリカ病院へ運ばれた。車に乗ったのは初めてだった。看護師に紙おむつを渡され、全員が瘻のために失禁状態になっている他の数十人の女性と一緒になった。立って歩こうとする勇気がわいた。看護師は杖を渡し、彼女が足を引きずって歩くのを助けた。食事を出し、理学療法をはじめ、瘻の手術を待つ女性のリストにディナの名前を入れた。手術の日が来ると、医師が膣表の瘻を縫い合わせた。その後さらに理学療法を受け、膀胱に開いた穴を修復する第二の手術に備えた。そのあいだにディナは、手術が終わったら何をしようかと思いめぐらしはじめ、当面ゴマに滞在することにした。

「キンドゥに帰ったら」彼女は説明した。「また強姦されるだけだもの」

だが二度目の手術も成功したあと、彼女は結局キンドゥに帰ることにした。家族が恋しくなり、それにいずれにせよ戦争はゴマにも及んでいた。ゴマにとどまっても危険なことに変わりはないと思え、それで動乱のキンドゥに帰ることを選んだのだ。

海外留学——コンゴへ

コンゴ東部という暴力と女性蔑視のるつぼの中では、ディナが治療を受けたHEALアフリカ病院は尊厳の聖域といっていい。低層の白い建物が並ぶ広い敷地では患者が尊重される。人々の生活に目を見張る変化をもたらした援助プロジェクトの一例だ。ここにディナのような患者を支援する若い米国人女性がいる。ハーパー・マッコーネル。

くすんだ長い金髪、白い肌は熱帯の太陽の下では焼けるというより赤くなる。カジュアルな服は、首元で揺れるアフリカのネックレスを除けば、米国の大学のキャンパスにでもいるようだ。だが彼女は、戦争に引き裂かれたコンゴで完璧なスワヒリ語を操り、ブッシュ育ちの新しい友人と冗談を飛ばす。彼女が選んだのは、多くの米国の若者が考えるべき道——支援を必要とする人に「お返しをする」ため発展途上世界に赴くことだ。

どうすれば性人身売買や国際的貧困といった問題への取り組みに貢献できるかと、若者からよく聞かれる。まずすすめるのは外に出て世界を見ることだ。もし無理なら国内で資金や注目を集めるのもいい。だが問題に効果的に取り組むには、それを理解する必要がある——本を読むだけでは理解はできない。自分の目で見、そのただ中で暮らすことが必要だ。

米国の教育制度の大きな欠陥の一つは、若者が国内や海外の貧困について何の理解もないまま大学を卒業できることではないか。海外留学プログラムは、オックスフォードやフィレンツェやパリに学生を送り込むことが多い。学生全員が休学や海外留学プログラムを活用して少なくともしばらくのあいだ発展途上世界で過ごすことを、大学は必修にすべきだ。パキスタンのムフタールの学校で夏に英語を教えたり、コンゴのＨＥＡＬアフリカ病院で働く米国人が増えれば、米国社会全体がまわりの世界について理解を深められる。他の国々も、米国人についてもっと肯定的な見方をしてくれるかもしれない。

若者、特に女性は海外ボランティアの安全性を心配する。病気や暴力の心配には一理あるが、たいていは未知のものへの恐怖心が大きい——アフリカ人やインド人も米国留学で神経質になる。実際は、発展途上世界では欧米人はふつう親切にされ、アフリカの村で物を脅し取られる確率はパリやローマよりずっと低い。貧困国の生活で危険なのは運転だ。だれもシートベルトをせず、赤信号——信号があれば——は単なる合図にすぎないからだ。

米国女性は、特に金髪ならありがた迷惑の好意も受けるが、危険なことはめったにない。現地に落ち着けば、ふつうは予想より安全だと感じる。欧米女性は地元男性に煙たがられることもあって、無礼や嫌がらせを免れることも多い。女性には男性より多くの選択肢がある。保守的な文化では、米国人男性が女子生徒を教えたり女性と話したりすることは許されないかもしれないが、女性なら男子も女子も教えられるし、地元の男性とも女性とも交流できる。

草の根ボランティアの機会は無数にある。本書の援助プログラムの大半は、腰かけでなく数カ月滞在するのを条件に、ボランティアを歓迎する。連絡先は巻末にある。コンゴやカンボジアで過ごす時間はパリほど快適ではないかもしれないが、人生を変えるだろう。

ミシガンとカンザス育ちのハーパーは、ミネソタ大学で政治学と英語を専攻し、卒業後の進路を

コンゴのHEALアフリカ病院で、ハーパー・マッコーネルと友人。
photo: Nicholas D. Kristof

決めあぐねていた。貧困と開発を学んだが、卒業が迫ってプレッシャーを感じていた。四年生の五月、通っていた教会がコンゴの病院との連携を探っているのを耳にした。ミネソタ州エディナにあるアッパールーム教会は、会衆がただ小切手を切るだけでなく、積極的にかかわりを持つべきだと考えていた。牧師と話したハーパーは、話が終わったときには、HEALアフリカ病院との橋渡し役としてゴマに住むことに決めていた。

「教会の人たちにコンゴ東部のことを伝え、ゴマの生活を見に来てもらう機会を提供したいんです」とハーパーは言う。「現実を教会に知らせるのも役目です。米国のオフィスで計画を立てるプロジェクトが確実に現場のニーズを満たすように」

ハーパーは、HEALアフリカ病院の設立者夫妻の住むこぎれいな洋館に滞在している。コンゴ人医師ジョー・ルシとイギリス出身の妻リン。夫妻の部屋には訪問客が絶えない。家は周囲の混沌からは別世界だが、発電機は夜一〇時に止まる――熱いシャワーもあてにできない。田舎となると、ゴマより一、二世紀遅れているようだ。ある日彼女は上機嫌だった。「八〇年代以来、車を見なかった村にうちのチームが行ったんです。『動く家』だって」

ＨＥＡＬアフリカは大病院だ。ベッド数は公称一五〇だが、患者はたいてい二五〇人いて、なんとか収容している。医師一四人、スタッフ二一〇人、リンとハーパーともう一人以外は全員コンゴ人だ。病院は清潔なシーツを工面しているが、五〇〇万人が住む地域に産婦人科医は二人しかいない。電気、水、包帯の確保は至難のわざで、汚職は蔓延している。二〇〇二年、近くの火山が噴火して溶岩が届き、病院は炎に包まれた。敷地の大半が八フィートの溶岩に覆われたが、米国から寄付を受け、溶岩が冷えるやいなや病院は再建された。

若い独身者がゴマのような場所に住んだら、退屈だし窮屈だろう。ハーパーはコンゴに来たとき、二年越しの恋人と別れた。運転手からよく結婚を申し込まれるが、デートはない。マラリアで自分の病院に入る羽目になったこともある。だがアフリカでは当たり前のこの病気を乗り切り、いささか自信をつけた。熱が出てベッドで点滴を受けていたとき、俳優のベン・アフレックが頭の上にぬっと現れた気がして目が覚めた。もうろうとした意識の幻覚ではなかったのがすぐわかった。コンゴを訪問中のアフレックが見舞いに来ていたのだ。

ショッピングモールもなくネットフリックス〔米国の大手ＤＶＤレンタル会社〕から映画も借りられないが、埋め合わせがある。二つの大きなプロジェクトを始めたハーパーは、毎朝ベッドから飛び起きる。一つ目は、治療を待つ子どものための院内学校。整形外科の治療は受けるまで数カ月かかることがあり、まともな学校のない農村部から来ている子も多い。それで教師を呼んで教室を開いた。子どもたちは今、週に六日学校に通う。ハーパーは二三歳で校長になった。

二つ目は、手術を待つ女性のための技能訓練プログラム。ディナのように病院で何カ月も過ごす多くの患者は、今ではその時間に裁縫や読み書き、かごを編んだり石鹸を作ったりパンを焼いたりするのを習う。技能を一つ選んで、生計を立てる自信がつくまで指導者と一緒に研修する。退院のとき、HEALアフリカは必要な材料を渡す——裁縫を習っていれば、足踏みミシンを渡すこともある。退院後、家族のために収入を得られるように。職業技能を身につけるのがむずかしければ、せめて大きな塩の塊を渡す。砕いて小袋入りの塩を市場で売って生活できるように。生計を稼ぐ能力は女性の生活を一変させる。

「みんなプログラムをとても楽しみにしているんです」

裁縫教師として働くダダ・ビャムングは言う。私たちが話していると、賑やかな女性の一団がハーパーを囲み、一斉にスワヒリ語で冷やかしたり礼を言ったりした——ハーパーは笑い、速射砲のようなスワヒリ語で応じる。ダダが通訳してくれた。

「ハーパーを女王様にしようって」

わが家にも、HEALアフリカの女性たちが葦《あし》を編んで作った、美しい食卓マットが並んでいる。ハーパーは女性たちの製品を売る小さな売店を病院に開き、インターネットと米国のデパートでも販売をめざしている。米国の大学生にとって有意義なことも行った。ゴマ大学で米国人向けの留学プログラムを立ち上げたのだ。米国人は一カ月コンゴ人学生と一緒に授業を受け、フィールドワークを行い、グループで論文を書く。

ハーパーはまた、米国の寄付者にも呼びかける。病院の年間予算は一四〇〇万ドル、三分の一以上が個人の寄付だ（詳しい情報は www.healafrica.org）。このうち、諸経費、運営費に二％を回し、残りは病院に投資する。病院は、スタッフの行き来に使えるマイレージサービスの寄付まで受け付け、ボランティアや訪問者を心から歓迎している。

「一〇〇〇ドルや二〇〇〇〇ドルの小切手を切るより、ゴマに来てここを見てほしい。人生が変わります」とハーパーは言う。「HEALアフリカで過ごした時間がいかに世界観をひっくり返し、ライフスタイルを変えたか、教会の人や訪問者から聞かせてもらっています」

友人と早口のスワヒリ語でしゃべる彼女が、与えるだけでなく何かを得ているのはまちがいない。彼女もそう思っている。

高速のインターネット、カプチーノ、舗装された道路でのドライブ。それさえあれば何にも要らないと思うときもある。でも朝、同僚からあいさつされると、ここにとどまろうと思う。病院で瘻の手術を待つ女性が縫った財布を身につけ、この新しい技能が彼女にどれほど落ち着きと自信を与えるかを見る。大学卒業直後に就職できたコンゴ人の友達を祝福する。以前は学校に通えなかった子どもが学校にいるのを見る。一つの家族とともに豊作を喜ぶ。プログラムへの資金提供を祝って同僚と踊る。——そういう祝福に恵まれています。ここの友人と私の違いはただ、私が第一世界の市民として機会を与えられていること。だれでも機会を手に入れられるよう働くのが、自分の責任だと思っています。

第6章

一分間に一人

死に備えることは、みなさんがいまなすべき、最も理にかなった、時宜を得たことです。
――コットン・メイザー、妊娠女性への説教で
（一六六三～一七二八。米国の牧師）

尖った棒を使ってディナの体内を引き裂いたあの兵士たちのサディスティックな残酷性を、本書の読者は一人として計り知ることはできないだろう。だが、無関心という、もっと静かな、もっと拡散した残酷さがある。

その世界的無関心のために、およそ三〇〇万人の女性と少女が、ディナとまったく同じような失禁状態に陥っている。ディナのような瘻《ろう》は発展途上世界ではめずらしくない(1)が、コンゴの外では原因は圧倒的に強姦ではなく、難産と産科医療の不備にある。こうした女性はほとんどの場合、瘻を修復する外科的支援を何も受けていない。妊産婦医療と出産に伴う外傷が優先事項になることはめったにないからだ。

ディナが一人いれば、マハブーバ・ムハンマドのような女性は何百人もいる。マハブーバはエチオピア西部育ちの長身の女性だ。明るいチョコレート色の肌で、縮れた髪を後ろで束ねている。淡々と自分のことを話し、ときには自分を茶化すような笑いもはさむが、昔のつらさがときどきよぎるようだ。マハブーバが育ったのはジンマの町に近い村で、子どものとき両親が離婚したため、父方の伯母に預けられた。伯母は彼女に教育を受けさせず、使用人扱いした。マハブーバと妹は一緒に町へ逃げ、住み込みでメードとして働いた。

「そのうち近所の人が、いい仕事を見つけてやると言ってきた」とマハブーバは振り返る。「八〇ビル(一〇ドル)で売られたんです。お金はその人が受け取った。私は受け取らなかった。買われて行った家で働くんだと思っていました。でも買った男は強姦して殴った。八〇ビル払ったんだから、どこへも行かせないと言った。私は一三歳くらいでした」

その男ジアドは六〇代で、第二夫人としてマハブーバを買っていた。エチオピア農村部では、雑用をしたり第二、第三夫人になるために売られる少女は減りつつあるが、それでもまだいる。マハブーバは第一夫人に助けを求めたが、第一夫人は助けるどころかマハブーバをむちうって凶暴な楽しみを覚えた。

「夫の留守によくぶたれました。やきもちを焼いていたんだと思います」

マハブーバは怒りを込めて振り返り、昔のつらさがよみがえったようにしばらく黙りこんだ。

夫婦は、逃亡を恐れてマハブーバを外出させようとしなかった。実際、彼女は何度も脱走を試みたが、そのたびに捕まって、棒とこぶしで、あざだらけ血だらけになるまでぶたれた。まもなくマハブーバは妊娠し、予定日が近づくと、ジアドは見張りを緩めた。妊娠七カ月のとき、彼女はついに逃げ出すことができた。

「もし残っていたら、子どもと一緒に死ぬまでぶたれたかもしれない」とマハブーバは言う。「町へ逃げたけど、ジアドのところへ連れ戻してやると言われました。それでまた逃げて、生まれ故郷の村へ戻りました。でも家族はもういなかった。人妻だし妊娠していたから、だれも助けてくれませんでした。それで川で死のうとしたら、伯父が見つけて連れ帰ってくれました。伯父の家の横の小さな小屋にいるように言ってくれました」

産婆を呼ぶ余裕がなく、一人で出産しようとしたが、不幸なことに、赤ん坊の頭が通れるほど骨盤が成長していなかった。年若い一〇代の少女にはよくあることだ。産道に赤ん坊がつかえて難産になった。七日後マハブーバは意識を失い、ようやくだれかが助産師を呼んだ。そのときには、あまりに長く赤ん坊の頭と骨盤に圧迫されていた組織は血流が失われて壊死していた。意識を取り戻すと、赤ん坊は死産で、彼女は膀胱も腸も不随になっていた。瘻に頻発する合併症で神経が傷つき、歩くことも立つこともできなかった。

「呪いだと言われました」とマハブーバは振り返る。「『呪われている。ここにいてはだめだ。出ていけ』と」

伯父はマハブーバを助けたかったが、呪われた人を助けると罰が当たる、と伯父の妻は恐れた。マハブーバを村から追い出し、野生動物の餌食にするよう、妻は伯父をせっついた。板ばさみになった伯父は、マハブーバに飲み物と水を渡し、村人が村はずれの小屋に彼女を移すのを認めた。「それから村の人たちは扉をはずした」と彼女は感情を込めずに言った。「ハイエナが襲ってくるように」

はたして暗闇が訪れたとき、ハイエナがやってきた。足を動かせなかったマハブーバは手に棒を握り、叫びながら、ハイエナに向かって棒を激しく振り回した。ハイエナは一晩中、まわりをうろついた。彼女は一晩中、ハイエナを追い払った。

一四歳だった。

朝の光が差し込んだとき、町を出て助けを求めるしかないと思った。絶対に生きようと決意すると力がわいた。近くの村にいる一人の西洋人宣教師の話を聞いていたので、その方向に向かって、腕で体を引きずって這いはじめた。一日後、宣教師の家にたどり着いたときは半死半生だった。驚いた宣教師は彼女を家に運び込み、手当てをして、命を救った。宣教師は次にアディスアベバを訪れるとき、街外れにある、一階建ての白い建物の並ぶ施設に彼女を連れて行った。アディスアベバ瘻病院だった。

そこでマハブーバは、やはり瘻に苦しむ大勢の少女や女性に出会った。病院に着くと、検査を受け、入浴して新しい服を渡され、体の洗い方を教わった。瘻患者は尿の酸で肌を痛め、足がただれていることが多いが、こうした傷は頻繁に洗えば避けられる。病院にいる少女たちはサンダルを履いて歩きまわり、互いにおしゃべりし、たえず尿を漏らしていた――病院のスタッフはおどけて「水たまり」と言う――が、床は一時間に数回モップで拭かれ、少女たちは仲良くなるのに忙しくて恥ずかしがっている暇がない。

病院を経営しているのは婦人科医のキャサリン・ハムリン、まさに聖人だ。人生の大半をエチオピアの貧しい女性に捧げ、危険と苦労をくぐり抜けて、マハブーバのような若い女性の人生を数えきれないほど変えてきた。長身で細身、白髪のキャサリンは活発で丈夫で、温かく人を迎え、すばらしくやさしい。ただし聖人と言われたときは別だ。

「仕事が好きなだけですよ」初めて会ったとき、彼女は憤然と言った。「聖人とか何か高尚なことをしているわけじゃない。楽しいんです……。神が望んでおいでだと感じるからここにいる。自分に何か貢献ができる、ここの女性を助けていると思える。充実した仕事です」

キャサリンと亡くなった夫のレグ・ハムリンは一九五九年、産婦人科医として働くために、祖国オーストラリアからエチオピアに移って来た。オーストラリアでは、一度も瘻を診たことがなかったが、エチオピアでは患者が絶えない。

「世界で最も同情すべき女性たちです」と彼女ははっきり言う。「ひとりぼっちで、傷を恥じている。ハンセン病やＡＩＤＳの患者には支援団体がありますが、ここの女性のことはだれも知らず、支援もありません」

欧米でも以前は瘻はめずらしくなく、マンハッタンの、現在ウォールドーフ・アストリアホテルがあるところにかつては瘻病院があった。しかしその後、医学が進んで問題を根絶した。今では富裕国では難産で四日も過ごす人はほとんど一人もいない――そうなるずっと前に、帝王切開が施される。

一九七五年、キャサリンとレグはアディスアベバ瘻病院を設立し、病院は今も、白い建物と青々とした庭からなる、美しい丘の上の施設である。キャサリンは病院長を務め、施設の真ん中の居心地のいい家に住んでおり、いずれ夫のとなりでアディスアベバに骨を埋めるつもりだ。キャサリンは二万五〇〇〇例以上の瘻手術を執刀し、専門医を数えきれないほど育ててきた。最高の技術をもつこの外科医をもってしても、ときには修復できるだけの組織が残っていない患者がいるため、そうした患者には人工肛門形成手術が施される。腸に設けた穴から便が体外に排出されてパウチにたまり、パウチは定期的に交換される。人工肛門を付けた患者は継続的なケアが必要で、病院に近い村に住んでいる。

マハブーバも完全に修復できなかった患者の一人だ。理学療法でまた歩けるようになったが、人工肛門を受け入れなくてはならなかった。それでもマハブーバがふたたび動けるようになると、キャサリンは彼女に病院の仕事をさせた。初めはただシーツ交換をしたり患者が身体を洗うのを介助していたが、医師たちは次第に、聡明な彼女がもっと多くのことをしたがっているのに気づき、責任ある仕事をまかせた。彼女は読み書きを習い、自分を開花させた。人生の目標を見つけたのだ。今日、病院を訪ねれば、マハブーバが看護師の白衣を着て歩き回っているのを見かけるかもしれない。看護師長助手に昇格した彼女が。

瘻は修復に三〇〇ドルかかるが、約九〇％が修復可能だ。だが瘻で苦しむ女性の大多数は貧困

エチオピアのアディスアベバ瘻病院にいるマハブーバ。
photo: Nicholas D. Kristof

に陥った農民で、医者に連れて行ってもらったことも治療を受けたことも一度もない。ワシントン大学医学部の産科教授L・ルイス・ウォール☆は、西アフリカに瘻病院建設を求めて疲れを知らずに運動をしているが、毎年アフリカだけで三万から一三万の新たな瘻患者が出ていると推計している(2)。

治療を受ける代わりに、こうした若い女性たち——しばしばまだ一五歳、一六歳の少女たち——はたいてい、人生が実質的に終わったと考える。夫から離婚され、排泄物による悪臭を発するといって、マハブーバが受けた仕打ちのように、村はずれの小屋に一人で住まわされることが多い。そのうちに餓死したり、産道からの感染症で死亡する。

「瘻患者は、今日の癩《らい》病患者です」と、病院でキャサリンとともに働く助産師看護師のルース・ケネディは言う。「無力で、声もない……。こうした女性がのけ者にされるのは女だからです。こんな目に遭うのが男だったら、世界中から財団と医療品が押し

☆一九九〇年代に私たちが産科瘻の問題に最初に出会ったのはウォール教授の運動のおかげだった。ウォール博士は「世界瘻基金」の理事長で、ついに長年の夢だった西アフリカでの瘻病院建設が実現しつつある。病院はメリルリンチと米国の個人からの寄付支援で、厳しい資金繰りながら、ニジェールに建設中だ。ウォール教授はこうした置き去りにされてきた女性を支援する格闘の真のヒーローである。

寄せてきます」

オプラ・ウィンフリーはキャサリンにインタビューして心を動かされ、のちに瘻病院を訪れて新しい病棟を寄付した。それでも妊産婦医療は一般に、最小限の注目しか集めない。命を落としたり傷に苦しむ人たちが、最初からストライク三つでアウトになっているからだ。女で、貧しく、かつ農村にいる。

「発展途上世界では、女性は置き去りにされています」とキャサリンは言う。「使い捨ての品物なんです」

たしかに、貧困国では男性にとってさえ医療は不備だ。サハラ以南のアフリカには世界人口の一一％が住むが、世界の病気の二四％に苦しむ[3]——あてられるのは、世界の医療費一％以下だ。だが妊産婦医療は特に軽視され、適切な資金提供を受けることは決してない。実際、ジョージ・W・ブッシュ大統領は二〇〇九年度、妊産婦と子どもの医療向けの米国国際開発庁（ＵＳＡＩＤ）の予算を一八％削減してわずか三億七〇〇〇万ドルとすることを提案した。米国人一人につき年に約一ドル二〇セントだ。

保守派は中国での強制中絶と闘い、リベラル派は海外での中絶の権利に熱を入れる。だが、出産する女性の死亡を食い止めるという課題が多くの支持を集めたことは一度もない。ニュースメディアにいる私たちも、問題を軽視している有様だ。毎日、ジャンボジェット機五機分の女性が出産で命を落とすのに、この問題はほとんどまったく報道されない。何をすべきか？　米国は出産する母親を救う世界的な運動をリードするべきだ。現在、米国人が妊産婦医療に使っている額は、軍事費の一％の二〇分の一以下なのだ。

世界保健機構（WHO）は、二〇〇五年に五三万六〇〇〇人の女性が妊娠中または出産で命を落としたと推計している。数字は三〇年ほとんど変わっていない。乳幼児死亡率は急降下し、平均寿命は延びたが、出産は命にかかわるものでありつづけ、毎分一人が妊娠・出産で死亡している。

こうした死の九九％が貧困国で起きている。最もよく使われる基準は妊産婦死亡率（MMR）、一〇万の出産に対する妊産婦死亡数を見るものだ。もっとも、データはたいてい非常にお粗末で、数字は大まかな推計にすぎない。[4] 出産が世界で最も安全な場所アイルランドでは、MMRは出産一〇万あたりわずか一件。それよりはずっと多くの女性が医療の隙間からこぼれる米国で、一一件。対照的に（インドとパキスタンを含む）南アジアのMMRは平均で四九〇。サハラ以南のアフリカでは九〇〇で、世界でMMRが最も高いシエラレオネでは二一〇〇だ。

MMRという基準は一回の出産のリスクを計るものだが、貧困国の女性は多くの妊娠を経験する。それゆえ統計は、出産で死亡する生涯リスクも算出する。生涯リスクが世界で最も高いのは西アフリカのニジェールで、少女や女性が出産で死亡する割合は七分の一である。サハラ以南のアフリカでは、出産で死亡する生涯リスクは二二分の一。インドは不名誉を喫している。輝かしい新成長にもかかわらず、インド女性は依然として、出産で死亡する生涯リスクが七〇分の一ある。対照的に米国では生涯リスクは四八〇〇分の一、イタリアでは二万六六〇〇分の一、アイルランドではわずか四万七六〇〇分の一である。

妊産婦死亡の生涯リスクは、貧困国では欧米より一〇〇〇倍も高い。これは国際的な醜聞であるはずだ。しかも格差は拡大しつつある。WHOは、一九九〇年から二〇〇五年のあいだに、先進国と中程度の収入の国々では妊産婦死亡率が著しく低下したのに対して、アフリカではほとんど下がっていないことを指摘した。実際、人口増加のため、出産で死亡するアフリカ女性の実数は、一九九〇年の二〇万五〇〇〇人から二〇〇五年の二六万一〇〇〇人に増えている。

妊産婦障害（出産による外傷）は、妊産婦死亡よりさらに頻繁に起きている。出産で死亡する女性一人に対して、瘻や深刻な裂傷といった重大な障害を負う女性は少なくとも一〇人はいる。危険な中絶は、毎年七万人の女性の死因になり、五〇〇万人の深刻な障害の原因にもなっている。こうした五〇〇万人の女性をケアする経済的コストは、毎年七億五〇〇〇万ドルと推定される。また女性が出産で死亡すると、世話してくれる母親を亡くすため、残された子どもたちも幼くして命を落とす危険がずっと高まる、という証拠もある。

もっとも、率直に言って、データを積み上げるのはためらわれる。数字に説得力があっても、はかばかしく行動につながらないからだ。

人を行動へ突き動かすのは統計より個人の話であることを示す心理学的研究が増えている(5)。ある実験では被験者はグループに分けられ、海外の飢餓を軽減するために五ドルの寄付を求められる。一つのグループは、寄付金がマリの七歳の少女ロキアに渡ると言われ、別のグループは、二一〇〇万人のアフリカ人の栄養不良に取り組むために使われると言われる。三番目のグループはやはり寄付がロキアに届けられると言われるが、こちらでは、世界の飢餓という背景とともに示され、統計も示される。被験者は二一〇〇万人の飢えた人々のためよりもロキアのためにはるかにすすんで寄付をし、全体の問題に触れることさえ、ロキアへの支援の気持ちを鈍らせる。

別の実験では、がんと闘うための三〇万ドルの基金に寄付を求められる。一つのグループは、寄付金が一人の子どもの命を救うために使われると言われ、別のグループは八人の子どもの命を救うと言われる。八人より一人を救うほうにほぼ二倍も寄付があった。これは、私たちの良心と倫理体系が個人の話にもとづいており、論理や理性にかかわる脳の領域とは別であることの反映だと社会心理学者は言う。実際、被験者がまず数学の問題を解かされ、論理を司る脳の領域を働かせると、そのあとでは支援が必要な人への寛容さが下がる。

だから統計を離れて、個人に焦点を当てようと思う。シミーシュ・セゲイ。もっと多くの人が、静かな声をもつこの温かな二一歳の女性に会えば、「妊産婦医療」は突如として優先事項になるにちがいない。

私たちが初めて会ったとき、シミーシュはアディスアベバ瘻病院の主病棟の端にあるベッドに仰向けに横たわっていた。シミーシュが八年生の教育――エチオピア農村部では驚きだ――をどれほど楽しんでいるか話すのを、病院の助産師看護師のルース・ケネディが通訳してくれた。

シミーシュは一九歳で結婚した。妊娠したときはうれしかった。友達がみな祝福し、息子を授かるよう祈ってくれた。

出産が始まったとき、赤ん坊は出てこなかった。丸二日の難産で、シミーシュは意識を失いかけた。近所の人がいちばん近い道路まで何時間もかけて彼女を運び、ようやくやってきた一台のバスに乗せてくれた。いちばん近い病院に着くまでバスでさらに二日かかり、着いたときには赤ん坊は死んでいた。

村に戻って回復しはじめたシミーシュは、足が不自由になり尿と便が漏れているのに気づいた。排泄物の絶え間ない臭いに傷つき、屈辱を感じた。両親と夫は、瘻を修復してもらおうと、病院へ連れていくバス代一〇ドルを貯めた。バスが来ると、他の乗客が彼女に怒りをぶつけ、怒鳴った。

「こんなくさい娘のとなりに乗るのはごめんだ。金を払ったんだから、こんな臭いを我慢しろとは言わせない。娘を降ろすんだ」

運転手はシミーシュに一〇ドルを返し、バスから降りるように言った。修復の望みは消えた。夫は彼女を捨てた。シミーシュに一〇ドルを返し、……

夫は彼女を捨てた。両親は味方だったが、その両親でさえ臭いに耐えられず、別の小屋を建てた。両親は毎日、食べ物と水を運び、励ました。シミーシュは小屋で暮らした――ひとりぼっちで、恥ずかしく、途方に暮れて。ある推計によれば、瘻患者の九〇％が自殺を考えたことがあるという。シミーシュも死を考えた。抑鬱に陥り、無気力になり、統合失調症になりかけた。鬱に苦しむ人は胎児期の姿勢に返ることがままある。シミーシュもそうだった――ほとんど動くことはできなかった。

「ただ丸まっていました」と彼女は言う。「二年間」

一年に一度か二度、両親が小屋から連れ出してくれるほかは、ただ身を隠し、死によって苦しみから逃れることを願って、床に横たわっていた。食べ物はほとんど口にしなかった。食べたり飲んだりすれば、それだけ足を伝う排泄物も多くなるからだ。彼女は飢えて死にかけた。

両親は娘を愛していたが、治してもらえるものかどうかもわからず、金もなかった。シミーシュは何も頼まず、ほとんど口もきかず、ただ死を望みながら小屋に横たわっていた。

苦しむ娘を目の前にしたつらい二年間の末、両親は娘を助けるために家畜を売った――全財産だった。バスには乗れないとわかっていたので、二五〇ドル出して車で一日かけてイルガ・アレムの街の病院へ連れて行った。そこの医師たちは手に負えないと診て、アディスアベバ瘻病院へ送った。瘻病院の医師たちから治ると告げられて、初めてシミーシュは自信を取り戻し、鬱から回復し

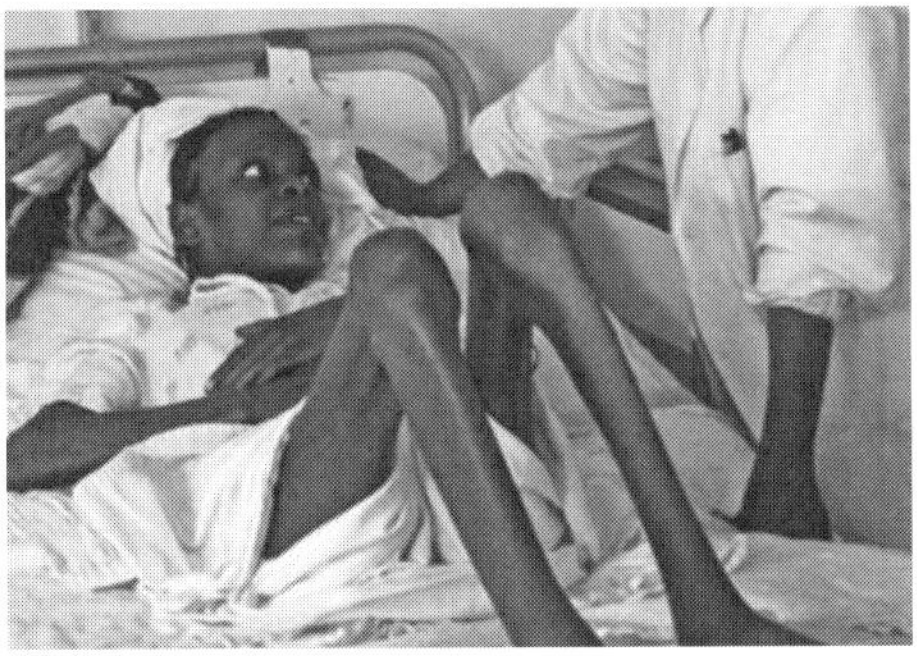

シミーシュ・セゲイ。両脚は曲がったままになっている。アディスアベバ瘻病院で。
photo: Nicholas D. Kristof

はじめた。初めは内緒話のようなささやき声でしか話さなかったが、ゆっくりと、まわりの人との関係をまた築きはじめた。

瘻の修復にとりかかる前に、別の問題に対処する必要があった。胎児の姿勢で二年間ずっと丸まって横たわっていたシミーシュの足は、萎えて曲がったままになっていた。足が動かず、ましてまっすぐ伸ばすのは無理だった。衰弱が激しく手術もできなかった。キャサリンたち医師は栄養のある食事を与え、看護師は足を伸ばせるよう理学療法を手伝った。医師は、恥骨の結合部が七センチ欠けていることにも気づいた。感染によるものとみられた。一時的な人口肛門形成が施され、長くつらい理学療法の末――抑鬱が消えるとシミーシュは理学療法に積極的に取り組んだ――彼女はもう一度立てるようになった。

その後、足を圧迫骨折すると、医師たちは、集中的理学療法を処方した。数人の元患者がマッサージをし、痛みが強くなりすぎたらやめるよう、いつも付き添って注意した。何カ月もへとへとになって頑張った末、シミーシュはついに足を伸ばして立てるようになった。やがて、介助を受けずに歩けるまでになった。そして尊厳と人生への意欲も取り戻していた。彼女が強さを取り戻すと、外科医が瘻を修復し、彼女はすっかり回復した。

シミーシュのような女性は、世界のほとんどすべての人から見捨てられてきた。しかし何十年にもわたって、一人の米国人医師が、妊産婦医療に注目を集める闘いを率いてきた。彼自身が命にかかわる病気に敗れたが、出産による死を減らすために日々闘った。

患者だけでなく国を治す医師

アラン・ローゼンフィールド[6]は、ボストンの成功した産科医の息子として、一九三〇年代から四〇年代、マサチューセッツ州ブルックリンで育った。コロンビア大学医学部に行き、韓国で空軍に勤務した。

韓国滞在中、週末に地元の病院でボランティアをした彼は、病棟の様子に衝撃を受けた。韓国農村部の女性たちは、米国では想像もできないような、ひどい出産障害に苦しんでいた。アランは米国に戻ったが、黙って苦しみに耐えるこうした農民女性の記憶が頭から離れなかった。

韓国での経験をきっかけに、貧困国の医療ニーズへの深い関心が芽生えた。その後、ナイジェリアのラゴスで医学部に職があると聞いて応募し、一九六六年、新妻クレアをラゴスに伴って新生活を始めた。アランはナイジェリアで目にしたこと、特に家族計画と妊産婦医療の不備にショックを受けた。疑いもつきまとった。

「自分たちが提供している医療モデルがナイジェリアに合っていない気がした」

アフリカで現実に直面したことが、生涯にわたる公衆衛生への関心の始まりだった。欧米では病気や死亡率は医師の領域と考えられがちだが、世界でははるかに大きな歩みが、公衆衛生の専門家によって進められてきた。公衆衛生アプローチのモデルとしては、天然痘ワクチン計画、乳児を下痢から救う経口脱水治療法、車のシートベルトやエアバックの装着キャンペーンなどがある。また妊産婦死亡率を下げる本格的な取り組みにも、公衆衛生の視点が欠かせない――望まない妊娠を減らし、土壇場の緊急医療を減らすために妊娠中のケアを提供するのだ。

ときには、最も効果的なアプローチがまったく医学と関係ないこともある。たとえば、妊娠を減らす抜群の方法の一つは、女生徒の制服に助成金を支給することだ。これで女生徒が学校をつづけるようになり、出産に耐える身体になるまで結婚と妊娠を延ばすことになる。南アフリカのある研究は、一八カ月ごとに六ドルの制服を支給することによって、少女が学校に通いつづける可能性が増え、その結果、妊娠が著しく減ったと指摘する。

アラン・ローゼンフィールドは、この公衆衛生の視点と実践的治療を組み合わせるために格闘し――妊産婦医療界の社会起業家になった。

アランとしては、ナイジェリアでの仕事は幕間のエピソード、自分にとっていわば「青年海外協力隊」のつもりだった。ところが圧倒的なニーズに取り囲まれて、天職と感じはじめた。

彼はタイの人口協議会の仕事に応募した。一家はタイで六年過ごし、家庭を築き、タイ語を習い、この国と完全に恋に落ちた。だがタイの砂浜の美しさと妊産婦病棟の惨状には、天と地ほどの差があった。その上、ＩＵＤ（子宮内避妊具）もピルも医師の処方によってしか手に入れられなかった。最も有効な避妊法が人口の九九％の手に入らないわけだ。

アランは保健省と協力して革命的な計画を立てた。研修を受けた助産師がピルの処方をすることを認める。まず質問のチェックリストを作り、問診した助産師がピルを処方するか、女性にリスク要因があれば医師のもとへ送るか、どちらかできる態勢を整えた。まもなくプログラムは全国三〇〇〇カ所に広がり、その後、助産師にＩＵＤの挿入も認めるようになった。このアプローチが

アラン・ローゼンフィールド。ニューヨーク市のコロンビア大学メイルマン公衆衛生学部で。
photo: Tanya Braganti

どれほど異例だったかを今日評価するのはむずかしい。自分の領域に固執する医師にとって、助産師に医療の責任をまかせるのは異端だったからだ。

「まったく違うアプローチだったから、今だったら認めさせるのは厄介だろうね」とアランは言った。「でもぼくは一人でやっていたから、できた」

キャリアの軌道が定まった。女性が安全に子どもをもてるよう公衆衛生に携わる。一九七五年、アランはニューヨークに移り、コロンビア大学の人口家族健康センター長になった。この分野で志を同じくする人々の世界的ネットワークを作り、一九八五年、同僚のデボラ・メインとともに、世界の保健衛生問題の最先端を行く『ランセット』誌に画期的論文を発表した。

妊産婦死亡率が、保健衛生専門家や政策担当者、政治家からなぜこれほどわずかしか真剣な注目を受けないのか、理解に苦しむ。世界の産科医は、とりわけ自らの義務を怠っている。問題に注目を集めて重要なプログラムと優先事項の変更を求める代わりに、大半の産科医は、高度医療技術に力点を置く、小さな専門領域に閉じこもっている。

論文は世界的な妊産婦医療推進運動につながった。同じころアランは、コロンビア大学のメイルマン公衆衛生学部長に任命された。その後一九九九年、ビル&メリンダ・ゲイツ財団から五〇〇〇万ドルの資金提供を受け、〈妊産婦死亡障害防止（AMDD）〉という団体を設立した。AMDDは出産を安全にするための草分け的な努力を世界中で始めた。

アランは次第に、単に保健衛生の問題としてではなく、人権問題として妊産婦死亡に取り組むようになった。

「妊産婦死亡を減らすには、技術的解決だけでは足りない」とある論説に書いている。「女性は基本的人権として、良質のケアを受けながら安全に子どもをもてねばならない。人権を守る制度——法律、政策、協定——を駆使して、国が負う義務について責任を持たせるべきである」

アランが最初に海外に飛び出したときは開拓者だったが、分野が彼に追いついてきた。

「当時は、世界の公衆衛生というのが何なのかさえ知らなかった」と彼は振り返った。「ぼくは型破りなことをやっていた。でも現在、そこに飛び込みたいという若い連中はたくさんいる」

今日、医学部では世界の公衆衛生はホットなテーマだ。ボストンのオフィスにいるよりハイチやルワンダで病院を運営している時間のほうが長い、ハーバード大学医学部のポール・ファーマーのような医師たちが、学生の尊敬を集めている。

アラン自身の人生は、二〇〇五年に悲しいコースをたどった。運動神経を冒す二つの病気、筋委縮性側索硬化症（ALS）と重症筋無力症と診断されたのだ。彼はいつも活発で体力があり、アウトドア志向だったが、次第に虚弱になった。体重が減り、歩行や呼吸が困難になり、車椅子に乗るようになった。家族の重荷になるのを気にしていた。それでも毎日仕事に行き、国際会議に出席しさえした。二〇〇八年一月の国際女性保健連合（ＩＷＨＣ）のパーティーでは、ほとんど動けない彼が注目の的であり、世界中からの支持者にもてはやされた。二〇〇八年一〇月、彼は世を去った。

ＡＭＤＤは今では五〇の貧困国で命を救っている。世界で妊産婦死亡の生涯リスクが最も高いニジェール東部のジンダーで診療所に立ち寄ったとき、私たちはそのインパクトを目の当たりにした。

ニジェールには国全体で産科医が一〇人しかおらず、農村地域では、どんな専門だろうと医者が近くにいるだけで運がいい。ジンダー診療所のスタッフは、米国人の夫婦を見て驚き興奮し、喜んで診療所の中を案内してくれて――臨月間近の女性ラマトゥー・イスーフーを見せてくれさえした。ラマトゥーは担架に横になって荒い息をし、けいれんを起こしていた。あえぎあえぎ、目が見えないと訴えた。

診療所のただ一人の医師、ナイジェリア人のオベンデ・カヨデは、ナイジェリアの海外援助プログラムの一環として派遣されていた（ナイジェリアが海外援助として医師を送れるなら、米国だって！）。カヨデ医師は、ラマトゥーがおそらく子癇《しかん》を起こしていると説明した。発展途上世界で年間五万人の女性の命を奪う、妊娠の合併症だ。帝王切開が必要だった。胎児を取り出せば、けいれんも収まるはずだ。

六人の子の母親で、三七歳のラマトゥーの命は、病院の小さな待合室で次第に消えつつあった。

「ご主人を呼んでいるんです」とカヨデ医師が説明した。「薬と手術用品をそろえてくれたら、手術ができる」

ジンダー診療所は、国連人口基金（ＵＮＦＰＡ☆）とＡＭＤＤが妊産婦死亡率を下げるために準備した、ニジェールでのパイロットプログラムの一環だった。帝王切開に必要な全用品はビニール袋に密閉して保管してあり、家族が四二ドル払って初めて手に入る。家族が町じゅうを走り回って、ここで包帯、あそこでガーゼ、また別のところでメスを買うため大金を払っていた以前のやり方に比べれば、これでもずいぶんましになったのだ。だが、家族に四二ドルの持ち合わせがなかったらどうなるのか。彼女は命を落とすことになるだろう。

「家族が金がないと言ったら、患者には厄介なことになります」とカヨデ医師は認めた。「ときには助けることもあります。金を払ってもらえると期待できればね。初めのころはずいぶん助けましたが、あとで金を払ってもらえなくなった」彼は肩をすくめ、付け加えた。「雰囲気によりますね。スタッフがもう金を出せないと感じたら、ただ待って見ている。患者が死ぬこともあります」

それでも病院のスタッフは、私たちの目の前でラマトゥーを死なせたくはなかった。看護師は彼女を車椅子で手術室へ運び、腹をさすった。別の看護師が脊椎麻酔を施した。ラマトゥーは簡易ベッドに横たわり、不規則な荒い息をするだけで動かず、意識がないようだった。カヨデ医師が入ってきて、すばやく腹にメスを入れ、バスケットボールのように見える大きな臓器を掲げた。子宮だった。カヨデ医師は慎重に切開し、男の赤ん坊を取り出して、看護師に渡した。赤ん坊は静かで、生きているのかどうかすぐにはわからなかった。カヨデ医師が子宮を縫い合わせて腹に戻し、外の傷も縫合しているあいだ、ラマトゥーも昏睡しているのではないかと疑われた。でも二〇分後、彼女は意識を取り戻し、青白く疲れ切っていたが、もうけいれんもなく、息も苦しそうではなくなっていた。

「大丈夫です」と彼女はささやき、看護師は生まれたばかりの息子を彼女のもとに連れてきた――

今は泣き声を上げ、体をくねらせ、元気いっぱいだった。ラマトゥーの顔が輝き、手を伸ばして、赤ん坊を抱いた。

それはまさに奇跡のような光景だった。妊産婦医療が優先事項になれば何が可能なのかを、まざまざと見せてくれた。ニジェールの砂漠の真ん中にある、設備もろくにない手術室で、一人の医師と数人の看護師が一人の女性の命をとりとめ、赤ん坊の命も救った。そしてアラン・ローゼンフィールドの公衆衛生の伝説に、また二つ、救われた命が加わった。

☆国連の広報はお粗末で、略称を組織名と一致させることすらできない。国連人口基金はもともと、国連人口活動基金（ＵＮＦＰＡ）と呼ばれていたが、名称が国連人口基金となったあとも、略称はＵＮＦＰＡのままだ。

第7章

母親の命を救うには

再生産の役割を果たすだけで命を落とすのが男だったら、世界は傍観しているだろうか。

――アシャ＝ローズ・ミギロ

（国連副事務総長、二〇〇七年）

母親の命を救うには、まず妊産婦死亡の原因を理解することだ。直接の死因は子癇《しかん》、大量出血、マラリア、中絶の合併症、難産、敗血症かもしれない。だが医学的説明の背後に、社会学的、生物学的説明がある。プルーデンス・レモクーノの死につながった重なり合う要因を考えてみる。

私たちがプルーデンスに会ったのは、カメルーンの荒涼とした南東部ヨカドゥーマの小さな病院のベッド上だった。一九二〇年代にＨＩＶが初めて人に感染したのはこの辺りだという（遺伝学的証拠から推し量れば）。三人の子の母で二四歳のプルーデンスは、お腹が大きく突き出した、古びた赤のチェックのワンピースを着て、下半身はシーツに覆われていた。激痛に襲われてベッドの横をしきりにつかんだが、叫び声をあげはしなかった。

プルーデンスは一二〇キロ離れた村に家族と住み、妊娠中のケアをまったく受けていなかった。月満ちて出産が始まった。介助したのは、何の訓練も受けていない伝統的な助産師だった。赤ん坊は子宮頸管につかえて出てこなかった。陣痛が三日間つづいた末、助産師は腹の上にすわって飛び上がったり下りたりした。子宮が破裂した。家族はバイクをもつ男性に金を払って、プルーデンスを病院へ運んだ。病院の医師パスカル・ピピは、緊急帝王切開が必要だと診断した。だが彼は手術代として一〇〇ドルを要求し、夫と両親は二〇ドルしか調達できないと言った。ほんとうはもっと払えるのに家族は嘘をついているとピピ医師は考えた。彼は正しかったかもしれない。いとこの一人が携帯電話をもっていたからだ。彼女が男だったら、家族はおそらく一〇〇ドル集められるだけの持ち物を売り払ったはずだ。

ピピ医師は小柄でがっちりとして、眼鏡をかけ、まじめで頭のよさそうな物腰、申し分のないフランス語――そして地元農民に対する怒りのこもった軽蔑をもっていた。勤勉で私たちにはとても

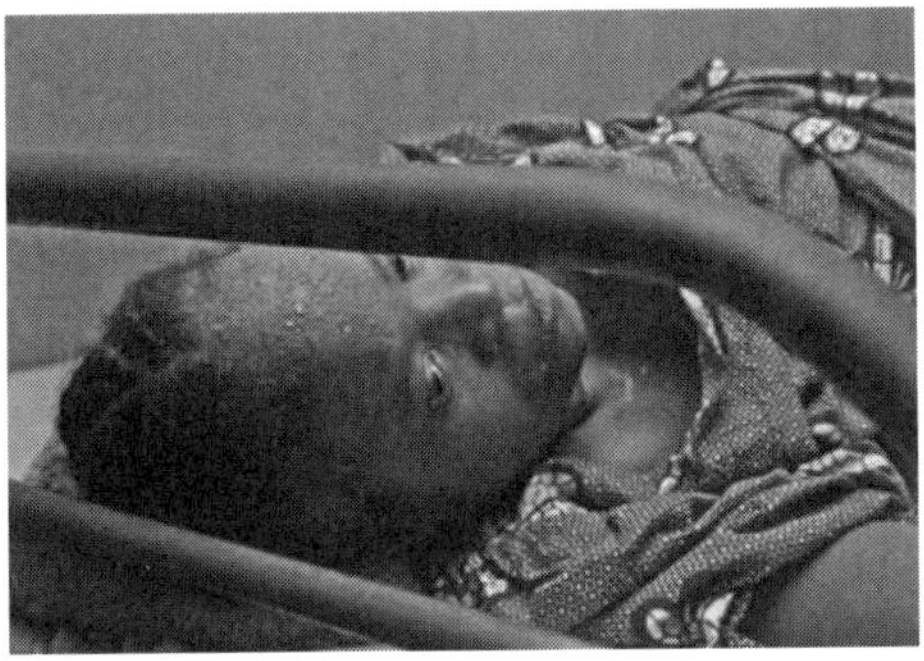

カメルーンの病院で、治療を受けないまま、ベッドに横たわるプルーデンス・レモクーノ。
photo: Naka Nathaniel

感じが良かったが、プルーデンスのような近所の村人に対しては、自分の面倒も見ない、手遅れにならないうちに治療を求めることもしない、と激しく非難した。

「町で病院のすぐとなりに住む女性でも、家で赤ん坊を産む」

医師は言った。彼の推測によれば、全体で地元女性の約五%しか病院で出産しないという。医療品はほとんどなく、病院史上だれも献血というものをしたことがないと嘆いた。医師は、女性に対して厳しく怒り――そして辺鄙《へんぴ》な田舎から抜け出せない自分にも腹を立てているようだった。女性たちのニーズには同情のかけらもなかった。

私たちは偶然その診療所に行き着き、地域の妊産婦医療について尋ねるために立ち寄った。ピピ医師は地域の状況についてしっかりした分析をした。その後、私たちは病院の空き部屋にいるプルーデンスに偶然出会った。彼女は治療を受けないまま、家族によればもう三日そこにいた。二日だけだとピピ医師はあとで怒って私たちに言った。胎児は病院についてまもなく死亡し、今は腐敗して、徐々にプルーデンスの体を冒しつつあった。

「すぐ手当てしてくれたら、赤ん坊は生きていた」

二八歳になる夫アラン・アウォナは、妻の横を歩き回りながら怒りを露わにした。公立学校の教師をしている彼は、妻の不当な扱いに怒り、それを口にできるほど教育があった。

「妻を助けてくれ！」と彼は言った。「赤ん坊は死んでしまった。妻を助けてくれ！」

ピピ医師とスタッフはアランの抗議に激怒しながら、訪問者の目の前で一人の女性を死なせることには困惑していた。問題は、教育のない村人が治療費を払うのを拒否したために設備や道具が不足していることだと彼らは言い張った。

「大半の急患は、家族が金を払わない」と婦長のエミリエンヌ・ムアサが吐き捨てるように言った。血管に不凍液でも流れているようだ。「治療の受け逃げですよ」

ピピ医師は、手当てをしなければ数時間の命だと言い、残りの八〇ドルを受け取れば手術できると言った。私たちはすぐ払うことにした。するとピピ医師はプルーデンスがおそらく貧血なので、帝王切開が終わるまでもたせるには輸血が必要だと言った。一人の看護師がプルーデンスのカルテを調べてきて、血液型はA型だと報告した。

ニックとビデオ制作者のナカ・ナサニエルは互いを見交わした。

「ぼくはA型だ」とニックはナカにささやいた。

「ぼくはO型――だれにでも献血できる」とナカがささやき返した。

二人はピピ医師の方を向いた。

「私たちが献血しましょうか」とニックがきいた。「私はA型、こっちの彼はO型です。輸血に使っていただけますか」

ピピ医師は肩をすくめて同意した。

それでニックとナカは看護師にいくらかの金を渡して、真新しい使い捨て針と思しきものを町まで買いに行かせた。検査技師が二人から採血した。

プルーデンスはまわりの様子がわかっているようには見えなかったが、母の頬にはうれし涙が伝っていた。家族はプルーデンスが死ぬものと思っていたが、いま突如として命が救えるように思えてきた。アランは、手術が終わるまでこの場を離れないでくれと言った。

「みなさんが行ってしまえば」と彼はぶっきらぼうに警告した。「プルーデンスは死にます」

エミリエンヌと他の看護師たちがもっと金を出させようと家族とまた口論していて、私たちは割り込んでいくらか余計に払った。看護師が血液パックを点滴台にかけ、ニックとナカの血がプルーデンスの血管に流れ込みはじめた。彼女はほとんどすぐに生気を取り戻し、か細い声で礼を言った。看護師が手術の準備はすべて整ったと言った。だが何時間たっても何も起こらなかった。午後一〇時、私たちは当直の看護師にピピ医師はどこかと尋ねた。

「先生ですか？　裏口から出て行かれました。お帰りになりました。明日手術なさるでしょう。たぶん」ピピ医師と看護師たちは、アランと家族に、我を張るとどうなるか教訓を垂れることにしたらしい。

「でも明日では手遅れになる」とニックが抗議した。「死んでしまう。先生自身が、数時間の命だと言っていた」

「それは私たちではなく神がお決めになります」看護師は肩をすくめた。「死ぬのなら、それが御心なのでしょう」私たちは危うく彼女の首を絞めるところだった。

「ピピ医師の住まいはどこですか」ニックが訊いた。「今すぐ家に行く」

看護師は言おうとしなかった。アランは呆然と見ていた。ニックは詰め寄った。

「いい加減にしなさい。家がどこか知ってるはずだ。夜、急患が来たらどうするんだ？」

このとき、カメルーン人の通訳が私たちを脇へ引っ張った。

「あの、尋ねて回れば、ピピ医師の家を見つけられるのはまちがいないと思いますが」と彼は言った。「でも家に行って、手術させようとここへ引きずってきたら、ピピ医師はかんかんに怒る。手術はするかもしれないが、メスで何をするかわかったもんじゃない。プルーデンスのためになりません。唯一の望みは、朝を待って、彼女が生きているよう願うことです」

私たちはあきらめ、ゲストハウスに向かうことにした。

「ありがとう」とアランが言った。「尽力くださって。最善を尽くしてくださった。感謝します」

彼は打ちひしがれていた――病院のスタッフがこんなことをしたのは嫌がらせだとわかっていたからだ。母は怒りで口もきけず、目は不満の涙で光っていた。

翌朝、ピピ医師はようやく手術をした。だがそのときはプルーデンスが病院に着いてから少なくとも三日はたち、腹部に感染が広がっていた。ピピ医師は小腸を二〇センチも取り除かねばならず、感染を抑えるのに必要な強力な抗生物質を何ももっていなかった。

数時間がたった。プルーデンスは意識が戻らず、次第にみな、それが単に麻酔によるのではないことがわかってきた。昏睡状態だったのだ。腹部は感染のため徐々に膨れていったが、看護師はほとんど気にもとめなかった。カテーテルをつないだ尿の袋があふれてもだれも交換しなかった。彼女は少し吐いていたが、片づけるのは母にまかせられた。

時間がたつにつれ、部屋の雰囲気は次第に重苦しくなっていった。ピピ医師の口をついて出るのは、プルーデンスの家族、特にアランへの批判だけだった。プルーデンスは腹部がグロテスクに膨れ上がり、血を吐いていた。呼吸困難に陥り、ゴロゴロと大きな恐ろしい音がした。ついに家族は村の家に連れて帰って死なせようと決心した。村まで帰るための車を雇い、暗く悲しみにくれながら帰っていった。三日後、プルーデンスは世を去った。

これが世界のどこかで、毎分に一度起こっていることだ。

プルーデンスの死を引き起こしたのは子宮破裂だけではない。他に四つの主要因がある。

(1)身体的要因

女性が出産で命を落とす一つの理由は解剖学にかかわる。二つの基本的な進化上の二律背反が原因だ[1]。われわれの古い祖先がひとたび直立歩行を始めると、大きすぎる骨盤は直立歩行と走行を妨げ、邪魔になった。骨盤が細ければ早く走れるが、出産が過度にむずかしくなる。そこで進化の適応によって、女性は一般に、ほどほどに早く移動でき、――多くの場合――出産を乗り切れるよう、中くらいの大きさの骨盤をもつようになった。

もう一つの二律背反は頭の大きさに関わる。クロマニョン人以来ヒトの頭蓋骨は、より複雑な脳を収容できるよう拡大してきた。誕生後は脳が大きいほうが進化上有利だ。だが脳が大きいと、そもそも頭の大きな胎児は生きて生まれられない恐れが高くなる。

出産に介助が必要な哺乳類はヒトだけであり、それゆえ先史時代に最初に現れた「職業」は産婆ではないかと論じる進化生物学者もいる。母体のリスクは解剖学的形態によって変わる。ヒトの骨盤には、交代で起こった進化上の妥協を反映して、女性型、男性型、細長型、平骨型の四つがある。

骨盤形態の差異をめぐっては専門家のあいだでも意見が分かれ、『リプロダクティブ医療ジャーナル』は、遺伝に加えて幼児期の環境要因も反映されると示唆している。

女性に最もよくある骨盤は女性型で、これは出産に最も適し（だが偉大な女性ランナーには見られない）、コーカソイド（白人）女性に特に多い。対照的に細長型骨盤は、細長くて早く走ることができる一方、難産になる危険が最も高い。骨盤の形に関するデータはあまりそろっていないが、アフリカ女性は細長型骨盤をもつ傾向が特に高いとみられ、このためにアフリカでは妊産婦死亡率がこれほど高いのだとする妊産婦保健専門家もいる。

⑵学校教育の欠如

村人がよりよい教育を受けていたら、プルーデンスが命を取りとめる可能性はもっと大きかっただろう。理由はいくつかある。教育があれば、望む子どもの数が減り、避妊をするようになり、病院にかかることにもつながる。だからプルーデンスはそもそも妊娠する可能性が低かったはずであり、妊娠したとしても病院で出産した可能性が高い。また助産師がもっと学校教育を受けていたら、難産として病院へ送ったはずだ――プルーデンスの腹の上にすわったりしなかったのはまちがいない。

教育と家族計画は家庭の生計を立てやすくし、貯金する傾向を高める。その結果、医療ケアを受ける余裕も増す。また教育があれば、貯金を母体の医療に使うことを選ぶ傾向も高くなる。プルーデンスの家族に教育があったら、手術のために一〇〇ドル払う余裕があり、また払うべきだと考える可能性も高かったはずだ。世界銀行は、一年余分に教育を受けた少女一〇〇〇人につき、出産で死亡する女性は二人減ると推計している。以下で見るように、こうした研究は教育の力を誇張することがままあるが、かりに程度は誇張されていたとしても、効果は明らかだ。

(3)農村部の医療体制の不備

もしカメルーンによりよい医療ケア体制があったら、病院はプルーデンスが到着するとすぐ手術を行ったはずだ。感染治療のための強力な抗生物質も手に入ったはずだ。地域の農村助産師を研修して、救急車要請用の携帯電話を備えさせたはずだ。これらの要因のどれか一つでもあれば、プルーデンスの命は救われたかもしれない。

医療ケア体制を構築するうえで障害の一つは、アフリカ農村部の医師不足だ。ピピ医師は思いやりに欠けたが、彼が非常な過重労働を強いられて懸命に働いていたのも事実だ――カメルーンには、ヨカドゥーマの病院に二人目の医師を配置できるだけの医師がいない。アフリカ農村部の医師も看護師も、過酷な勤務時間、医療品不足、困難な条件（自分自身の健康上の危険も含めて）によって疲労困憊しており、首都に移りたがっている。欧米への移民も多い。いわばアフリカから西洋への海外援助というわけだ。そしてプルーデンスのような女性たちには、手術してくれる医師がだれもいなくなる。

アフリカの妊産婦医療への多額の投資を要請しようとするとき、難題はこのアフリカ諸国の医師不足にある――少なくとも農村部の勤務を厭わない医師は足りない。農村地域に手術室を建てるのは、そこにスタッフを配置するよりずっと簡単なのだ。一つの実質的対応は、医療ケア専門家を育成する研修プログラムをスタートさせることだが、この場合、プログラムの期間を二、三年とし、研修を修了したとき海外での仕事を見つけられる医師資格を取得させないようにすべきだ。医療専門家を祖国に残らせるためには、医師になる人は少ないほうがかえっていいということになる。医学研修の目的は、移民に拍車をかけることではなく、国内の医療ニーズに対処することなのだから。

もう一つの問題として、特に農村部の診療所では、医師や看護師が職場に現れないことがしばしばある。アフリカ、アジア、南米六カ国で行われた綿密な研究によれば、三九％の医師が勤務日に診療所を欠勤していた。[2] 欧米拠出国政府と国連機関は、単に診療所の建設を支援するだけでなく、抜き打ち査察を実施する監察官制度の構築も支援するべきである。無断欠勤をすれば給料を差し引く。これが現存する診療所を効率的で有効なものにする安上がりの方法になるかもしれない。

(4)女性蔑視

世界の多くの場所で、女性は重要な存在とみなされないために命を落とす。女性が蔑視されている国々と妊産婦死亡率の高い国々のあいだには、強い相関関係がある。実際、米国では、収入が上がり医師の診察を受けられる機会が増していながら、妊産婦死亡率は一九世紀から二〇世紀初頭まできわめて高いままだった。第一次世界大戦中、戦争で死亡する米国男性より、出産で死亡する米国女性のほうが多かった。しかし一九二〇年代から四〇年代にかけて、妊産婦死亡率が急降下した――社会が女性に選挙権を与えるとともに、妊産婦医療に財源を振り向けるという政治的意志も現れたからだろう。女性が投票できるようになると、突如として女性の命は以前より重要になった。参政権が与えられたことによって、女性の健康の予期せぬ大幅な向上がもたらされたのだ。

不幸なことに、妊産婦医療は「女性の問題」として相変わらず矮小化されている。国際的な政策課題の主流の位置を占めることは決してなく、十分な財源を得ることもない。「発展途上国の妊産婦死亡は、しばしば、女性の人権の否定が積み重なった、究極の悲劇の産物である」[3]と『臨床産婦人科学』誌は指摘する。「女性は、治療不可能な疾病で死亡しているのではない。命を救うに値すると社会が判断しないから死亡しているのだ」

もしも女性に月経がなく、コウノトリが赤ん坊を運んでくるのなら、話は変わるかもしれない。『ランセット』誌が指摘するように、

女性問題の軽視は……地域社会から上層の政策決定者に至るまで、あらゆるレベルに存在する、無意識の女性蔑視の反映だ。妊産婦医療にセックスとセクシュアリティがかかわっているのは動かせない事実である。血にまみれ、汚い。多くの男性は（もちろん全員ではないが）、それを扱うことに生理的な嫌悪感をもっている[4]。

大半の社会では、女がなぜ出産で苦しむ「べき」かを説明する、神話的、神学的説明が編み出され、出産を安全にしようとする努力の妨げになってきた。麻酔が発達しても、女は苦しむ「ことになっている」といって、出産する女性への麻酔は、何十年間も見合わせられてきた。これとは違う見方をする数少ない社会の一つがメキシコのウイコル族だ。出産する女性は夫の睾丸に結んだ糸を握っている。痛みを伴う子宮収縮のたびに、夫も重荷を分かち合えるよう女性は糸をぐいとひく。このような装置がもっと普及していれば、まちがいなく、出産による傷害にもっと注目が寄せられたはずである。

貧困も明らかに一つの要因だが、妊産婦死亡率の高さは貧困国では不可避というわけではない。それを如実に示すのがスリランカだ[5]。一九三五年以来スリランカは、六年から一二年ごとに、妊産婦死亡率を半減させてきた。過去半世紀で、スリランカは一〇万人当たり五五〇だった妊産婦死亡をわずか五八まで低下させた。スリランカ女性は今では、一生のあいだに妊娠で死亡するリスクはわずか八五〇分の一である。

このことは、とりわけスリランカがここ数十年断続的な戦争で引き裂かれ、一人あたり収入が世界で一一七位に位置していることからすれば、驚くべき成果だ。これは単に金を注ぎ込むという問題ではない。スリランカは医療ケアにGNPの三%を費やしているが、五%を費やしている隣国インドのほうが、出産で死亡するリスクは八倍高い。これはむしろ政治的意志の問題なのだ。スリランカでは母親の命を救うことが優先事項とされてきたのに対して、インドではそうではない。

スリランカは医療と教育全般に投資し、両性の平等に特に注意を払っている。南アジア全体で女性の識字率は四三%にとどまるが、スリランカ女性は約八九%が読み書きできる。またスリランカの平均寿命は周辺諸国よりずっと長い。優れた住民登録制度によって、一九〇〇年から妊産婦死亡の記録があり、他の多くの国々で漠然とした推計しかないのと対照的に、データがそろっている。女子教育への投資の結果、女性の経済的価値と社会での影響力が高まり、それも妊産婦死亡率の減少により多くのエネルギーが注がれる一つの理由になっているようだ。

一九三〇年代からスリランカは、全国的な公衆衛生インフラの整備を始めた。まず底辺に初期ケアをする保健職の配置、一段上がって農村部の病院、さらにより洗練された設備を備える郡病院、そして最後に州病院と妊産期専門センター。女性が確実に病院に向かえるよう、救急車も配備した。

スリランカはまた、研修を受けた助産師のネットワークを確立した。ネットワークは国中に広がり、それぞれが三〇〇〇人から五〇〇〇人のケアにあたる、一八カ月の研修を受けた助産師は、妊娠中のケアを提供し、リスクの高い場合は医師のもとへ送る。今日、九七％の出産で、熟練した助産師がケアに当たり、村の女性でさえ病院で出産するのが当たり前だ。時とともに、政府は国立病院に産科医を追加配置した。政府は、自前のデータを使って、女性――紅茶農場で暮らす女性たちのような女性――がどこで医療の隙間からこぼれるかを見きわめ、そうした女性を対象に診療所を開いた。マラリア撲滅キャンペーンも妊産婦死亡を減らした。妊娠中の女性は特にこの病気にかかりやすいからだ。

スリランカを見れば、妊産婦死亡率を低下させるのに何が必要かわかる。家族計画、結婚を遅らせること、また蚊帳も役に立つ。農村地域で機能する医療ケア体制も欠かせない。

「妊産婦死亡率に注目することは、医療体制全体を見直す最適の方法です。非常に多くのことが求められるからです」とハーバード大学公衆衛生専門家のポール・ファーマー博士は言う。「家族計画が要る、帝王切開を行える郡病院が要る、というように」

新しくできることは他にもある。ある研究は、ネパールでビタミンAのサプリメントを与えることによって、妊産婦死亡率を四〇％低下させたと指摘した。栄養不良の女性の感染症を減らしたためと見られる。バングラデシュなどの国々では、抗生物質の使用制限を緩和し、出産後に抗生物質の服用を奨励することによって、敗血症による死亡が減ることを示唆する事例も見られている。

最も興味深い実験的試みの一つがインドで行われている。ある地域のパイロットプログラムでは、医療センターで出産するよう、貧しい女性に一五ドルを支払う。これに加えて、農村部の医療従事者は、出産のために運び込まれた女性一人について、五ドルの奨励金を受け取る。妊娠中の女性が診療所までの交通手段を得られるように、クーポンも配られている。今のところ、結果はたいへん有望だ。医療センターで出産する女性の割合は、一五％から六〇％に上昇し、死亡率は急降下した。そのうえ、女性たちは出産後も産児制限その他のサービスを受けに医療センターを訪れることが多くなった。

「必要なものはもうある」とアラン・ローゼンフィールドは言った。「注意を払った国々は、妊産婦死亡率を大きく下げた」

世界銀行は、この経験について二〇〇三年の報告書でこうまとめている。「発展途上国の妊産婦死亡率は、……収入レベルや成長率に関係なく七年から一〇年ごとに半減できる」

このように妊産婦医療では進歩が可能なため、しばしば、進歩はもう保証されたと思われてしまう。一九八七年、『ランセット』誌に掲載されたアランの画期的な論文もきっかけとなって、国連会議がナイロビで開催され、「母体の安全イニシアティブ」が開始された。目標は「二〇〇〇年までに妊産婦死亡率の五〇％低下」二〇〇〇年、国連は、二〇一五年までに妊産婦死亡率を七五％減らすというミレニアム開発目標を正式に採用した。最初の目標は達成されず、ミレニアム目標も大きく届かない見込みだ。

振り返ってみると、妊産婦医療推進派はいくつかの戦略的誤りを犯した。世界保健機構（WHO）の後押しを受け、当初優勢だった主流派は、解決が初期ケアにあると主張した。中国の昔の「裸足の医師」やスリランカの助産師ネットワークのようなプログラムを作るという発想だ。医師

（どのみちおそらく都市住民しか診ない）を研修するより、そのほうがずっと費用対効果が高いからだ。一九七八年に開かれたＷＨＯ会議が、農村部助産師育成のための資金提供を強調したあと、病院での産科プログラムを解体した国々さえあった。

こうした助産師育成プログラムは新生児の命を救うのには貢献しただろう――消毒したカミソリの刃を使ってへその緒を切るよう助産師に指導することで。だが、産婦の命を救うのには大きく貢献しなかった。スリランカで助産師育成が機能したのは、助産師が包括的な医療ケアパッケージの一環であり、患者を病院へ送ることができたからだ。だが、世界で助産師を育成した多くの場所では、助産師育成は、包括的プログラムの安上がりの代用品にすぎなかった。

非主流派は、アラン・ローゼンフィールドに率いられたこともあって、妊娠女性の命を救う決定的に重要なステップは、緊急産科医療の提供だと論じた。「助産師育成も役には立つが」とアランは言った。「すべての妊娠女性を救うことができるわけではない」

世界中で、出産する女性の一〇％が帝王切開を必要とし、妊娠女性が栄養不良、または非常に低年齢である最貧国ではこの割合は高くなる。欧米では帝王切開を受ける女性が多すぎるのだろうが、アフリカでは少なすぎる。帝王切開がなければ、端的にいって多くの女性の命を救う方法はなく、ふつうの助産師はこの医療を提供できない。帝王切開に産婦人科医は不要かもしれないが、カミソリの刃しかもたない助産師には無理だ。

緊急産科医療が核となるという証拠は、米インディアナ州のキリスト教原理主義教会についての ある研究にもある。[6] この教会員は裕福で、高い教育を受け、栄養状態もいい米国人だが、宗教的な理由で医師と病院を避けていた。このグループの妊産婦死亡は、出産一〇万あたり八七二だった。

これは米国全体の妊産婦死亡率より七〇倍高く、今日のインドの二倍だ。母親の命を救うために決定的に重要な要因は、緊急時に医師にかかれるかどうかだと結論せざるをえない。『国際産婦人科ジャーナル』が論説で述べたように、緊急産科医療は「母体の安全を支える要の石である」[7]

実際的課題は、どうやって緊急産科医療を提供するかということになる。こうしたケアは簡単ではなく安くもない。手術室、麻酔、外科医が必要だ。現実には、アフリカ農村部には、そのどれもないことがしばしばある。この課題に頭を悩ませたアラン・ローゼンフィールドは、タイでの若い医師としての自らの経験にいつも立ち戻って考えた。タイでアランは助産師を研修して、ふつうは医師だけに限られる医療を提供できるようにした。特に医師がどれほど国外に移住してしまうかを考えると、医師以外の人に緊急帝王切開ができるよう研修しないという法があるだろうか。

アディスアベバ瘻病院ではしばしば、正式な学位をもたない医療スタッフを活用する。貧困国ではよくあるように、瘻病院で麻酔を管理するのは看護師であって医師ではない。実はそのうちの一人は、ポーターとして入った。最も驚くべきことに、最優秀外科医の一人は、医学部はおろか小学校にも一度も通ったことのないマミトゥ・ガシェである。

マミトゥは、エチオピアの辺境の村で読み書きできないまま成長し、若妻として最初の妊娠で瘻を患った。手術のためにアディスアベバ瘻病院にきて、その後、ベッドメーキングをしたり、手術中のレグ・ハムリンの手助けをしたりして、手伝いを始めた。レグの横に立って、メスを渡し、間近でよく見た。数年後、レグはマミトゥに縫合などの簡単な仕事をさせ、時とともに、次第に手術の多くの部分をまかせるようになった。

器用な指と第一級の技能をもつマミトゥは、生物学の知識は限られていたとしても、体内の傷を

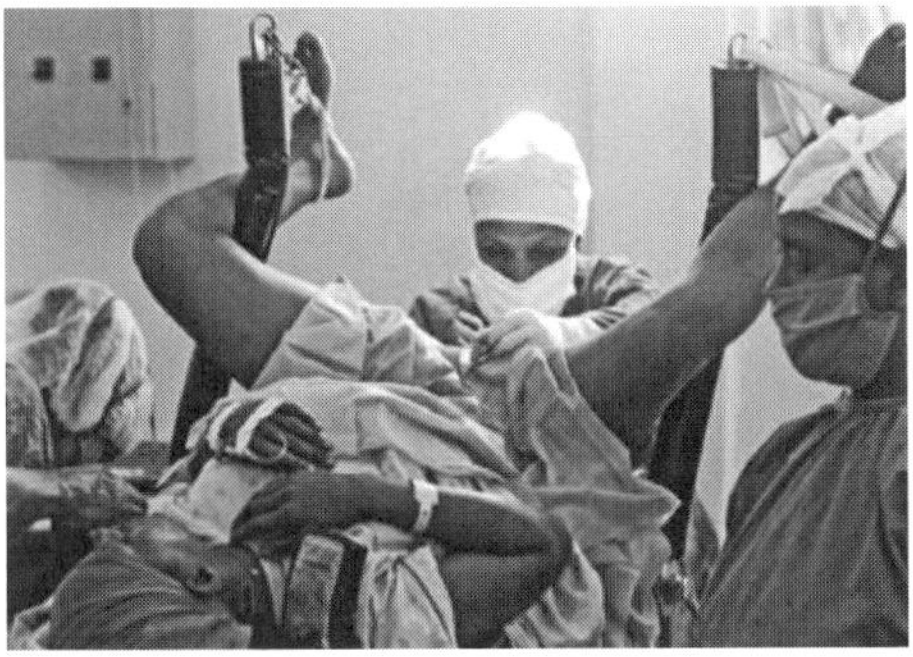

マミトゥ・ガシェは、自身も瘻患者で、一度も学校に通ったことがなかったが、今では定期的に手術を手がけている——医師だけの領域だと私たちが考えている仕事のなかに、医師以外の人にもできることがあることに改めて気づかせてくれる。
アディスアベバ瘻病院で、瘻を修復するマミトゥ。
photo: Nicholas D. Kristof

修復する経験を着実に積み重ねていった。やがてマミトゥは一人で瘻手術を執刀するようになった。アディスアベバ瘻病院は、瘻手術の執刀数が世界最多であり、マミトゥはその中心にいる。彼女は研修プログラムにも携わるようになった。アディスアベバに瘻手術を習いに来るエリート医師たちは、一日も学校に通ったことのない、読み書きのできない女性に教わることになるわけだ。マミトゥは「字の読めない名人外科医」であることが嫌になり、夜間学校に通いはじめた。私たちが最後に訪れたときは三年生になっていた。

「帝王切開ができるように助産師や看護師長を研修すればいい。命が救われるでしょう」とルース・ケネディは言う。実際、モザンビーク、タンザニア、マラウィでは、帝王切開ができるよう医師以外の人を育成する実験的試みがいくつか行われている。このアプローチは重要な救命手段になる。だが医師は、こうした手術に関して自分たちが独占していた支配権を手放したがらないので、広がりは生まれていない。

もう一つの障害は、拠出国の国内の支持者にも目配りしなければならないということだ。二〇〇八年、米大統領選の候補者は、AIDSやマラリアと闘う支出の増加を求めることによって、海外援助に対する誠意を証明しようとした。妊産婦死亡は政治的地平に上らず、米国をはじめ大多数の国は、この問題に取るに足りない額を拠出したにすぎなかった。数少ない例外がノルウェーと英国で、二〇〇七年、妊産婦死亡率に焦点を当てる重要な海外援助プログラムを発表した。米国も両国に追随すれば、世界に貢献し――自国の国際イメージを向上させることができる。

妊産婦死亡の低下をめざす世界的運動を推進するにあたって重要なのは、誇張を避けることだ。特に、「妊産婦医療への投資は費用対効果が高い」という主張を繰り返すことには慎重になる必要がある。二〇〇七年にロンドンで開かれた妊産婦医療会議で、世界銀行の上級官僚はいつもどおり熱弁をふるった。

「女性と子どものためのよりよい医療に投資することはまさにスマート経済なんです[8]」

それは、女子教育についてはたしかにほんとうなのだが、悲しい現実として、妊産婦医療への投資では他の医療活動のような費用対効果の高さは期待できない。女性の命を救うことは至上命題だが、安くはないのだ。

ある研究によれば、妊産婦死亡を七五％減らすというミレニアム開発目標は、二〇〇六年に一〇億ドルを追加し、その後二〇一五年に六〇億ドルの追加まで増額すれば達成できるという。別の研究では、世界の人口の九五％に妊産婦・新生児医療で有効な治療すべてを提供するには、毎年九〇億ドルの追加が必要だと示唆されている（対照的に、妊産婦・新生児医療のためのすべての国からの国際開発援助の全額は、二〇〇四年にわずか五億三〇〇〇万ドルにすぎない）。

毎年九〇億ドルという推計が正しいとしよう。毎年世界でペットフードに費やされる四〇〇億ドルと比べれば、大したことはないが、それでも大金だ。この九〇億ドルが、現在は命を落としている母親の四分の三を救うことができたとしたら、毎年四〇万二〇〇〇人の女性と多くの新生児が救われることになる（そして多くの出産による傷害も避けられる）。救われる女性の命それぞれに二万二〇〇〇ドル以上かかるわけだ。仮に五倍の誤差があったとしても、四〇〇〇ドル以上かかる勘定だ。対照的にワクチンは一ドルで一人の子どもの命を救うことができる。開発分野の一人のリーダーが言ったように、「ワクチンは費用対効果が高いが、妊産婦医療はそうではない」

だから誇張はやめよう。妊産婦死亡率の高さは、犠牲者が貧しい農村女性だという理由だけで容認されている不正義である。それに終止符を打つための最大の論拠は経済ではなく、倫理だ。プルーデンスの死で背筋が寒くなることは、病院の設備や人員配置がお粗末だったことではなく、ケアすべき一人の人間を放置したことだ。アラン・ローゼンフィールドが論じたように、これは何よりもまず人権問題なのだ。人権団体がこの問題に取り組むべきときである。

ここまで述べてきた対策——困難な環境で命を救うための緊急産科医療も含めて——の一例を、はるか遠くの、存在すらしていない国の、すばらしい病院に見出すことができる……。

エドナの病院

エドナ・アダン(9)は読み書きを習ったことで最初に国中のひんしゅくを買い、以来、同国人を驚かせつづけてきた。いま彼女は、「アフリカの角」に足を踏み入れる数少ない欧米人を驚かせる。混沌の中に輝く、美しい産科病院を目のあたりにするからだ。

欧米人は第三世界の腐敗と無能についてあまりに冷めた見方をし、ときには、アフリカで正当な大義を支援しようとする価値さえないと考える。エドナと彼女の産科病院は、こうした無関心派がまちがっているという証だ。エドナと米国の一握りの寄付者が力を合わせて、どちらも自分だけでは達成できなかった記念碑を建てたのだ。

エドナが育ったハルゲイサは、かつて英保護領ソマリランドで、のちにソマリアとなり、現在は分離独立してソマリランド共和国になった地域の、荒涼とした砂漠の中にある。国民は貧しく、社会は非常に伝統的だ。数えきれないほどの地元のラクダのほうが女性よりも自由なことがしばしばある。

「女学校がなかった世代なんです」とエドナは、ハルゲイサのモダンな居間にすわって振り返る。「女の子に読み書きを教えるのは望ましくないと考えられていて女子校はなかった。娘が教育を受けると、大きくなってセックスの話をするようになりますからね」

目に茶目っけが光って、その言葉が冗談だということがわかった——冗談交じりだということが。

エドナは例外的な家庭に育った。父アダンは、ソマリア医療の父となった医師だった。アダンは、逓信公社総裁の娘だったエドナの母と、ソマリランド英領事のテニスコートで出会った。これほどのエリート家庭でさえ、エドナの兄弟の一人は、生まれたばかりのときに、産婆が頭から落として死亡していた。エドナが八歳くらいのとき、母はエドナにソマリの伝統を踏襲させた。女子割礼と呼ばれる習慣で、性器を切除されたのだ。少女の性的欲望を減らして乱交を防ぎ、娘を結婚にふさわしい存在にしておくのが目的だ。

「私は意見を聞かれませんでした」とエドナは言う。「捕まって押さえつけられ、切り取られた。母はそれが正しいと考えていました。街を離れていた父は、帰ってきて話を聞きました。父の目に涙を見たのは、後にも先にもこのときだけです。それで勇気づけられた。これはまちがっていると父が考えているなら、大きな意味があったからです」

父親っ子だったエドナの性器切除で両親は激しく口論し、夫婦仲は冷え込んだ。それもエドナが性器切除に強く反対するようになった理由の一つだ。エドナは以後も家で教育を受ける機会をもてた。家庭教師が兄弟を教えに家にやって来ると、両親は、彼女が後ろをうろうろして授業を吸収するのを許した。エドナはすぐに能力を発揮し、フランス植民地だった隣国ジブチの女子小学校へ行かせてもらった。女子高校がなかったのでハルゲイサに戻り、英国人医師の通訳として働いた。

「おかげで英語が上達し、医療のことを知るようになり、医療の仕事をしたいという気持ちがますます高まりました」

一九五三年、別の町に女子小学校ができ、エドナは一五歳で学生教師になった。午前中は女生徒を教え、午後は、高校生の男子生徒を教える教師から個人教授を受ける（少年たちと席を並べるのは適切ではなかった）。毎年出ていたイギリス留学の奨学金は少年のためと考えられていたが、エドナは――別室で――受験を許され、ソマリアからイギリスに留学する最初の少女になった。七年を過ごし、看護学、助産学、病院経営を学んだ。

エドナは、国で最初に看護師・助産師の資格を得、車を運転する最初のソマリ女性になり、それからソマリアのファーストレディになった。エドナが結婚したソマリランド首相イブラヒム・エガルは一九六七年、元英領ソマリと元イタリア領ソマリの併合後にソマリア首相になったのだ。彼女と夫はリンドン・ジョンソン大統領をホワイトハウスに訪ねた。写真を見せてもらうと、ジョンソンは、明るく華やかなエドナの上にそそりたって（彼女は身長一五七センチ）、満面の笑みを浮かべていた。

その後離婚し、世界保健機構（ＷＨＯ）に引き抜かれた。国連職員として充実した日々を送り、世界中に派遣された。しかし彼女は、祖国での病院開設を夢見ていた――父が働きたがっていたような病院。そして一九八〇年代初め、ソマリアの首都モガディシュに自分の病院の建設を始めた。だが戦争が勃発し、プロジェクトは放棄せざるをえなかった。

エドナはジブチでＷＨＯのトップ官僚として、しゃれたオフィスとベンツをもてる立場だった。だがベンツを遺産にしたいとは思わなかった。自分の遺産は病院であってほしい。この夢が頭を離れず、彼女はまだ自己実現していない気がした。記録がないので正確な数字は存在しなかったが、ソマリランドが世界で最も妊産婦死亡率の高い国の一つであることも知っていた。それで、一九九七年にＷＨＯを定年退職したとき、エドナはソマリランド政府――その時点では内戦に勝利を収め、ソマリアから分離独立していた――にこう告げた。ベンツを売り、その代金と、貯金と年金を注ぎ込んで、病院を建設します、と。

「もうやってみたじゃないか」と大統領は言った。彼女の元夫だ。

「やらなきゃならないんです」と彼女は答えた。「今こそやらなきゃならない。以前あったわずかな医療施設まで内戦中に破壊されてしまったから」

「街外れに病院用地を提供しよう」と大統領は言った。

「いいえ」と彼女はきっぱり言った。「それでは夜中の二時に出産する女性の役に立ちません」

ハルゲイサの街中では、手に入る敷地は一カ所しかなかった。前政府の軍閲兵場。人々が投獄され、ぶちのめされ、処刑された悪名高い場所だった。内戦が終わったあと、打ち捨てられ、ゴミ捨て場として使われていた。エドナも最初に訪れたときはさすがにしりごみしたが、利点もあると考えた。街の貧困地区にあって、彼女を最も必要としている人たちに近い。エドナは産科病院を計画し、一生かかって貯めた三〇万ドルの貯金を提供した。

それは大胆な、おそらく分別があるとは言いがたい夢だった。ハルゲイサの小さな国連支所の官僚は、エドナのビジョンは気高いがソマリランドには大胆すぎると言い、それは当たっていた。アフリカ諸国には志半ばで放棄されたプロジェクトがごろごろ転がっている。収支報告より夢に突き動かされたプロジェクトは、つねに疑いの目で見られた。そのうえ、各国から承認されず公式には存在しないソマリランドのような分離独立国では、国連や民間援助団体など支持を期待できる機関があまり活動していないということもあった。

病院がほぼ完成し、あとは屋根だけというとき、資金が底をついた。国連をはじめ寄付者は同情こそしてくれたが、残りの必要資金を提供しようとはしなかった。このとき、イアン・フィッシャーが『ニューヨーク・タイムズ』紙に、エドナと彼女の夢の記事を書いた。[10] コネチカット州の裕福な郊外にあるグリニッジ高校を定年退職したばかりの英語教師アン・ギルリーがこの記事を読んだ。アンはアフリカにも妊産婦医療にも特に関心があったわけではなく、生涯教育のクラスで古典を教え、シェークスピアや演劇に対する関心を追求していた。だが記事と未完成の病院の横に立つエドナの写真に感動した。グリニッジのアンの友人、タラ・ホルブルックも記事を読み、二人は電話で話をした。

「二人とも孫がクリスマスにほしがるプラスチックのおもちゃにうんざりで、世界の子どもたちの役に立てるチャンスに飛びついたの。お母さんが命をとりとめる手助けをしようって」とアンは言い、茶目っけたっぷりに付け加えた。「なんだか、センチメンタルね」

アンとタラはエドナに連絡を取った。またエドナの目標がほんとうに達成可能なものなのか専門家にも尋ねた。元米国大使ロバート・オークリーなどから見込みがあるという答えをもらうと、アンは突き進んだ。

まもなく二人は、やはりイアンの記事を読んで支援を考えていたミネソタのグループを知った。モハメド・サマタールというコンピュータ管理職やサンディ・ピーターソンというエネルギッシュな旅行代理店業者をはじめ数人のソマリランド人がいた。サンディの娘は、六歳のとき近所の男に強姦され、その後、心理カウンセリング、精神病院、自殺未遂をすべて経験していた。サンディは、同じようなトラウマの残る体験をした多くのアフリカの少女が、何の支援も受けていないのを知っていた。ミネソタでは支援団体〈エドナ病院友の会〉を作り、免税資格申請をしていた。二つのグループは力を結集した。翌六月に免税資格が認められると、アンは請願を開始した。

「資金集めの最初の手紙を送った――宛先は、エドナが父権社会で達成したことをきっと誇りに思うはずの同世代の女性たち」とアンは振り返る。「その人たちが応えてくれました」

アンと友人たちの支援で病院は完成した。ソマリランドの建設業界のあらゆる慣習を覆した末に。エドナは、地域のどこでも男たちが噛んでいる、アンフェタミンに似た性質をもつ葉、カトチャを噛むことを労働者に禁じた。労働者たちは彼女が本気だなどとは思いもしなかった――指示に従わなかった数人が解雇されるまでは。エドナはまた、女性にレンガ作りを教えるよう石工に強く求めた。石工は初め抵抗したが、顧客である彼女に逆らえず、まもなくソマリランドに最初の女性レンガ職人が誕生することになった。地元商人たちは病院を支持して建設機材を無料で貸し、セメント八六〇袋の寄付までしてくれた。

こうして、正面に英語で〈エドナ・アダン産科病院〉という看板のかかった、白い三階建ての病院ができた。かつての汚いゴミ捨て場の面影はどこにもない。崩れかかったアフリカの病院に慣れている人はだれでも驚く。病院が午後の日差しの中で輝き、欧米の病院と同じ衛生と効率をもっているからだ。ベッド六〇床、スタッフ七六人、エドナはいつ呼び出しがかかってもいいように病院内に住居を構えている。給料を受け取らず、WHOの年金を、病院運営費の不足を補うのに注ぎ込んでいる。

「こういうものはとても貴重」と、ソマリランドでは売られていない外科医のマスクをつけたエドナは言う。病院はすべての医療品を輸入し、贈り物とお古に頼って存続している。発電機はデンマーク難民会議から。超音波診断装置は、一度病院を訪れたドイツ人医師が旧型を送って来た。血液冷蔵保存庫は、エドナに恩のある一人のソマリ人から。オランダから保育器二台。米国国際開発庁（ＵＳＡＩＤ）は外来センターを建てた。イギリスは手術室の設備を整えた。ユニセフはワクチンを提供した。ＷＨＯは輸血用の試薬を提供した。

〈エドナ病院友の会〉は当初、設備と医療品を米国で集め、ソマリランドへ船で輸送していた。次第に力点は、エドナが国内で購入する設備や医療品の支払いのための資金集めに移った。友の会はまた、エドナの元看護学生二人に医学部進学資金を提供している。エドナの二人の「教え子」が医師として病院でフルタイムで働けるようになるように。また同時に、エドナ亡きあとも病院が存続できるよう、基金の設立も計画している。

信じられないかもしれないが、ある意味ですべてがここに集まってくる。ある朝三時、一人の男が妻を手押し車に乗せてやってきた。出産が始まっていた。病院はすぐに女性を分娩室へ運び込んだ。またあるときは、遊牧民の女性が砂漠で出産して瘻になり、夫は漏れと臭いに耐えられず彼女の喉を刺した。ナイフは舌を突き抜け、上あごで止まった。他の遊牧民たちが糸と針で喉を縫い合わせ、エドナの病院へ連れてきた。巡回瘻外科医が女性の喉から膀胱までもう一度縫合した。

病院を歩きまわるエドナは、一〇月の天気のようだ。嵐と晴れ間が交互に現れるのだ。病院の主な役割の一つは、助産師、看護師、麻酔技師を育成しつづけることであり、エドナは研修生を絶えず英語で質問攻めにしている。みなに英語を流暢に話せるようになってほしいからだ。玄関でエドナは立ち止まり、二度と同じまちがいをしないよう一人の看護学生のまちがいを厳しくたしなめた。そのすぐあとで、夫がどのように自分を家から追い出したかを涙ながらに語る瘻患者に話しかける彼女は共感にあふれていた。

エドナ・アダン。
ソマリランドで自分の病院の前に立つ。
photo: Nicholas D. Kristof

「私も女なの」とエドナはその少女に言い、その手を取った。

「私も泣きたいわ」

一度、一人の男が、陣痛の始まった妻を車の後部座席に乗せて正門を走り抜けたことがあった。着くと、赤ん坊はまさに出てくるところで、男はすぐまた車で出て行こうとした。

「いけない！」とエドナは叫んだ。「奥さんが死んでしまう。後産があるんだから」

「金なんか払うもんか」と男は叫び返した。「帰るんだ」

「門を閉めなさい！」とエドナは守衛に叫び、車を通さなかった。そして夫の方を向いた。

「支払いのことなんか考えなさんな」

エドナはそのまま後部座席で胎盤を引き出し、それから門を開けて通らせた。

ソマリには、赤ん坊を胸の上で焼くと結核にかからないという迷信がある。母親が生まれたばかりの子どもを焼くために病院の外にこっそり連れ出さないよう、エドナは注意を怠らない。一度、母親が生まれた赤ん坊を病院の台所で焼いたことがあったのだ。

病院を支援した米国人は成果を見にソマリランドに足を運ぶ。旅行業者のサンディ・ピーターソンを皮切りに多くの人がハルゲイサを訪れた。アンと夫のボブも数年前、エドナがソマリランドの外務大臣を兼務していたときに訪れた。アンはこう書いてきた。

みな自然のままの姿で（ボブだけは男なので水着着用）、アデン湾ベルベラのトルコ色の温かい海でエドナと泳ぐ。遠くにはピンク色の山々をのぞみ、人気のない砂浜を行き来する武装ボディガードを眺めながら。地元のYでブリッジをするのとは全然違う。

アンはエドナの厳しい面も見た。一度、ベテラン看護師が、帝王切開のために医師を呼ぶのが遅れたことがあった。女性の命を危険にさらしたと考えたエドナは怒りを爆発させ、アンとボブが動揺するほど厳しい言葉のむちを看護師に浴びせた。あとで二人は、エドナが正しかったと考えた。患者を救い、何かを変えようとするなら、厳しくなくてはならない。

「エドナは、絶対に二度と同じことが起こらないようにしようとしていた。女性の容体に対する注意が足りなかったと考えたんです」とアンは振り返る。「彼女の病院では、一人ひとりに完璧な注意を払わなくてはならない。私も鍛えられた気がします。エドナがどんな仕事を自らに課しているのか、彼女が立ち向かっているものを私たちが理解するのがどれほどむずかしいか、痛感しました」

第8章

家族計画と「神の深淵」

限りなく慈悲深い神は、飢え死にしかけた肉食動物に、一人の丸々と太った宣教師を授けたもう。

――オスカー・ワイルド

ケニアの産婦人科診療所に、ある午後、二六歳のローズ・ワンジェラがやってきた。幼い子どもを連れ、大きなお腹に二人目がいる。ローズは病気で金もなく、妊娠中に何のケアも受けていなかった。大学に通い英語を話すローズは、スラムの診療所には不似合いな患者だ。薄暗く汚い診療所の隅にすわって辛抱強く医師を待ち、何週間か前に野犬が夫を噛み殺したことを話しだした。

やがて看護師に呼ばれて、診療台に横になった。医師は、腹部を聴診して診察したあと、感染症を放っておくと彼女もお腹の赤ん坊も命が危険だと告げた。妊娠中のケアと出産の介助を得られるよう、医師はローズを安全出産プログラムに登録した。

ローズが訪れた診療所は、難民女性にリプロダクティブヘルス〔性と生殖に関する健康〕医療を提供することをめざして援助団体が結成したコンソーシアムによる数少ない診療所の一つだ。コンソーシアムには、海外援助救援協会（CARE）、国際救済委員会（IRC）、そしてコロンビア大学のアラン・ローゼンフィールドの団体〈妊産婦死亡障害防止（AMDD）〉も参加する。この診療所を運営していたのは、コンソーシアムのもう一つの参加団体〈マリー・ストープス・インターナショナル〉だった〔マリー・ストープスはイギリスの性科学者・産児制限運動家（一八八〇～一九五八）〕――だが、その後、ジョージ・W・ブッシュが世界中でマリー・ストープスとコンソーシアム全体への資金を削減した。マリー・ストープスが中国で中絶に手を貸しているというのが理由だった。中国のプログラムへの資金提供を削減するというならまだしも、アフリカでのコンソーシアムへの資金拠出を削るのは解せないことだった。

この資金削減でマリー・ストープスは、ソマリアとルワンダの難民を支援する、計画中の福祉プログラムを断念せざるをえなかった。ケニアでは二つの診療所を閉鎖し、八〇人の医師、看護師の解雇を余儀なくされた――ローズをケアしていたスタッフだ。医療を受けられる実質的に唯一の場を奪われたローズは、米国の中絶政策の数えきれない犠牲者の一人になった。「診療所はスラムの最貧層、置き去りにされた人に重点的に取り組んでいた」とケニアのマリー・ストープスの責任者サイプリアン・アウィティは言った。

この出来事は、米国の対外政策にある「神の深淵」の反映だ。人口問題や家族計画に関する政策の形成には、宗教がとりわけ大きな役割を果たし、世俗リベラル派とキリスト教保守派はしばしば衝突する。双方とも最善の意図をもちながら、互いに根深い不信感を抱き――そのために、人身売買の撲滅や貧困の克服にはるかに有効なはずの広範な左派・右派連合が結成しにくくなっている。こうした衝突の重要な戦場となっているのが、マリー・ストープスのように中絶となんらかのかかわりを持つ団体に資金提供すべきかどうかという点である。

キリスト教保守派の突き上げを受けたこともあって、両ブッシュをはじめとする共和党の大統領は、女性に中絶という選択肢を教えたり中絶となんらかのかかわりをもったりする海外援助団体への資金拠出を禁じる「統制法」を設けた。その結果、「表明された意図とは逆に、望まない妊娠が増え、危険な中絶が増え、女性と少女の死亡が増えています[1]」とガーナ人医師ユーニス・ブルックマン＝アミサハは言う。

保守派の最重要ターゲットの一つが、家族計画、妊産婦医療、新生児保護を行う国連人口基金（ＵＮＦＰＡ）だ。国連機関は非効率で官僚的なものだ。民間援助団体より小回りが利かず、費用対効果も悪く、世界の最貧層よりコピー機業界のほうによほど貢献しているのではないかと思うくらいだ――それでもこうした機関はかけがえがない。医師がラマトゥーと赤ん坊の命を救った、ニジェールのジンダーの診療所。あの病院はＵＮＦＰＡが設備を整えたものだ。逆にプルーデンスが命を落としたのは、カメルーンのＵＮＦＰＡ妊産婦医療プログラムに彼女の運び込まれた病院まで届けるほど資材がなかったことも一因かもしれない。

一九六九年のＵＮＦＰＡ創設時、ニクソン政権は強力な支持者であり、米国政府は最大の拠出国だった。しかし一九八〇年代に米国の反中絶活動家がＵＮＦＰＡに矛先を向けはじめた。ＵＮＦＰＡは中絶も中絶への資金援助も行っていない。だが批判陣営は、ＵＮＦＰＡが人口問題でアドバイスしていた中国が、強制的な家族計画プログラムをもっていると指摘した。たしかにＵＮＦＰＡは一九八三年、不名誉なまちがいを犯した。中国家族計画プログラムの責任者で、当時、強制中絶を含む強圧的な家族計画を指揮していた銭信忠《チエン・シンジョン》にＵＮＦＰＡ人口賞を授与したのだ。中国共産党指導部自身、銭の過激さに困惑し、一年後には首にしたくらいだった。

米国政府は、強制中絶で中国を罰するすべがなく、代わりにＵＮＦＰＡを叩いた。一九八五年、レーガン大統領がＵＮＦＰＡへの資金拠出を削減し、その後、ジョージ・Ｈ・Ｗ・ブッシュとジョージ・Ｗ・ブッシュが資金拠出を停止した。ＵＮＦＰＡ攻撃の先頭に立ったのは、ニュージャージー州選出の共和党議員クリス・スミス。スミスは中国女性のことを心配し、強制中絶に震え上がった善良な男だった。ＵＮＦＰＡ批判でわずかばかりの政治的得点を稼ごうとしたわけではない。ニュージャージー州の有権者の大多数はＵＮＦＰＡのことなど耳にしたこともなかったのだから。スミスは誠心誠意、心配したのだった。

だが実際は、たしかに中国の虐待は事実だったが、ＵＮＦＰＡはそれに加担してはいなかった。銭に人口賞を授与したあと、国連は方針を転換し、中国のふるまいを抑制する重要なブレーキになった。ジョージ・Ｗ・ブッシュ政権が調査のために送り込んだ米国務省事実調査団はこう報告している。「ＵＮＦＰＡが中華人民共和国で、強制中絶プログラムや本人の同意のない避妊手術の運営を支援したりそれに関与したという証拠は見つからない」ＵＮＦＰＡがパイロットプログラムを運営する中国の三二の郡で、中絶率は四〇％低下し、米国より低くなっている。

実は、ＵＮＦＰＡは中国女性にとって重要で画期的なことを成し遂げたのだが、それを一度も正当に評価されていない。[2] 以前、中国の女性は、鋼鉄製のＩＵＤリング（避妊具）を使っていた。この鋼鉄製のリングはわずか四セントで製造できるが、しばしば避妊に失敗したり深刻な痛みを生じさせ、何百万もの望まない妊娠と中絶につながっていた。ＵＮＦＰＡの圧力を受けて、中国はしぶしぶ、「コッパーＴ」と呼ばれるＩＵＤに切り替えた。こちらは製造コストがずっと高い——一つ二二セント——が、はるかに快適で有効だった。ＩＵＤを装着する六〇〇〇万人の中国女性にとって朗報であり、毎年五〇万件の中絶を回避することになった。以来ＵＮＦＰＡは、中国で一〇〇〇万件の中絶を防いできたわけだ。これは生命尊重を提唱するどの団体をもはるかに上回る成果である。

こうしたパターンが繰り返されている。たとえ最善の意図があろうとも、生命尊重の保守派がリプロダクティブヘルスに関してとる立場は、支援しようとする女性たちに実際には害を与え、その結果として中絶が増えている。選択尊重派《プロチョイス》と生命尊重派《プロライフ》の両陣営は、互いの違いを超えて共通の基盤を見つけ、多くの点、特に中絶を減らすという課題で協働すべきである。エストニアでは中絶が産児制限の一つの方法として広く使われ、一〇回以上の中絶を行った女性がいるが、診療所を訪れてみれば、中絶の結果、不妊や他の合併症が高率で発生しているのがわかる。また貧困国では、中絶は母体にとっても命にかかわることがある。サハラ以南のアフリカで、危険な中絶一五〇件につき一人の女性が命を落とす[3]。米国ではリスクは一〇万分の一以下だ。だからリベラル派も保守派も、望まない妊娠を防ぎ、それによって中絶の頻度を下げる方法に合意する必要がある。

ところがそれができていない。二一世紀に入ったというのに、世界中で一億二二〇〇万人の女性が避妊を望みながら得られないのは由々しきことだ。中絶をどう考えるにせよ、世界の全妊娠の四〇％までが、予定外あるいは望まない妊娠というのは悲劇だ――そのほぼ半分が中絶につながる。ある基準によれば、予定外あるいは望まない妊娠がなければ、すべての妊産婦死亡の四分の一以上が避けられる。特にアフリカではここ数十年にわたって、家族計画の提供はわずかしか進んでいない。エチオピア女性のうち、今日、近代的な避妊方法を使うのはわずか一四％にすぎない。「失われた一〇年です」とイギリスの出生問題専門家ジョン・クリーランド教授は、二〇〇六年、議会研究グループで語った。「アフリカで既婚女性による避妊手段の使用は、ここ一〇年間ほとんど増えていない。完全な失敗です[4]」

人口増加の抑制は、欧米人が考えるほど簡単ではない。一九五〇年代、インドのカンナで、ロックフェラー財団とハーバード大学の後援による先駆的家族計画プログラムが、八〇〇〇人の村人に避妊手段の集中的支援を提供した[5]。五年後この村の出生率は、何も提供されなかった対照群と比べてかえって高かった。避妊プログラムが出生率の低下に控えめな影響を与えることははるかに多いが、それでも支持者の予想よりも影響は小さい。

バングラデシュのマトラブで慎重に行われた試みでは、三年間の家族計画プログラムによって、対象地域の六・七と比べて、ターゲット地域の出生数が平均で五・一に下がったという[6]。革命的とまではいかないが、意味のあるインパクトだ。人口会議のピーター・ドナルドソンは、一九六〇年から一九九〇年のあいだの貧困国での出生率低下の少なくとも二三％が、家族計画プログラムによるものだと指摘している。

人口抑制の鍵は、避妊手段の提供という技術的問題より、小家族の奨励という社会学的課題であることが多い。一つの方法は、親が子どもの数を減らしてもちゃんと育つと思えるよう、乳幼児死亡率を下げること。そして最も有効な方法はおそらく教育、特に女子教育の推進だ。イギリスでは一八七〇年代に出生率が大きく減速したが、これは義務教育を求めた一八七〇年の教育法のためと見られる。教育レベルの向上と家族人数の減少のあいだには、世界中で非常に強い相関関係があることが示されている。避妊具ももちろん必要だが、最も有効な避妊は女子教育と考えられる。(7)

子どもをもつ決断には、遺伝子を残す戦略をめぐる男女間の根深い緊張関係が反映されているという証拠がある。世論調査も、進化生物学者の示唆することを裏付けている。男は遺伝子レベルでは、ジョニー・アップルシード〔一七七四―一八四五。米国西部開拓期に中西部オハイオ、インディアナ、イリノイなどの州を回りリンゴの種を植えた〕のように行動する。すなわち将来の収穫を得る最良の方法として、できるだけ多くの種をまくのだ。あとの世話はあまりしない。生物学的に異なる女性は、子どもの数を減らして一人ひとりに多くの投資をするほうを好む。それゆえ出生率を抑制する一つの方法は、家族内で女性にもっと決定権を与えることかもしれない。

また家族計画プログラムは近年、ＡＩＤＳ撲滅にも決定的に重要になっている。(8) ＨＩＶは生物学的理由から女性にとって重大な問題だ。女性は、ＨＩＶ陽性のパートナーとの異性間性交で感染する危険性が、男性よりも約二倍高い。(9) 精液には子宮の分泌物より多くのウイルスが含まれ、また性行為のあいだにさらされる粘膜が、女性のほうが男性よりも広いからだ。

ここ三〇年間で最大の倫理的政策的失敗は、地球上にＡＩＤＳの蔓延を許した無関心だ[10]。道徳家ぶった面々がこれを助長した。一九八三年、パトリック・ブキャナン〔米国の保守派の政治家。二〇〇〇年大統領選に出馬〕はこう宣言した。

「憐れな同性愛者――自然に宣戦布告した彼らに、自然は今、恐ろしい報復を行っている」

一九八〇年代、最悪の不道徳はサンフランシスコの盛り場ではなく、正義を振りかざす指導者が病気の蔓延を放置していた権力の回廊にあった。

ウイルス抑制の障害の一つは、多くの保守派がもつコンドームへの不信感である。保守派の多くは、安全なセックスの話などすれば寝た子を起こすと戦々恐々だ。それにも一理あるかもしれないが、コンドームが命を救っていることは疑いない。今日、まとめ買いすれば一つ二セントで買えるコンドームは、ＡＩＤＳ予防に抜群の費用対効果をもつ。カリフォルニア大学のある研究では、コンドーム配布プログラムを通して救われる命の年間コストは三・五ドル、一方ＡＩＤＳ治療プログラムは一〇三三ドル（もちろん、ＡＩＤＳの投薬治療が高価だったときの話だ）という[11]。別の研究は、コンドームに一〇〇万ドルあてるごとに、ＡＩＤＳ関連費用四億六六〇〇万ドルが節約できると指摘した。

ところがこれほど費用対効果が高いにもかかわらず、配布はけちくさい。世界銀行が世界最貧国に数えたブルンジで、男性一人あたり一年に三つ以下、スーダンでは平均的男性は五年に一つだ。いつの日か人々は振り返っていぶかしく思うだろう。いったい何を考えていたんだ、と。

コンドーム批判陣営から、ＨＩＶウイルスは直径一ミクロン以下なのにコンドームには直径一〇ミクロンの穴がある、という似非科学が広がりはじめているが、これは真実ではない[12]。片方がHIV陽性で片方が陰性というカップルで、コンドームは禁欲には劣るものの、AIDS予防にかなり有効であることを示す証拠が得られている。だがエルサルバドルではカトリック教会の後押しで、「AIDS予防にはならない」という警告ラベルをコンドームのパッケージに付けることを義務づける法律が通った。法律の前でさえ、初めてのセックスでコンドームを使用した女性が四％以下だったエルサルバドルでである。

ジョージ・W・ブッシュは、政権内の多くが行っていた反コンドームキャンペーンに一度も全面的には加わらなかった。米国はどの国よりも多くのコンドームをずっと寄付しつづけ、年々徐々に増やしていた。皮肉なことに、それをぶち壊したのはクリントン政権（と当時の緊縮財政派の共和党議会）で、ジョージ・H・W・ブッシュ政権時代年間八億だったコンドーム寄付を、一九九九年に一億九〇〇〇万へ減らした。ジョージ・W・ブッシュ政権は二期目に、年に四億以上のコンドームを寄付している。

ブッシュ政権はAIDS予防キャンペーンの焦点を禁欲至上主義プログラムにあてた。禁欲の啓発は、コンドームや避妊、リプロダクティブヘルスについての議論と組み合わせれば有効だという証拠がある。だがブッシュのプログラムは禁欲啓発への支出を認めただけでなく、若者への「禁欲至上主義」教育を強く求めた。学校でコンドームの話をしないことになる（アフリカの売春婦やトラック運転手といったハイリスクのグループにはすすんでコンドームを配布したが）。AIDS予防支出の三分の一は、法律で禁欲教育に回された。米国が後援した一つの禁欲至上主義アプローチでは、「もてあそばれるな！　セックスは結婚してから」と書かれたハート形のキャンディが配られた。セミナー指導者が少女にキャンディをなめるよう促して説明する。

みなさんの体は包み紙に包まれたキャンディです。セックスするとき、男性はあなたというキャンディの包み紙をはがしてなめる。そのときは有頂天になるかもしれません。でも残念ながら、ことが終われば、次のパートナーのために残されたものは、包み紙がはがれかけ、なめまわされ、もてあそばれたあなたしかないのです。[13]

禁欲至上主義プログラムの成果に関しては、研究は確定的でなく、研究者のイデオロギーに依存しているように見える。たしかにプログラムがセックスの開始をいくらか遅らせることはうかがえる。だがセックスを始めたあとは、避妊しない傾向が高い。その結果妊娠が増え、中絶も性病もＨＩＶも増える。国際女性保健連合（ＩＷＨＣ）のような団体は証拠にもとづく保健衛生政策を強く求め、キャロライン・マロニー議員もＵＮＦＰＡのプログラムのために粘り強く闘った。だが、ホワイトハウスは耳を傾けなかった。ようやくバラク・オバマ大統領が就任後まもなく、「統制法」の廃止と、家族計画団体やＵＮＦＰＡへの全面的な資金提供の復活を表明した。

禁欲至上主義キャンペーンは、アフリカのＡＩＤＳ問題が乱脈な性行為の結果であるという前提にもとづいていたが、これは特にアフリカ女性にとって事実ではない可能性がある。シカゴ大学の経済学者エミリー・オスターによれば、米国ではＨＩＶ感染者は成人の約〇・八％、サハラ以南のアフリカでは六％である。オスターの調べたデータからはアフリカ人が乱交をしていることを示すものは見つからなかった。米国人もアフリカ人も似たような数の性的パートナーと接触をもつ（ただし、アフリカでは一人ずつではなく同時に複数に接触する傾向が強いとする専門家もいる）。最大の違いは、ＨＩＶに感染する確率がアフリカのほうがはるかに高いことだとオスターは指摘する。感染者との無防備なセックスで自分もＨＩＶに感染するリスクは、アフリカ人のほうが四倍から五倍高かった。

その理由として、米国人は性感染症の治療を受けているが、アフリカ人は受けないことが多いということが考えられる。ある時点をとると、アフリカ人の一一％に未治療の性器細菌感染があり、こうした炎症がウイルス感染を助長する。公衆衛生専門家のあいだでは、最も費用対効果の高いＨＩＶ予防法は性感染症の検診と治療の無料提供だということが広く認められている。オスターは、ＡＩＤＳ予防の資金を性感染症の治療にあてれば、年にわずか三・五ドルで一つの命がＡＩＤＳから救われると指摘する。

そして女性にとって命にかかわるリスク要因は、しばしば乱交ではなく結婚だ。アフリカとアジアでは女性は結婚までは安全で、結婚後夫からＡＩＤＳに感染することが多い。カンボジアで二七歳の元売春婦からＡＩＤＳ闘病の話を聞いた私たちは、彼女が売春宿で感染したと思い込んでいた。「違います」と彼女は言った。「ＡＩＤＳにかかったのはもっとあと、夫からです。売春宿ではいつもコンドームを使いました。でも結婚したら、コンドームを使わない。夫のいる女性は、売春宿にいる少女よりもっと危険にさらされています」

もちろんこれは誇張だが、ある核心的な現実を浮かび上がらせている。ＡＩＤＳは性別によって不平等な病気なのだ。とりわけアフリカ南部では、若い女性が無防備なセックスにノーと言う力をもたないことが多い。一〇代の少女が中年男性のおもちゃになることがままあり、ＨＩＶは容赦なく広がる。元米国ＡＩＤＳ問題大使スティーブン・ルイスが言うように、「両性の不平等がこの世界的疾病を蔓延させている」

南アフリカの南東部クワ＝ムハランガ村に住む一四歳のサバン。彼女のような少女が抱える課題にどう取り組むかで予防プログラムの真価が問われる。すらりとして多感で念入りに化粧したサバンは、どんなプログラムにとっても手強い、反抗的な思春期の少女だ。電気工だった父は、ＡＩＤＳとの長い闘病で家族の貯金を使い果たした末に死亡した。母ゲルトルーデ・トベラも陽性と診断された。夫からの感染とみられ、その後、出産時に末息子のビクトルに感染させた。ゲルトルーデは家族で初めて高校と大学に行き、一家は中流の生活水準を享受していた。だがまもなくゲルトルーデが病気で働けなくなり、一カ月二二・五ドルの生活保護に頼る生活を余儀なくされた。小屋には絶望が漂っていた。

才気煥発なサバンは、一〇代の少女らしく楽しみとぬくもりと愛を求めていた。小屋の惨めさを嫌って、街をうろついた。おしゃれな髪形にセクシーな服、家に閉じ込められるのが嫌で少年との気晴らしを求めた。自立して大人になることにあこがれ、母が自分を家に縛りつけようとするのを恨んだ。魅力的な彼女は男たちにちやほやされてしまう。南アフリカでは、成功した中年男性が一〇代の少女を愛人として囲うことがしばしばあり、多くの少女にとってこうした「シュガー・パパ」は今の生活を抜け出す手段なのだ。

ゲルトルーデは、男と出歩きはじめたサバンを叱り、叩いた。家族の中で唯一人ＡＩＤＳにかかっていない娘までが感染する危険をひどく恐れていた。だが叩かれたサバンは怒り、母が自分を憎んでいると不信感を強め、家出した。ＡＩＤＳで弱った貧しい母のことを恥じてもいたようだ。母はいさかいでいっそう疲れ果て、落ち込んだ。まもなく訪れる自分とビクトルの死のことは落ち着いて話したが、サバンのことになると泣き崩れた。

「娘は自由になりたくて私を置いて行った」とゲルトルーデは涙ながらに言った。「セックスをしている。バーや貸家にいるんです」

娘の化粧好きやぴっちりした服を見るとぞっとし、ＡＩＤＳの連鎖が次の世代に繰り返されると思うと耐えられなかった。サバンのほうは、友達は金や贈り物ほしさに男と寝ているが、自分はやっていないと言い張った。

「私は処女よ。母が何と言ったって」とサバンも泣きだした。「母は一度も信じてくれない。わめくだけ」

「お母さんは君のことを大切に思っているんだよ」とニックが彼女に言った。「君のことを愛していて心配しているからこそ叱るんだ」

「愛してなんかいないわよ！」とサバンは譲らず、涙が頰を伝った。自宅の外で、やはり涙に暮れている母から四、五メートルのところに立っている。「愛してるんなら、ぶつんじゃなくて話すはずでしょ。あんなふうに言わないはずよ。私の友達を認めてくれるはずよ」

サバンのような少女に対して地元の学校が禁欲を奨励すべきなのはまちがいない。だが、それだけにとどまっていてはならない。コンドームがＨＩＶ感染のリスクを劇的に減らせることを説明し、適切な使い方を教えるべきだ。また政府は、ＨＩＶのリスクを大幅に減らす男子割礼を奨励し、性病の無料検診と治療を支援すべきだ。ＨＩＶ検査を受けることを当たり前にし、人々に検査を受けに行くよう求める。これで成人はほぼ全員、自分が感染しているかどうかを知ることになる。これは決定的に重要だ。自分が感染しているかどうかわからなければ、病気の流行を抑制できない。こうした包括的な予防アプローチこそ、サバンのような少女にとってリスクを減らすのに最も有効なはずである。そして同時に、ＡＩＤＳ患者を何年も治療するよりずっと安上がりだ。

ＡＩＤＳ予防に関する研究の大半は厳密なものではないが、マサチューセッツ工科大学貧困アクションラボ――地域を問わず開発に関する最も洗練された研究を行っている――は、アフリカで慎重に試行を行った四つのＡＩＤＳ撲滅対策を検討した。[14] それぞれの戦略は無作為に抽出された地域で試され、結果は対照地域の結果と比べられた。成果を計る基準は、避けられた妊娠（対照群と比較して）の数である。これがＡＩＤＳを感染させる恐れのある、無防備なセックスの頻度を反映すると見られるからだ。

第一の戦略は、小学校教師へのＡＩＤＳ教育研修の実施。これは生徒一人あたり二ドルしかかからないが、妊娠を減らすのに何の影響もなかった。第二のアプローチは、コンドームとＡＩＤＳについて生徒にディベートをさせ小論文を書かせる。生徒一人あたり一ドルだが、妊娠を減らすことは証明されなかった。第三のアプローチは、生徒が学校をつづけるよう制服を無料で支給する。生徒一人あたり一二ドルで、目に見えて妊娠が減った。対照地域との比較から、避けられた妊娠一件あたりの費用は七五〇ドルと算出された。

第四の抜群に費用対効果の高いアプローチは、最もシンプルなものでもあった。シュガー・パパの危険を教えることだ。生徒は、一〇代の少女が年上の男性と出歩くことの危険について短いビデオを見せられ、その後、年上の男性は少年よりＨＩＶ感染率がずっと高いことを知らされる。この

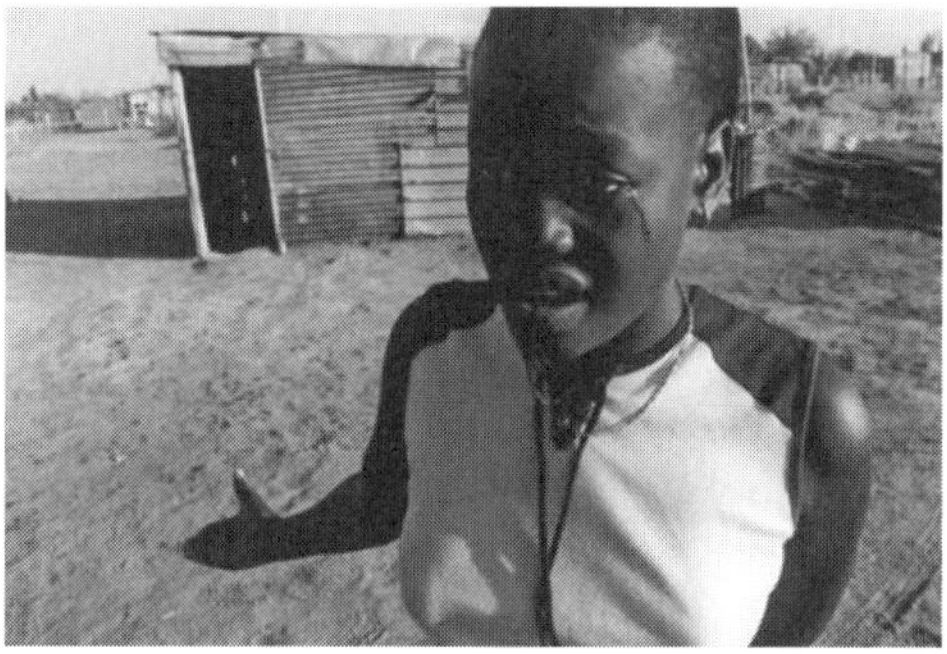

南アフリカで、小屋の前に立つサバン。彼女は母がAIDSで死を待つ小屋を嫌っている。
photo: Nicholas D. Kristof

決定的に重要な事実に気づいていた生徒はほとんどいなかった。

警告を受けた少女たちのセックスの回数は減りはしなかったが、年上の男性より同年代のボーイフレンドと寝るようになった。少年たちはコンドームを使う傾向が高い——学校で一〇代の少女のほうがＨＩＶ感染率が高いことを習って心配になったらしい。このシンプルなプログラムは大成功だった。生徒一人あたり一ドルしかかからず、わずか九一ドルで妊娠一件が避けられる。

この結果から、開発政策には徹底して経験にもとづく手法が必要だということに改めて気づかされる。保守派は、ＡＩＤＳ予防のかぎが禁欲至上主義教育にあるとみなし、リベラル派はコンドームの配布に力を入れているが、アフリカで最も費用対効果が高いと証明された方法はそのどちらでもない。このことに両派とも注意を払うべきだ。

宗教保守派はコンドームの配布に反対してＵＮＦＰＡへの資金拠出をやめさせたが、アフリカとアジアの最貧部で自前の費用で診療所を運営し、多数の命を救ってもいる。アフリカの最貧諸国を訪れると、首都や大都市では外交官、国連職員、援助団体によく会うが、最も支援を必要としている辺境の村や町では、援助関係者は突如として少なくなる。もちろん〈国境なき医師団〉はじめ、辺境地域で英雄的に働く非宗教的団体はいくつかあるが、どうしても、宣教師団の医師や教会後援の援助関係者に会うことが多くなる。

ニックは、コンゴ中央部に向かっていたとき乗っていた飛行機が不時着し、車で行くことにしたことがあった。戦争に引き裂かれたこの国の広大な地域をほぼ一週間かかって横断していくあいだ、出会った外国人は、二つのカトリック宣教師団だけだった。一つの方の神父はマラリアで死亡したばかりだったが、もう一つの宣教師団は一人のイタリア人神父が運営し、食べ物と服を配り、内戦のさなか、診療所をつづけようとしていた。

〈カトリック救援サービス（CRS）〉も世界中で貧困と闘っている——インドでスニータが運営する元売春婦のためのシェルターへの支援もその一つだ。全体では、世界のAIDSケアの約二五％を教会関係の団体が提供する。

「アフリカの大部分で、こうした診療所が医療体制の要石です」とCARE代表ヘレン・ゲイル医師は言う。「政府の医療体制よりも多くの人の役に立っている国もあります」

カトリック教会全体をみれば、コンドームに対してつねにバチカンよりずっと柔軟な姿勢を示してきた。地元の神父や修道女はしばしばローマを無視し、教区住民を救うため密かに最善を尽くす。エルサルバドルの貧しい南西部ソンソナーテでは、カトリックの病院が女性にIUDとピルの指導をし、AIDSから身を守るためのコンドーム使用を強くすすめる。

「司教はサンサルバドルにいて、絶対に来ない」とマルタ・アリカ・デレガラダ医師は言う。「だから問題は起こらない」こんな率直な話を引用されても問題が起こる心配はない。

宣教師団は数十年にわたって、最貧諸国で不可欠の医療・教育ネットワークを運営してきた。女性と少女をエンパワーする世界的運動にこうした学校や診療所が加われば、鬼に金棒だ。宣教師団には貴重な現場経験がある。援助関係者と外交官は来て去っていくが、宣教師はそこに住み、地元の言葉を習い、子どもを学校に入れ、ときには生涯住みつく。もちろん偽善的で殊勝ぶった宣教師もいる。だが多くはコンゴの病院のハーパー・マッコーネルのように、社会正義と個人的倫理の福音に従って行動しようと格闘している。

貧困国の女性の役に立つ運動がありうるとすれば、それは「神の深淵」に橋をかけるものであるべきだ。心を痛める人々は、宗教的であるかないかを問わず、共通の大義を作り出す必要がある。二世紀前の奴隷廃止運動ではこれが起こった。リベラルな理神論者と保守的な福音派が、奴隷制打倒のために力を合わせたのだ。それ以外に、今は目に見えない存在である女性を国際的政策課題に加えるべく政治的意志を結集する道はない。

アフリカ、アジア、南米で急速に地歩を築いているペンテコステ派も重要だ。現在ヨーロッパ最多の日曜礼拝出席者を誇るのは、一九九四年にカリスマ的なナイジェリア人、サンデイ・アデラジャがウクライナのキエフに建てたこの派の大教会である。(15) 一〇人に一人がこの派という推計は相当誇張されたものだろうが、貧困国で普及しているのはまちがいない。もっとも普及の一因には、信仰が現世で富をもって報いられると示唆したり、イエスが信者をＡＩＤＳから守るという信仰治癒の一種を説く教会があることもある。

だからブームには一抹の懐疑もあるが、女性の役割に好影響を与えている側面はある。この派の教会は会衆全員に礼拝説教をするよう奨励する。多くのふつうの女性が初めてリーダーシップを発揮し、倫理や宗教についての考えを言う。日曜に集まった女性たちは、いかに地域の圧力を使って理不尽な夫を正道に戻らせるか議論する。またペンテコステ派をはじめ保守的な福音派は、特にアフリカで女性の苦境の原因となっている二つの習慣、飲酒と不倫を禁じている。

一九九〇年代後半まで、キリスト教保守派はたいてい孤立主義で、〈ジェシー・ヘルムの言葉のように〉海外援助は「金をどぶに捨てるようなもの」と考えていた。だが、フランクリン・グラハム〈ビリー・グラハムの息子で、援助団体〈サマリア人の財布〉責任者〉やサム・ブラウンバック上院議員など多くの影響で、福音派をはじめキリスト教保守派も、AIDS、性人身売買、貧困といった問題に取り組むようになった。現在〈全米福音派協会（NAE）〉は、人道問題と海外援助の重要な一翼を担う。

ジョージ・W・ブッシュがAIDS撲滅大統領イニシアティブを推進したのは、元ホワイトハウス主任スピーチライターのマイケル・ガーソンをはじめとする福音派のすすめによった——ブッシュが行った唯一最善のことで、九〇〇万人以上の命を救ったと言われる。ワシントンのハドソン・インスティテュートを基点に活動する人道的大義の先駆者マイケル・ホロビッツは、宗教保守派を結集して産科瘻修復プロジェクトを後押しした。最近は、瘻やマラリア撲滅に取り組む援助資金集めで、心ある福音派とリベラル派は肩を並べて先頭に立つ。一〇年、二〇年前と比べると画期的な変化だ。

「貧困と病気は私の課題リストになかった」と、カリフォルニアのサドルバック大教会牧師で、『人生を導く五つの目的』（パーパス・ドリブン・ジャパン）の著者リック・ウォレンは言う。「AIDS問題も目に入っていなかった。何が重要かわかっていなかった」

二〇〇三年、ウォレンが牧師の研修をしに南アフリカに行くと、会衆が数人、テントで二五人のAIDS孤児の世話をしていた。

「私の教会よりも貧しい人の役に立っていた」彼はおどけて言う。「ぐさっときたよ」

ウォレンは、世界中の六八カ国での貧困と不正義との闘いを教会に呼びかけた。七五〇〇人以上の教会員が自費で貧困国へボランティアに行く――ひとたび間近で貧困を目にすると、いっそう多くの取り組みが始められる。

リベラル派は、多くの福音主義派が「一〇分の一税」を収めるのを見習えばいい――毎年収入の一〇%を慈善事業に寄付することだ。『世界フィランソロピーインデックス』を見ると、米国の宗教団体は毎年五四億ドルを途上国に寄付している。米国の財団からの提供の二倍以上だ。経済学者アーサー・ブルックスによれば、週に少なくとも一回礼拝に出席する三分の一の米国人は、それほど信仰深くない残りの三分の二と比べて、「どの測定法によっても、まちがいなく慈善心が強い」[16]寄付だけでなく、すすんで時間を慈善に使う傾向も強いとブルックスは言う。一方、白人リベラル派は、自分の懐から金を出すよりむしろ、政府が人道的大義に資金拠出するのを望む傾向が強いという。

双方とも、寄付が確実に貧困層に回るよう励むことだろう。キリスト教保守派は人道的大義への寄付には寛容だが、かなりの金が壮麗な教会の建設に回っている。リベラル派の寄付もエリート大学や交響楽団に回ることがしばしばある。これらも正当な大義かもしれないが、人道的大義ではない。両派とも、ほんとうに援助を必要とする人への支援にいっそう多くの資金が回るよう、寄付範囲を広げるべきではなかろうか。

時間を寄付できる優れた仕組みがあれば役立つはずだ。〈ピースコープ〉は貴重なプログラムだが、二七カ月の参加は二の足を踏ませる。スケジュールも、卒業を遅らせたくない人の都合には合わない。〈ティーチ・フォー・アメリカ（ＴＦＡ）〉は公共奉仕の意識の高い若者に強い関心を生んだが、これは国内プログラムだ。ＴＦＡの国際版、すなわち若者を一年間、あるいはさらに期間を更新して世界へ送りだす〈ティーチ・ザ・ワールド〉への資金提供が必要だ。これは、貧困国で女子教育を支援する海外援助に新しい重要なアプローチを提供し、同時に米国の若者に、人生を変える可能性を秘めた、発展途上世界との出会いを提供することにもなるはずだ。

ジェーンと三四〇〇万人の友

ジョージ・W・ブッシュが一期目の前半に、米国が国連人口基金（UNFPA）に出していた三四〇〇万ドルの拠出の停止を発表したとき、不満をもらした人間は多かった。だが、カリフォルニア州レッドランズのフランス語教師ジェーン・ロバーツは、不満を一つの運動にした。[17] それは地元紙『サンベルナルディーノ・サン』への投書で始まった。

議会が可決した国連人口基金への三四〇〇万ドルの拠出をブッシュ政権が拒絶する決定から一週間、みな大忙しだ。コラムニストが取り上げ、新聞は嘆きの社説を掲載。一年間にテロで殺される人より、数日間に出産で死亡する女性のほうが多い。ふーん。幼い少女がサボテンの針で性器を切除されている。まあ、文化の問題ですからね。

怒れる民主主義社会の実践として、三四〇〇万人の米国市民のみなさん、米国UNFPA委員会に一人一ドル送るのに加わってくださいませんか。それで恐ろしい悪が正され……無関心も押し流すはずです。

ジェーンは青い目と短い金髪で、服と物腰に六〇代という年齢がうかがえる。アフリカ風のネックレスと黒のローファー靴といったシンプルな服。投書以来、忙しくなった。〈シエラ・クラブ〉

や〈女性有権者同盟〉といった団体とコンタクトを取り、新聞で〈全米女性評議会（ＮＣＷＯ）〉のことを読んで、電話と電子メールで攻勢をかけた。一週間後、評議会の理事会は彼女の運動を協賛した。

同じころ、孫をもつ、ニューメキシコのロイス・エイブラハムも同じことを考えた。ロイスは、一〇代の産科瘻の少女についてニックがスーダンのハルツームで書いた記事を読み、ブッシュ政権が今、こうした少女を支援する数少ない機関の活動を妨げているのを知った。怒ったロイスは、ＵＮＦＰＡと資金停止についてチェーンメールを書き、こう結んだ。

三四〇〇万人の米国女性が国連人口基金に一ドルずつ送金すれば、基金が「貴重な仕事」をつづける役に立ちます。また家族計画とリプロダクティブ医療を受けるすべのない女性にそれを提供するのは、政治問題ではなく人権問題だと確認する一助にもなります。

今すぐ一ドルを紙に包んで封筒に入れ、「三四〇〇万人の友」と書いて……今日投函してください。そして、このメッセージに賛同してくれそうな人、少なくとも一〇人――多ければ多いほど歓迎――に、このメールを送ってください。よろしくお願いします。

ロイスはＵＮＦＰＡに電話をして、こうしたメールを送っていると告げた。ＵＮＦＰＡは一般の知名度が低く、めったに寄付を受けていなかった。

「こうした草の根の運動をあまり信用しない職員もいました」と、ＵＮＦＰＡの元上級職員スターリング・スクラッグスは振り返る。「何週間かつづいたら、関心が他へ移ってすぐ終わってしまうだろうと、そう思っていたんです。郵便室に郵便袋が山積みになるまでは」

ロイスとジェーンが堰を切った一ドル札の洪水はうれしい悲鳴だった。UNFPAは全資金がプログラムに回ると約束しており、郵便をすべて処理しなくてはならなかった。初めはスタッフが昼休みを割いて封筒を開けた。それから米国UNFPA委員会の支持者が支援を申し出た。最後には国連基金が郵便を処理するスタッフを雇う資金を助成した。

ほとんどの金は全国の女性――男性も少し――からの一ドル札だった。もっと送って来た人もいた。「この五ドルは、私の人生を彩った女性への敬意です。母、妻、二人の娘、そして孫娘」と書いてきた男性がいた。

UNFPAはロイスとジェーンに互いのことを知らせ、二人は力を結集してキャンペーンを正式に〈UNFPAの三四〇〇万人の友〉とした。スピーチツアーに出かけ、運動に弾みがついた。UNFPAへの資金拠出の停止、コンドームや包括的な性教育への非難、〈マリー・ストープス〉のような援助団体の家族計画運動への支援打ち切りといった、保守派の反リプロダクティブ医療キャンペーンには国中の人が憤慨し、何か具体的な手助けをしたがっていた。一ドル札を送るのは万能薬ではないが、敷居が低かった。

「一ドル出せないとはだれも言えませんから」とジェーンは言う。「大学生や高校生さえ寄付をしてくれる。ソーダ一本分のお金で世界の女性の立場に立つことができるんです」

エレン・グッドマンとモリー・アイビンスが、ジェーンとロイス、二人の活動を称えるコラムを書き、寄付は一日二〇〇〇ドルに達した。ジェーンはUNFPAとともにマリとセネガルを訪れ――最初のアフリカ訪問だった――、スピーチとキャンペーンを休まずつづけた。

「あれ以来、専念しています」と彼女はシェリルに言った。「地球の果てまで追いかけるつもりです……。毎分四〇人の女性が危険な中絶を求めている。私にとって、これは人道に反する罪としか言えません」

二〇〇九年一月オバマ大統領がＵＮＦＰＡへの資金拠出の復活を発表したあと、問題が持ち上がった。〈三四〇〇万人の友〉はまだ必要だろうか。解散すべきだろうか。だがそのときには、二人の怒れる女性の始めた団体は総額四〇〇万ドルを集めており、また大きなニーズが残っていることもわかった。それで、米国政府からの資金拠出を補うものとして活動をつづけることにした。

「今日世界には、家族計画を求めて得られない場合がたくさんあります」とジェーンは言う。「瘻の予防と治療に対する大きなニーズもある。世界の多くの場所で、人口圧力と環境圧力、経済圧力から、女性はますます性にもとづく暴力にさらされるでしょう。私にとって、〈三四〇〇万人の友〉は仕事、情熱です。長い目で見て、人間と地球と平和にとって、これ以上重要な大義はないと思います。前進あるのみ！」

第9章

イスラムは女性蔑視か

丘の住人の大半は女性で、配偶者にやたらと悪態をつき、感謝を知らない。

――ムハンマド・イムラン

『イスラムの理想の女性』（*Ideal Woman in Islam*）

アフガニスタンへの最初の訪問のとき、ニックは大学で英語を学んだ一人の通訳を雇った。勇敢な男性でとても現代的な感じだった。こんな会話をするまでは。

「母は医者にかかったことがありません」と通訳は言った。「かかることはないでしょう」

「どうしてです？」とニックはきいた。

「この辺には女医がいません。男の医者の所に行くのを認めるわけにはいかない。イスラムに反します。父の死以来、母に責任をもっている私です。私の許しがなければ、母は家を出られません」

「でももし命が危なくなって、助けるには医者に連れて行くしかなかったら？」

「そうなったら恐ろしい」と通訳は深刻に言った。「母の喪に服することになる」

政治的に正しくないが、指摘しておかねばならないことが一つある。女性が置き去りにされ、名誉殺人や性器切除といった組織的な虐待にさらされている国のうち、非常に多くの国でムスリムが優勢である。[1] 世界のムスリムの大多数はこうした慣習を信じないし、キリスト教徒の中に信じている人もいる——だが事実として、少女が性器を切除され、名誉のために殺されたり、学校や職場から締め出されたりしている国は多くの場合、大きなムスリム人口を抱えている国だ。

ヒンドゥー教も、婚家による新婦の残酷な焼殺は言うまでもなく、似たような問題を抱えているが、インドのヒンドゥー女性は近隣諸国のムスリム女性と比べて、より自立し教育を受けられる可能性が高い。生活の豊かさを示す一つの総合的な基準によると、世界経済フォーラムが女性の地位に従ってランク付けした一二八カ国の中で、下から一二位までのうち一〇カ国がムスリム多数派の国で、最下位はイエメンだった。

男の世界というとその文化的性質から南米を思い浮かべがちだ。だがメキシコをはじめとする南米諸国は、実は、少女の教育と生命保護の点ではかなり進んでいる。大半の南米諸国で女性人口は男性人口より多い。ボゴタやキトのような南米都市の貧困地区でさえ、産科病院が妊娠中のケアと出産を無料で提供している。社会が女性の命を救うことを優先事項とみなしているからだ。

対照的に、世論調査を見るかぎり、いくつかの国でムスリムが平等を認めていないことが浮き彫りになる。[2] エジプト人で女性が大統領になる権利を持つべきだと考えている人は二五%しかいない。モロッコ人の三四%以上が一夫多妻を認めている。アフガニスタン女性の約五四%は、女性が家の外でブルカを着るべきだと言う。保守的ムスリムは、二〇〇四年にこう宣言したサウジアラビアの最高宗教指導者アブドルアジズ・シェイクを支持することが多い。

「女性に男性との同席を認めることは、あらゆる悪と破滅の根源である[3]」

こうした保守的態度はコーランとはほとんど無関係であり、宗教より文化に由来するという指摘がムスリムの中にある。これは正しい。こうした国々では、宗教的少数派や無宗教派でさえ、女性にきわめて抑圧的なことが多い。パキスタンで出会ったキリスト教少数派の若い女性は、夫を自分で選ぶと主張していた。家族は名誉の侵害に腹を立て、兄弟のあいだで彼女を殺すべきか売春宿へ行けと言うべきか議論になった。兄弟が論争している隙に、彼女は逃げ出した。アフガニスタンではタリバーン追放後、強盗が横行し、アムネスティ・インターナショナルによれば一人の援助関係者がこう言ったという。

「タリバーン時代、女性が市場へ行って一インチでも肌を見せようものなら、激しく打ちすえられた。今は強姦される[4]」

私たちはしばしば、ある地域の宗教を非難するが、抑圧は文化に根差しているのかもしれない。

ただそうだとしても、なぜ宗教が非難されるかといえば、一つには抑圧する側が宗教を引き合いに出すことが多いからだ。ムスリム世界では、たとえば女性を蔑視する人々が、自己正当化のためにムハンマドを引用するのは日常茶飯事である。

だから、真正面から問題と向き合おう。はたしてムスリムは女性蔑視なのか。

歴史によれば答えはノーである。ムハンマドが七世紀にイスラムを導入したとき、それは女性にとって一歩前進だった。イスラム法は、それまでありふれた慣習だった女児の間引きを禁止し、一夫多妻制を四人の妻までに制限して、妻は平等に取り扱われるべきものとした。ムスリム女性は財産を所有し、法で守られた権利をもっていた。一方、当時のヨーロッパ諸国の女性は、同等の所有権をもっていないことが多かった。全般的に見て、コーランとそれに結び付く伝統の中でムハンマドは、初期のキリスト教指導者よりずっと女性を尊重したという印象がある。使徒パウロは女性が教会で沈黙を守ることを望んだし、初期のキリスト教指導者テルトゥリアヌス〔二世紀の神学者〕は女性を「悪魔の門」と告発した。

それでも何世紀もたつうちに、キリスト教はそれをほぼ乗り越えた。対照的に、保守的イスラムはほとんど変わっていない。相変わらず七世紀アラビアの世界観、当時は進歩的だったが一〇〇〇年も時代遅れになった考え方に凝り固まったままだ。二〇〇二年、サウジアラビアで女子中学校が火事になったとき、宗教警察は、一〇代の少女が頭髪を覆う布と黒の長衣なしで逃げ出すのを許さず、燃えさかる建物の中へ追い返した。一四人の少女が焼死したと報じられている。

コーランはいくつかの性差別をはっきりと認めている。女性の証言は男性の証言の半分の価値しかなく、娘は息子の半分しか遺産を受け継がない。聖書にこうしたくだりが出てくれば、キリスト

アフガニスタンのカーブルで、全身を包んだ女性とその娘。
photo: Nicholas D. Kristof

教徒やユダヤ教徒はたいてい無視する。敬虔なムスリムにとって、時代遅れになった不都合なコーランの一節を無視するのははるかにむずかしい。コーランは単に神の啓示を受けたものではなく、文字どおり神の言葉と考えられているからだ。

それでも、近代精神をもつ多くのムスリムは、両性の平等を進めている。米国のイスラム学者アミナ・ワドゥドは、コーランの性差別主義の条文に対して体系的な再解釈を行っている[5]。たとえば、妻に関する第四章三四節は、ふつう大まかに言って次のように訳されている。

「汝がその反乱を恐れる者たちがいれば、諭し、別の床へ追いやり、打ち据えよ」

ワドゥドのようなフェミニズム学者はこれを誤訳と主張し、理由を挙げる。たとえば、「打ち据える」と訳されている言葉には他にも意味があり、一つはセックスするという意味だ。それゆえ一つの新しい翻訳では同じ一節がこうなる。

「あなたが反抗的だと感じる女性がいたら、説得力を持って話しかけなさい。そして（何もせずに）床に一人で残し、（相手がその気になったら）床をともにしなさい」

イスラムフェミニストとして知られるこうした研究者は、ムハンマド自身が妻にラクダに乗ることを許したのに、サウジアラビアが女性に運転を禁じるのはばかげたことだという。また、女性証人二人が男性証人一人に相当するとする考え方は、当時の女性が金銭面に疎かったため、財政的な訴訟だけに適用されたものだとする。この状況は今では時代錯誤であり、この規定も時代錯誤になった。本来進歩的だったコーランを、後進性の弁明に使うのは許されるべきではないというのが、フェミニスト解釈の主張である。

奴隷制と比べてみればわかる。イスラムは、前イスラム社会と比べて奴隷の地位を向上させた[6]。コーランは奴隷の解放を称賛に値する行為として奨励した。一方、ムハンマドは多くの奴隷を所有し、イスラム法はまちがいなく奴隷制を容認している。実際、サウジアラビアが奴隷制をようやく廃止したのは一九六二年、モーリタニアは一九八一年だった。ともかく、深い文化的つながりにもかかわらず、イスラム世界は奴隷制を全面的に放棄した。奴隷に対する見解が変わったために、今日コーランの違う解釈ができるなら、女性の解放にもそうできない理由があるだろうか。

ムハンマド自身はジェンダー問題に関して進歩的だったが、初期の後継者にはカリフ・オマルをはじめ、正真正銘の性差別主義者たちもいた。彼らが強い女性に敵意をもった一つの理由は、預言者ムハンマドの最も若い妻、イスラム世界初のフェミニストだったアーイシャとの人格的衝突だったかもしれない。

アーイシャは、ムハンマドの妻のうちでただ一人結婚時に処女だった女性で、長じて意志の強い女性になり、ムハンマドは多くの時間を彼女とともに過ごした。アーイシャは、名誉を入れる壊れやすい器として女性を見る社会の危険を身をもって知っていた。キャラバンとともに砂漠を横断中、失くした首飾りを捜しに行って置いて行かれた彼女は、サフワンという名の男に助けられたが、二人が付き添いのいないところで一緒にいたために、肉体関係をもったと告発されたのだった。ムハンマドは彼女の側に立った――罰を加える前に、不義を証言する証人が四人必要だという啓示を得たのは、このときだった。そして告発者をむちで四〇回打つよう命じた。

ムハンマドがアーイシャの腕の中で息を引き取ったあと（スンニ派教義による。シーア派は異議を唱えている）、アーイシャは公的役割を積極的に引き受け、多くの男性の眉をひそめさせた。アーイシャは、イスラムが女性に敵対的だという見方に激しく反論し、二二一〇のハディースを記録した。ハディースとはイスラムでコーランの教えを補完し、明確化するのに使われるムハンマドの言行録である。長年の敵アリーがカリフになったあと、アーイシャはアリーに対する武装反乱を率いさえした。[7] この反乱は、彼女が部隊に交じってラクダに乗って率いたことから、「ラクダの闘い」と呼ばれている。アリーは反乱を鎮圧し、その後何世紀にもわたって、イスラム学者はアーイシャの重要性を認めず、そのフェミニスト解釈をはねつけた。アーイシャのハディースは、わずか一七四を除いて捨てられた。

しかしここ数十年、モロッコ人のファテマ・メルニッシなどのイスラムフェミニストがアーイシャの文書を掘り起こして光を当て、ムスリム女性に力強い声を提供した。[8] たとえば、女性や犬やロバが前を通り過ぎたら男性の祈りは無効になるという、ムハンマドのものとされる有名な声明がある。メルニッシが指摘するように、アーイシャはこれをナンセンスと一蹴した。「私たちをロバや犬扱いしている。神の名において、私は、私のいるところで預言者ムハンマドが祈りを唱えるのを目にしてきた」これと同じようにアーイシャは、夫ムハンマドが月経中の女性を不浄とみなしたという数々の示唆を否定した。

コーランに関するもう一つの論争は、イスラムの来世で男性を待つとされる、詩的で美しい黒い瞳の処女をめぐるものだ。(9) これは天女であり、イスラム神学者の中には微に入り細をうがって描写している学者もいる。九世紀の学者アル・ティルミーディは、天女とは白い肌の華やかな女性であり、月経も尿も便も一度もしたことがないと語る。「いささかも垂れていない」「豊かな胸」をもつとも言っている。自爆テロリストたちはしばしば、天女によって報いられる期待を綴っており、モハメド・アタは同時多発テロ前夜、「天女が呼んでいる」とハイジャック仲間を鼓舞した。

彼らは驚いたかもしれない。アラビア語はコーランのみとともに書き言葉として生まれたため、意味がよくわからない言葉が多い。研究者が学問的にコーランの初期の写本を調べるようになり、こうした意味不明の言葉の多くが実はシリア語やアラム語だった可能性が論じられはじめている。身を守るためにクリストフ・ルクセンバーグという偽名を名乗るある研究者は、「天女」とは「白ブドウ」を意味するアラム語ではないかと論じる。ありえる話だ。コーランは天女を真珠や水晶になぞらえており、コーランの時代から天国の描写にはしばしば豊饒な果物、特に疲れを癒すブドウが現れているからだ。

「真珠の門」に着いた殉教者が一皿の白ブドウを手渡されるという話だったら、これほど多くの自爆者がいるだろうか。

ムスリム女性を気の毒がる欧米人は、反発と怒りを買うことがある。ニックがリヤドで、サウジアラビア人の女性医師や看護師に女性の権利について尋ねると、反発が返ってきた。

「どうして外国人はいつも服のことを訊くんでしょうか」と一人の女性医師が言った。「何を着ているか、どうしてそんなに問題なのか。世界のすべての問題のなかで、ほんとうにこれがそんなに重要ですか」

もう一人が言った。

「みなさんは、私たちが髪を覆い控えめな服を着ているからといって、私たちを犠牲者だと考えている。でも私たちからすれば、抑圧されているのは欧米女性のほうですよ。男に気に入られるように、肌を見せ、体型を変えるために手術まで受けなくてはいけないのだから」

ニックがたじたじになっているのを見て、三人目の医師が説明してくれた。

「私たちのあいだではね、もちろん不満を言っています」と彼女は言った。「運転できないなんてばかげている。でもこれは私たちの問題であって、あなた方の問題ではない。だれにも私たちのために闘ってほしいと思わないし、気の毒がってもらいたくもありません」

米国人はおせっかいで通っているだけでなく、イスラム世界での性別役割の複雑さを見逃していることも多い[10]。

「ノーベル賞受賞者で大学教師の私でも、法廷で証言したら、女だという理由で証言が採用されない」とイラン人法律家シリン・エバディは言う[11]。「教育がなくても男性だというだけで、私より真剣に話を聞いてもらえる……。イランは矛盾の塊です。女性は法廷で完全な証人になれないのに、法廷を裁く判事にはなれる。女性判事はいますから。また女性が海外に行きたいと思えば、夫の同意が要る。でも副大統領は女性です。ですから副大統領が外遊するのに夫の同意が要るんです。また、イランの大学生の六五％は女子学生です。男子学生より入試の成績がいいからです」

中東全域で、趨勢は変わりつつある。ヨルダンのラーニア王妃やカタールのファーストレディ、シェーハ・モザといった著名な女性のリーダーシップもあって、女性の権利が認められるようになりつつある。エジプト、ヨルダン、レバノン、モロッコで行われたある国連調査では、それぞれの国で九八％以上の人たちが、「教育を受ける権利は、少女も少年と同じだ」と考えている。

ヨルダン、カタール、モロッコは、女性にいっそう大きな役割を与えてきた先駆的な国々だ。モロッコでは国王ムハンマド六世が、ベールを身にまとわないコンピュータエンジニアの女性と結婚し、彼女は多くのモロッコ女性のロールモデルになっている。ムハンマド国王は、離婚と結婚に際して女性にいっそう多くの権利を与えるよう家族法も改正し、五〇人の女性イマーム（聖職者）の任命という先駆的なことを行った。

アラブ世界で変化を促す有望な取り組みの一つに、ソラヤ・サルティが率いるプロジェクトがある。ソラヤは三七歳のヨルダン女性で、中学、高校で起業家精神を育む活動をしている。ソラヤのプログラム〈インジャズ〉は、事業計画の立て方、小事業の開始・運営の仕方を子どもたちに教える。多くは実際に事業を始めるようになる。女性は公的な労働市場で差別に直面するため、この技能は少女たちにとって特に役に立つ。起業家という、キャリアを追求し収入を得るもう一つの方法を女性に提供することによって、〈インジャズ〉は労働力の拡大と経済全体の発展にも貢献する。ラーニア王妃はソラヤを強力に後押しし、プログラムは高い評価を受けている。〈インジャズ〉は今では一二のアラブ諸国に広がり、一年に一〇万人の生徒を教えている。「若い世代をつかんで、考え方を変えられたら、未来を変えられる」とソラヤは言う。

保守的なムスリム社会で人材がどれほど空費されているかを垣間見せるのが、アフガニスタンのカーブルの女性収監センターだ。刑務所は、街の中心部にある、高い壁に囲まれた一階建ての建物群で、見張り塔や鉄条網はない。受刑者には一〇代の少女や若い女性がいる。恋人をもったと疑われ、「処女性検査」、つまり処女膜の検査☆をさせられた女性たちだ。処女膜が無傷でなければ告発され、数年間刑務所に送られる。

収監センター長を務めるのはラナという中年女性で、警察の職階を上りつめて刑務所の責任者にまでなった、ある意味で働く女性のパイオニアだ。だが彼女は、処女膜を欠く少女は起訴されるべきだと考えている——家族から身を守るためだけにでも、だ。アフガニスタン大統領は毎年、ラマダーン（ラマダン）の終わりを告げるイド・アル＝フィトル祭のあいだに恩赦を与えるが、女性が釈放されると、親族に撃たれたり、さらには「誤って」熱湯でやけどしたりして、死亡することがある。刑務所は、大胆なアフガニスタン女性にとってときには最も安全な場所なのだ。

受刑者の一人エラハは、ショートヘアと自信ありげな丸顔をした一九歳の少女で、歩み寄りながら英語であいさつをして私たちを驚かせた。薄暗く狭い刑務所の部屋にすわり、ざっくばらんな態度で、難民として家族でイランに住んでいたあいだに、高校を卒業し一年大学に通ったと話した。魅力的で規律正しく、積極性がある。別の文化だったら、起業家になったことだろう。

一家がイランからアフガニスタンに戻って来たとき、問題が始まった。エラハは、ブルカはもとより、女は一生家にいるものだという考え方に至るまで、より厳格なアフガニスタンの習慣にいらだった。

「いとこと結婚させられそうになって」と彼女は言った。「絶対に嫌だった。教育がないし、彼の

☆処女膜の検査は、処女性の基準としては明らかに信頼性がない。だが教育レベルの低い貧困国では信頼に足るものとみなされ、処女膜を失った少女にとって災難となっている。

仕事が好きじゃなかった——肉屋なんです。私より三歳下だし。勉強して学校をつづけたかったけれど、父と伯父は許してくれなかった」

エラハは米国の建設会社で仕事を見つけ、聡明さと勤勉さで管理職を感心させた。家族にすれば、娘が不信心者と仕事をするのは恐ろしかったが金を持ち帰ってくるのはうれしかった。その後、上司の一人の米国人が、奨学金でカナダの大学で勉強できるよう手配してくれた。人生を変えられる機会だと考えたエラハは飛びついた——だが両親は、女がそんなに遠くまで行って男に交じって勉強するなど非イスラム的だと嘆いた。家族はまだエラハをいとこと結婚させたがっていた。いとこが父のいちばん年上の兄、家長の息子だったということもあった。エラハの二歳下の妹は、彼の弟と結婚することになっていたが、エラハにならって抵抗した。それで家族は強硬手段をとった。

「もうすぐカナダへ行くというとき、飛行機の便の問い合わせをしていたら、縛られて部屋に閉じ込められたんです」とエラハは言う。「伯父の家でした。父は言いました。『よし。殴れ』。生まれてからそんなふうに殴られたことは一度もなかった。伯父といとこたちが寄ってたかって殴った。頭が割れて、血が出ました」

エラハの妹も同じ目に遭っていた。手首と足首を鎖で縛られて一週間毎日殴られた末、エラハと妹はいとことの結婚に同意した。

「逃げ出させないからと母が請け合って、私たちも言うことを聞くと約束して、それから家族に連れられて家に帰りました」

家族はエラハに仕事の再開を許したが、上司は、家族の強い反対を知ると留学の申し出を撤回した。エラハは打ちひしがれたが、一生懸命働きつづけた。彼女が仕事用に携帯電話を渡されると、家族は、娘がいまやだれの目も気にせず男と話せるようになったことに驚き、電話を手放すように言った。

「それから父が結婚を決めました……。母が来て言った。『助けてあげる力がない』。それで私たちは逃げたんです」

エラハと妹は安宿へ逃げた。イランへ行って、親戚の家で大学に行くつもりだった。だが宿でエラハを見かけた人が家族に知らせ、警察が二人を家出で逮捕した。警察は処女性検査を受けさせたが、二人の処女膜は無傷だった。

二人は「命が危いので」収監されているとラナは説明した。「父親の怒りから身を守るために、ここにいるんです」エラハはそれが正当な懸念だと認める。「とても怒っているから」と父と伯父のことを言う。「殺されるかもしれないと怖かった」

エラハの父はサイード・ジャミルという大工で、私たちがカーブルに会いに行くと、怒っていた。家に入れてくれないので、道で話した。エラハを傷つけないと約束してほしいと頼むと、請け合ったが、「あんな好き勝手なことはさせるつもりはない」とも断言した。

エラハの苦境を預言者ムハンマドやイスラムのせいにするつもりはない。イスラムそれ自体は女性蔑視ではない。しかし、多くのムスリム自身が指摘するように、エラハのように賢く積極的な女性が不当に刑務所や棺に行くことになるかぎり、そのようなムスリム国家は発展の希望を自ら弱めていることになる。

ここ数十年のムスリムテロリストの急増には多くの理由がある。イスラム世界の後進性に対する不満も、腐敗した支配者に対する恨みもある。だが一つの理由は、イスラム世界で若者の数が膨らんだこと——家族計画の取り組みが遅々として進まないこともある——、そして女性が全体に置き去りにされていることである。

女性より男性（特に若い男性）のほうが多い社会は、犯罪や暴力に結び付くことがしばしばある。米国がヨーロッパと比べて暴力的なのは、男性余剰人口という遺産に一因があると歴史家デービッド・コートライトは論じている。第二次世界大戦まで、米国は男性の割合が不釣り合いに高く、特に開拓時代の辺境では顕著にそうだった。その結果、攻撃性、短気、そして米国の殺人率の相対的な高さが示す、暴力という伝統につながったのだとコートライトは言う。論争を呼ぶだろうが、男性支配のムスリム社会が、自信、名誉、勇気を重んじ、そしてすぐ暴力に訴えるという、似たような特徴をもつ理由を説明する一助にはなるかもしれない。

若い男性が多ければこの度合いは強まる。欧米諸国では、一五歳から二四歳の年齢層は、平均で成人人口の一五％だ。これに比べて、多くのムスリム諸国では三〇％以上に上る。「成人人口に占める若者の割合が一％上昇するごとに」とノルウェー人の研究者ヘンリク・ウルダルは言う。「衝突のリスクは四％以上高まる[12]」

若者層が膨らんでいることは、保守的なムスリム諸国では特に不安定要因になりかねない。女性はおおむね受け身で沈黙を守り——若い男性の影響を増幅させる。それに世界の他の場所では、一五歳から二四歳までの若者は女性を追いかけるのに忙しい。保守的なムスリム諸国では、セックスではなく戦争をする若い男たちがいるというわけだ。

アフガニスタンのような厳格なムスリム諸国では、多くの若い男性はパートナーを見つける希望をほとんどもてない。こうした国家ではたいてい、男性が女性より少なくとも三%は多い。女性が男性と同じ医療ケアを受けないのが一つの理由だ。また一夫多妻制では、最も裕福な男が二人、三人と妻をもち、貧者の手に入る女性はますます減る。若い男性が家庭をもてないということが、暴力に傾く傾向を助長している可能性がある。

こうした諸国の若い男性は、男ばかりの環境で育つ。男子高校生のロッカールームの精神をもつ、男性ホルモンの充満した世界。若い男性の割合が不釣り合いに高い集団——ギャングであれ、男子校であれ、刑務所であれ、軍の部隊であれ——はしばしばとりわけ暴力的である。これはどの国でも真ではなかろうか。

女性を抑圧する国は経済的にも遅れている傾向がある。これはテロの温床となる欲求不満をさらに高める。先見の明のあるムスリム指導者たちは、自国がもつ、まだ活用されていない最大の経済的資源——人口の半分を占める女性——の活用が、両性の不平等によって妨げられていると懸念している。イエメンでは女性は、非農業分野の労働力のわずか六%を占めるにすぎない[13]。パキスタンでは九%。中国や米国のような国々で四〇%から五〇%であるのと比べてほしい。国連アラブ人間開発報告が言うように、「女性の台頭は、アラブ復興の前提条件である[14]」

ビル・ゲイツはかつてサウジアラビアに講演に招かれ、隔離された聴衆を前にしたことを思い起こしている。聴衆の五分の四は男性で、左側に。残りの五分の一は女性で、黒い長衣とベールに全身を包み、右側に。二つのグループは仕切りで隔てられていた。講演後の質疑応答で、聴衆の一人が、サウジアラビアの目標は二〇一〇年までにテクノロジー分野で世界のトップテン入りすることだと言い、これは現実的かと訊いた。

「そうですね」ゲイツは言った。「もし国の半分の才能を十分に生かさないなら、トップテンに近づくことはないでしょう」

右側にいた少数派から盛大な歓声が沸き起こったが、左側の多数派の一団からはぱらぱらと気の抜けた拍手があった。

家族が女性を抑圧する場所では政府が市民を抑圧する、ということをうかがわせる証拠がある。「イスラムと民主主義の欠陥を結びつけるのは、宗教制度や政治など欧米が重視する要因よりも、女性の地位だ[15]」と研究者M・スティーブン・フィッシュは書く。権威的、父権的な家庭環境は、権威的、父権的な政治体制に反映されるからかもしれない。

女性の抑圧の影響は、さらに深層まで及ぶ可能性がある。ハーバード大学の著名歴史家デビッド・ランデスは、権威ある著書『強国論』（三笠書房）の中で、産業革命を育んだのがなぜヨーロッパであり、アジアや中東ではなかったかを探っている。ヨーロッパに有利に働いた、鍵を握る力の一つは、新しい考え方への柔軟性であり、これを計る最適の基準は、国が女性をどう扱うかだとランデスは論じる。

性差別が経済に与える影響は、最も重大である。女性を否定することは、国の労働力と才能を奪うことだが、――それだけではなく――少年と男性の達成への動機をも阻害する。若者の半分が自分のことを生物学上優れているのだと考えるようなやり方で育てられれば、野心が鈍り、達成に重きを置かなくなるのは必定だ。男の子を「パシャ」と呼んだり、あるいはイランのように金のペニスをもっていると言ったりすれば、彼らの学習と行動の意欲を減退させるこ

とになる。☆

一般に、ある国家の成長発展の潜在性を示す指標として最適なのは、女性の地位と役割なのだ。これは今日、ムスリム中東社会の最大のハンディキャップであり、ムスリム中東社会が近代性をもつことを妨げている最大の欠陥である。(16)

☆イラン人が男の赤ん坊を「ドゥードゥル・タラ」、「金のペニス」としばしば呼んでいるという点で、ランデスは正しい。しかし、これは必ずしも性別偏見の証拠とはいえない。イラン人は女の赤ん坊を同じよう「ナナズ・タラ」、「金の恥部」と呼ぶからだ。

アフガニスタンの反骨の人

アフガニスタンとパキスタンで最もよく知られている援助の取り組みは、グレッグ・モーテンソンの学校建設プロジェクトだ。登山家のグレッグは世界第二の高峰K2登攀をめざしたが失敗し、半死半生で下山した。ヒマラヤの村人が彼を蘇生させ、持っているわずかなものを分け合った。回復した彼は、村で七八人の少年と四人の少女が外で勉強をしているのを知った。学校もなく先生もいない。グレッグは、戻ってきて学校を建てる約束をした。寄付を求める手紙を五八〇通出し、一枚の小切手を受け取った。トム・ブロコウ〔米国の有名ニュースキャスター〕からだった。他にも寄付者が現れ、グレッグ自身も車や本、大切な登山用具まで売り払って資金を集めた。以来、地元の人のイニシアティブに従って各地に学校を建てている。

グレッグはつねに辺境地域で、つねに女子校に重点的に取り組む。

「男の子を教育するのは一人の個人を教育することだが」とグレッグはアフリカのことわざを引いて言う。「女の子を教育するのは、一つの村全体を教育することなんだ」

最近、プログラムに医療部門を付け加え、卒業生に妊産婦医療ケアの研修を受けさせている。グレッグは自らの取り組みのことを力作『スリー・カップス・オブ・ティー』（サンクチュアリ出版）に書いている。プロジェクトは、材料を地元で調達する一種の農村草の根プログラムで、発展途上世界ではしばしば最も成功を収めるものだ。

残念ながら、これは例外でもある。欧米の援助の取り組みはアフガニスタンやパキスタンのようなムスリム諸国ではとりわけ効率が悪い。

二〇〇一年末アフガニスタンで米国の後ろ盾によってタリバーンが追放され、その後、善意の援助団体は傍若無人な若い米国人を首都カーブルに派遣した。彼らは家と事務所を借り――カーブルの不動産価格を暴騰させた――、白のSUVを何台も買った。カーブルのナイトライフは盛り上がり、レストランやDVDショップが雨後のタケノコのように現れ、食料品店にはケロッグ・コーンフレークが登場した。週末の夜、援助関係者に食事を出すレストランの一軒に立ち寄れば、一〇〇万ドルのSUVが店の前に停めてあるのが見られるだろう。

援助の洪水がアフガニスタン女性をめがけて流れ込み、少しは役に立った。だが大半の場合、最も必要とされる奥地には届かなかった。その上、国に入ってきて、〈アフガニスタンの基準で見れば〉裸で歩き回り、「読み書きを習え！　仕事をもて！　力をつけろ！　ブルカを脱ぎ捨てろ！」と女性にせっつくキリスト教徒やユダヤ教徒に、多くのアフガニスタン人が脅威を感じた。ある援助団体は、別に悪気はなくデータベース用に住民の名前を集めようと、各世帯の男性だけでなく女性の名前も尋ね、大変な越権行為と見られた。

別の欧米の援助団体は、アフガニスタン女性の衛生状態と健康を改善しようとして、棒状の石鹸を渡し――暴動になりかけた。アフガニスタンでは、石鹸で体を洗うことはしばしば性交後の行為と連想される。この団体は、女性が乱交をしていると言ったも同然だったのだ。

逆に大きな力を発揮しているのがサケナ・ヤクービ。援助団体〈アフガン学習協会〉を運営する元気の塊だ。小柄で肉付きがよく、スカーフの中に髪を束ね、だれかに手を振ってあいさつしながら、別の人と速射砲のような英語で冗談を交わす。一時もじっとしていない。原理主義者が彼女を黙らせていない理由は、彼女自身がアフガニスタンのムスリムで、外部者ほど脅威を感じさせないからだろう。米国の団体は自前の職員を送り込む代わりにサケナに資金を提供し支援していたら、はるかに多くのことができていたはずだ。いつもそうなのだ。ムスリム女性の支援を考える米国人にとって最善の役割は、集会の最前線でマイクを握ることではなく、小切手を切り、後ろでかばんを運ぶことだ。

サケナはアフガニスタン北西部のヘラートで育ち、カーブル大学に入学を認められたが、当時荒れ狂っていた暴力のため、授業を受けられなかった。世界を半周してカリフォルニアのストックトンへ行き、奨学金でパシフィック大学の医学部準備過程で学び、ロマ・リンダ大学で公衆衛生を勉強した（そのあいだに家族一三人を安全のため米国に呼んだ）。だがサケナは祖国の人を支援したいと考え、アフガン難民キャンプで働くためにパキスタンに移った。医療サービスと教育を提供しようと、まずペシャーワルで生徒三〇〇人の女子校を開いた。一年後、生徒は一万五〇〇〇人になった。タリバーンはアフガニスタンの少女が教育を受けることを禁止したが、サケナは秘密の女子校の運営をつづけた。

「簡単にはいかなかった。危なかった」と彼女は振り返る。「家を提供し学校と生徒を守ってくれるなら、教師の給料と備品を出すと、住民と交渉しました。生徒は三八〇〇人いた。生徒をつづけて来させない、男性を中に入れない、見張りをたてる、と決めていました」

運営は非常に順調で、八〇の秘密の学校を守りながらタリバーンの襲撃は一度しか受けなかった。「私のせいです」とサケナは認める。「一人のイギリス人男性の訪問を許したんです。生徒がこの話

アフガニスタンのヘラートで、自分の診療所の一つを訪ねるサケナ・ヤクービ。
photo: Afghan Institute of Learning

をして、翌日タリバーンが襲ってきた。でも事前に知らせを受けていたので、教師が生徒を分散させ、教室をふつうの部屋にかえた。最終的には問題なかった」

パキスタンにいるアフガン難民のための活動としてこの他にも、女子大学と成人用識字教室を運営する。タリバーンが崩壊すると、サケナはアフガン学習協会をカーブルに移し、今ではアフガニスタンで三五万人の女性と少女に教育その他のサービスを提供している。協会の四八〇人のスタッフは八〇%が女性だ。七つの州で活動し、カーブル大学の女子大生の多くは、彼女のプログラムの卒業生だ。

協会は教師研修も運営し、また民法とイスラム法の両方で女性に法的権利を教えるワークショップも行う。もちろんデリケートな問題だが、米国人の異教徒が行うより、頭髪をスカーフで覆ったムスリム女性が行うほうが聖職者に受け入れられやすい。

「教育は、貧困を克服し戦争を終わらせる鍵を握っています」とサケナは言う。「教育を受けていれば、女性は虐待されたり拷問されたりしない。また立ち上がって、『うちの子はこんなに早く結婚するべきじゃない』と言える」

協会は宗教も教えるが、やり方は原理主義者のひんしゅくを買うかもしれない。女性が女性の尊重を求める一節を夫に示せるよう、コーランの節度ある一節を教えるのだ。女性も男性もそういうくだりがあることに初めて気づくことがしばしばある。

サケナは固定・巡回診療所を運営し、アフガニスタン人に家族計画と無料のコンドームを提供する。活動のもう一つの核は経済力をつける方策だ。「お腹が空っぽでは、勉強できません」協会は、裁縫、刺繍、美容、コンピュータサイエンスなど、女性に収入の道を開くさまざまな技能のクラスを提供する。コンピュータ技能を操れる若い女性は卒業後すぐ月給二五〇ドルの仕事に就ける。大半の若い男性が稼ぐ額の数倍だ。

サケナは今では、その活動で広く認知されるようになり、国連人口基金（UNFPA）をはじめとする団体が彼女を通して支援を送っている。ビル・ドレイトンは、サケナをアフガニスタン初のアショカ・フェローに選んだ。彼女はまさにアフガニスタンの偉大な社会起業家の一人だ（刑務所にいる若いアフガニスタン女性エラハが父に殺されずにすめば、サケナはエラハにとって完璧な手本になる）。つねに危険にさらされているが気にもとめない。

「毎日殺害予告がきます」と彼女は笑う。「いつも車を変え、ボディガードを変えています」

イスラムの名のもとに自分を殺そうとする原理主義者がいることは、敬虔なムスリムである彼女を悲しませる。だが彼女は身を乗り出し、さらに力を込めて言った。

「心から申し上げたいんです。教育を受けていれば、彼らはこんなふうにはふるまわない。コーランには『女性を尊重せよ』という一節がたくさんあるんです。暴力をふるう人たちは教育を受けていない。私はムスリムです。父は敬虔なムスリムで、毎日祈っていましたが、私に結婚を無理強いしなかった。六年生のとき、たくさんの申し出があったのですが、父は断りました」

「だからこそ、ああいう人たちは女性を教育するのを恐れているのです。女性が質問をし、声を上げるのを恐れている……。だからこそ私は教育を信じています。貧困を乗り越えて国を再建するための、ほんとうに強力な道具です。銃と武器に回っている海外援助の、わずか四分の一でも教育に振り向けたら、この国はすっかり変わる」

サケナは怒ったように頭を振り、付け加えた。

「国際社会は教育に焦点を当てるべきです。アフガニスタンの女性と子どものためにお願いします。テロと暴力を乗り越えるには教育が要る。私たちが勝つには、それしかありません」

第10章 教育に投資する

教育が高くつくと思うなら、
無知を試してみればいい。

——デレク・ボック

二〇年近く前、新婚時代中国に住んでいた私たちは、中国中央部のやせ地の大別山で、ほっそりした一三歳の少女と知り合った。戴満菊《ダイ・メンジュ》は父母、二人の弟、大伯母と、丘の上の崩れかけた木の小屋に住んでいた。いちばん近い道路から歩いて二時間。家には電気も水道もなく、自転車も腕時計も時計もラジオも——財産といえるような物はほとんど何も——なく、大きな豚が一匹同居していた。肉を買えるのは年に一度、新正月を祝うときだけだった。薄暗い小屋には家具もほとんどなかった。父が大伯母のために作ってある棺を除いては。「今は元気だけどね」と大伯母は明るく言った。「備えあれば憂いなし、ってね」

小学校を中退した両親はほとんど字が読めず、娘が教育を受けることに意味があるとは思っていなかった。畑を耕し靴下を繕って暮らすことになるのに、どうして女が読み書きなど習う必要があるだろう。苦しい家計からすれば、米を買ったりもっとましなことに使える金を、年に一三ドルも小学校の学費に充てるのは無駄に思えた。それで戴満菊が六年生になるとき、両親は学校をやめるように言った。

小柄でやせて、細い黒い髪と内気そうな様子の戴満菊は、米国の平均的な一三歳と比べれば、頭一つ小さい。教科書が買えず、鉛筆も紙も買えなかったが、学年の星だった彼女は、学校をつづけたいと心から願っていた。

「両親は病気だから、学校へやる余裕はないと言いました」とはにかんで言った。足下を見つめたまま、声は小さくほとんど聞き取れなかった。「私がいちばん年上だから、学校をやめて家の手伝いをするようにと言ったんです」

学費を払えなくても勉強したいあまり、彼女は学校のまわりをうろうろした。家族で最初に小学

自分の意志に反して学校を中退させられた戴満菊。学校の前で校長と。
photo: Nicholas D. Kristof

校を卒業する人間になる夢をまだもっていた。教師は戴満菊に目をかけ、勉強の手助けにと、ちびた鉛筆と紙きれを渡した。私たちが初めて学校を訪れたとき、戴満菊を紹介してくれたのは教師たちだ。二回目の訪問のとき戴満菊は、六キロ半の道のりを歩いて自宅まで案内し、両親に会わせてくれた。

私たちは一九九〇年に彼女の記事を書き、同情したニューヨークの読者の一人が、彼女の学費にと、モーガン保証信託を通して一万ドルを送金してくれた。寄付を学校へ送ると、たいへん喜ばれた。

「これでここの子ども全員を教育できる」と校長は宣言した。「新しい学校も建てられる！」

実際、見違えるような小学校が建設され、地域の少女に奨学金が提供された。かなりの額がすでに使われたころ、私たちは寄付者に電話して報告した。

「ほんとうにありがたいお志でした」と私たちは言った。「中国の村で、一万ドルがどれほど多くを変えられるか、想像もおつきにならないでしょう」

沈黙があった。「一万ドルとおっしゃいますと」と彼は言った。「寄付したのは一〇〇ドルですが」

調べてみると、モーガン保証信託がミスをしたことが判明した。私たちはモーガン保証信託の役員に電話をかけ、記事にするからとことわって尋ねた。銀行のミスを取り返すために、行員を送りこんで子どもたちに学校をやめさせるつもりか、と。

「状況が状況ですので」と役員は言った。「変化のためなら喜んで寄付させていただきます」

村人は米国人の寛容さ——と不注意——に大いに感動した。戴満菊がこの贈り物を呼び込んだので、当局は、彼女が試験に受かるかぎり、無料で教育を受けさせた。

彼女は小学校、中学校、高校、そして会計学校に当たるものを終え、広東省で地元工場の会計士の職に就いた。数年働いたあと、友達と家族にも仕事を見つけた。家族への仕送りを徐々に増やし、両親は村有数の金持ちになった。私たちが数年後に村を再訪すると、両親は六部屋あるコンクリートの家の前で世間話をしていた（大伯母は他界していた）。豚はまだいたが、いまや納屋になった古い小屋で飼われていた。電気、ストーブ、テレビ、扇風機があった。

戴満菊は二〇〇六年に熟練工——鋳造の専門工——と結婚し、翌年、三〇歳で女の子をもうけた。東莞の街で台湾の電機会社の役員として働いたが、会社を興すつもりだった。上司の応援も得て、大款《ダークアン》つまり「大金持ち」になる未来が待ち受けているようだった。

モーガン保証信託が資金を出した奨学金で、丘に住む他の多くの少女も異例の高い教育を受け、村を出て広東省の工場に仕事を見つけた。家に仕送りをして、弟や妹の教育費を援助し、やがて弟妹も中国沿岸部で安定した仕事に就いた。すべてが丘に繁栄と影響をもたらし、村までの道路が建設されて戴の新居にまっすぐ向かっている。いつか寄付者か戴か、あるいは頭を抱えた銀行員の銅像が建てられるかもしれない。

これが教育の力だ。少女の教育が貧困と闘う最も有効な方法であることを示す研究は、枚挙にいとまがない。学校教育はしばしば、女性が不正義に立ち向かい、経済に組み込まれるための必須条件である。数を数え、読み書きできるようにならなければ、女性が事業を始め、国家経済に有意義な貢献をするのはむずかしい。

残念ながら、女子教育のインパクトを統計的に検証するのはとてもむずかしい。これほど研究されてきた開発分野はまずないくらいだが、資金を提供し研究を行う人たちはたいてい、女子教育のもつ力を確信しているので、研究があまり厳密ではない。典型的に方法論が弱く、原因と結果が適確に説明されていない。

「ほとんどの場合、証拠に明らかなバイアスがかかっています。教育のある少女はより裕福な家庭の出身であり、そしてより裕福で教育のある進歩的な夫と結婚する」(1) とマサチューセッツ工科大学（ＭＩＴ）のエステル・ダフローは指摘する。ダフローはジェンダーと開発分野の最も注意深い研究者の一人だ。「一般にこうした要因をすべて考慮するのはむずかしく、考慮しようとしている研究はほとんどありません」相関関係は因果関係ではないのだ。☆

女子教育提唱派はまた、都合のいい証拠だけを示して自分たちの大義の信頼性を損ねている。たとえば、私たちは女子教育が確実に経済成長を刺激し安定を促すと主張するが、インド農村部で有数の教育水準の高さをもつケララ州が経済的には停滞している、というのも事実だ。また、アラブ

☆ラリー・サマーズは相関関係と因果関係の違いを強調する例を出す。識字と辞書所有のあいだにはほぼ完全な相関があるが、より多くの辞書を配っても識字率が上がるわけではない。

世界で少女に最も教育を提供しているのはレバノンとサウジアラビアだが、レバノンは紛争の渦であり、サウジアラビアは暴力的な原理主義者の温床である。

私たち自身は、例外はあるものだと見ている。ケララ州[2]は反市場経済政策、レバノンは競合する宗派と隣国諸国の干渉、サウジアラビアは根深く保守的な文化と政府に足を引っ張られている。だが世界は複雑なので、特効薬を見つけたと思ったら、分析試験を厭わないつもりだ。教育はつねに万能薬というわけではない。

こうした但し書きをつけた上で、やはり女子教育への投資は大義として非常に強力だ[3]。教育のおかげで仕事を得、事業を始め、自分の人生もまわりの人たちの人生も変えた多くの女性たちがいるのを私たちは知っている。さらに、ここ数十年、東アジアが繁栄している一つの理由は、インドやアフリカにはないやり方で女性を教育し労働力に組み入れたことにある、というのが通説である。

少女の学校教育が貧困家庭や保守的な家庭出身の少女にまで広がった場合を検証する研究がいくつか出ている。方法論も申し分ない。たとえばインドネシアでは一九七三年から一九七八年にかけて、就学率が大きく向上した[4]。ルシア・ブレエイエロワとMITのダフロー教授による研究によれば、これによって女性の結婚が遅くなり、子どもの数が減ったという。少女の教育は、出生率減少に、少年の教育より大きなインパクトがある。

同様に、インディアナ大学のウナ・オジリとハーバード大学のブリジット・ロングは、ナイジェリアで一九七六年に始まった小学校教育の大幅拡大を検証した[5]。結論は、小学校教育が一年加わるにつれ、少女がもつ子どもの数は〇・二六人減る――大幅な減少だ。高校教育が重要だと言われることが多いが、この研究は、小学校教育でさえ出生率に大きなインパクトをもつことを示した。

課題は明らかである。小学校を中退する一億一五〇〇万人の子どものうち、五七％が女子だ。南西アジアでは、学校に通っていない子どもの三分の二が女子である。

米国人はしばしば、教育を拡大する方法は学校建設だと思い込んでおり、たしかに学校建設が必要な地域もある。私たちも、フランク・グリジャルヴァの下でシアトルの生徒たちがしたように、最近カンボジアに学校を建てた。だがこれには欠点もある。学校建設は高く付き、教師が仕事をするかどうか確かめるすべがない。インドでのある研究は、教師の欠勤が理由で、全校の一二％が休校されていることを指摘する。

就学率を高める最も費用対効果の高い方法の一つは、寄生虫の駆除だ。腸に寄生する寄生虫は年に一三万人の命を奪う。貧血や腸閉塞が主因であり、貧血はとりわけ月経のある少女に影響を与える。二〇世紀初頭、米国南部で寄生虫駆除が導入されたとき、教師はそのインパクトに驚いた。子どもが突然、より機敏に勤勉になったのだ。ケニアでのある画期的な研究も、寄生虫駆除によって学校の欠席を四分の一減らせることを指摘する。

「平均的米国人は、毎年五〇ドルを犬の寄生虫駆除に費やしています。アフリカでは、五〇セントで一人の子どもの寄生虫駆除ができる」とピーター・ホーテスは言う。〈無視されている熱帯病制圧グローバルネットワーク（GNNTDC）〉のホーテスは、寄生虫撲滅の闘いのリーダーだ。学校建設による就学率の向上には、登録する生徒一人あたり、年に約一〇〇ドルかかる。寄生虫駆除による就学率の上昇には、年に四ドルしかかからない。

高校に通う少女の数を増やす、もう一つの費用対効果の高い方法は、月経の管理を手助けすることかもしれない。アフリカの少女たちはたいてい、月経期間に古い布切れを使用（そして再使用）し、下着はぼろぼろのが二枚しかないことも多い。漏れたりシミになったりして恥ずかしい思いをするのが嫌で、月経のあいだは家を出ない少女もいる。援助関係者は、アフリカの一〇代の少女に生理用ナプキンを実験的に渡し、取り換えられるようトイレにも行けるようにした。今のところ、このシンプルなアプローチは、女生徒の高校の出席率を高めるのに効果的だという。

タンパックス・タンポンとウィスパー・ナプキンを製造するP&Gフェムケアは、アフリカでナプキンを無料配布する独自プロジェクトをスタートさせた[6]。だが、予期せぬ課題にぶちあたった。まず、ナプキンを取り替える場所が要ったが、多くの学校にはトイレがない。P&Gフェムケアは、学校にトイレ――と水道――を設置し、これはコストを大幅に増大させた。その後、使用済みナプキンをゴミ箱に捨てることへの抵抗という、血にまつわる文化的タブーにぶつかった。このため、ナプキン廃棄専用の設備を用意する必要があり、焼却炉を設置したところもあった。プロジェクトは双方に教訓を与え、よくある結果に終わった。企業は自社ブランドを最高のイメージとしか結びつけたくないので、しばしば見栄えのいいプロジェクトを支援するが、費用対効果は高くない。

女子就学率を引き上げるもう一つのきわめてシンプルな方法は、ヨード塩である。発展途上世界の約三一％の世帯は、水や食べ物から十分なヨードを摂取していない。その結果、甲状腺腫が発生することがあり、また胎内での脳の発達に悪影響を与えることが多い。胎児は、脳が発達する最初の三カ月間にヨードを必要とし、人間と動物の両方に関する研究で、とりわけ女児の胎児が必要とすることが示されている[7]。エクアドルのある研究は、ヨード欠乏によって子どものＩＱが通常一〇から一五ポイント低下すると示唆する。ヨード欠乏だけで、世界中で人類全体のＩＱが一〇億ポイント低下していることになる。推計によれば、わずか一九〇〇万ドルで、ヨード塩を必要とする貧困国の需要を満たせる。これによって得られる経済的利益は、別の研究によれば費用の九倍と見られるという。ヨード塩は可能な支援のうち最も魅力が薄く見えるものの一つだが、一部の開発関係者からは絶賛されている。

あるいは、妊娠する可能性のある女性全員に、ヨード添加した油のカプセルを二年ごとに提供してもいい——カプセル一つあたりのコストはわずか五〇セント。ハーバード大学のエリカ・フィールドは、一九八六年からこうしたカプセルが一部の地域で女性に配られてきたタンザニアに焦点を当てて研究を行った。フィールド教授は、カプセルを提供された女性の娘は学校で著しく成績がよく、落第率がかなり低いことを指摘した。

女子教育を拡大するさらにもう一つの賢い戦略は、賄賂による買収だ（だれもそうは呼ばないが）。先駆者の一つはメキシコである。(8) 一九九五年、財務次官サンチアゴ・レヴィは、ペソの崩壊とそれにつづく不景気が、貧困層に壊滅的打撃を与えると警告された。食糧補助金を中心に立てられていた既存の貧困撲滅プログラムは非効率的で、むしろ食品企業のニーズのほうに貢献していた。そこでレヴィは、首都から遠く離れた、関心も反対も引き起こしそうもないカンペチェで、密かに実験的な貧困撲滅プログラムを組織した。発想の基本は、貧困家庭に金を払って、子どもに学校をつづけさせ、定期的な健診を受けさせるというものだった。細かく記録がつけられ、プログラムが導入された村々と、対照群となる似たような村々の結果がまとめられた。レヴィはエルネスト・セディージョ大統領に実験の成果を示し、セディージョは、食糧補助金を段階的に廃止して新しいプログラムを全国的に始めるという英断を下した。プログラムは今では〈機会《オポチュニダディス》〉と呼ばれている。

メキシコ家庭の約四分の一がなんらかの形で〈機会〉プログラムの恩恵を受けており、これは世界で最も称賛されている貧困撲滅プログラムの一つである。貧困層は、子どもを学校に通わせつづけ、ワクチン接種を受けさせ、健診を受けに診療所に連れて行き、医療教育講習に出席する代わりに、現金の支給を受ける。支給額は三年生の子ども一人あたり月一〇ドルから、高校の少女の六六ドルまである（女子高校生が最も高いのは、中退率が最も高いからだ）。地方の腐敗を減らすため、給付は中央政府によって直接行われ、父よりは母に対して行われる。研究によれば、母親のほうが現金を子どものために使う可能性が高いからであり、給付によって世帯内での母親の地位が上がるからである。

〈機会〉プログラムの特徴は厳密な評価だ――これを欠く援助プログラムがあまりに多い。〈機会〉の場合は、契約を結んだ外部の専門家が、対照群の村との比較を行って、プログラムがどれほど機能したかを計った（実験群となるか対照群となるかは無作為に選ばれた）。外部評価者の国際食糧政策研究所はプログラムを絶賛する。

「わずか三年後、〈機会〉プログラムが行われた農村に住む貧しい子どもたちは、学校への登録が増え、よりバランスの取れた食生活をし、健康にいっそう注意を払われ、未来は過去と大きく違うものでありえるということを学んでいる」

世界銀行は、プログラムによって高校就学率が、少年で一〇％、少女で二〇％上昇したと言う。プログラムの子どもは対照群の子どもと比べて、年に一センチ背が高く成長する。要するに〈機会〉プログラムは、裕福な家族ならとっくにやっている方法で子どもに投資することを貧困家庭に奨励し、世代から世代に貧困が受け継がれる、典型的パターンを打ち破った。〈機会〉プログラムは特に少女にとって役立つ。いくつかの初期の研究で、メキシコ経済を活性化する人材を数多く輩出することでもとが取れると指摘されている。プログラムは現在、他の発展途上諸国で広く模倣され、ニューヨーク市でさえ、就学率を高めるために賄賂を払う実験的試みを行っている。

賄賂は、国連の給食プログラムでも作用している。(9) 給食プログラムは、世界食糧計画（WFP）とユニセフが運営し、ジョージ・マクガバン元上院議員が長年擁護してきた。たいていの場合、WFPは農村部の学校に食材を配布し、親たちがその食材を使って食事を準備する。全校生徒が無料で給食――ふつうは早い昼食。朝食を食べていないという前提があるからだ――と、定期的な寄生虫駆除を受ける。それに加えて、出席率のいい女子はしばしば、両親が娘の教育をつづける気になるよう、持ち帰り分を受け取る。

「女生徒に学校をつづけさせるのに役立っている」とアブドゥ・ムハンマドは言った。「アフリカの角」エリトリアの辺境の草深い平原にあるセビラソの小学校長だ。列を作って親たちから皿にシチューをよそってもらう生徒を見ながら付け加えた。「生徒が集中できるようになった。授業についてこられる。給食プログラムが始まって以来、結婚する場合以外は、中退する女子は一人も出ていません。それまで女子は五年生で中退していたものです」

学校給食プログラムは一日生徒一人あたりわずか一〇セントであり、研究者は給食プログラムによって栄養状態が大幅に改善され、発育不全が減り、特に女子の就学率が上がることを指摘した。しかし資金不足のため、給食プログラムの恩恵を受けられるはずの約五〇〇〇万人の子どもたちが恩恵を受けていないとWFPは言う。

ここまで論じてきたアプローチは就学率の上昇に効果的と証明されたものだが、もう一つの課題は、学校に通う子どもの学習をいかにして向上させるかということだ。特に費用対効果の高い一つの方法は、成績のよい女生徒に少額の奨学金を提供することだ。

ハーバード大学経済学者マイケル・クレマーによるケニアでの研究[10]は、教科書の無償提供からチャイルドスポンサーシッププログラムまで、教育成果を向上させる六つの異なるアプローチを検証した。生徒の試験成績を最も引き上げたアプローチは、小学校卒業試験を受けた女生徒のうち上位一五％に、（集会で名誉を称えるとともに）七年生と八年生のあいだ一九ドルの奨学金を与えるというものだ。奨学金は無作為抽出された学校で与えられ、こうした学校の少女は対照群よりも大幅に成績がいい——現実的には奨学金を得るチャンスのほとんどない、あまり優秀でない少女もそうだった。少年たちもまた成績が良かった。少女に刺激されたからか、置いていかれる恥ずかしさに耐えられなかったからのようだ。

このように援助の効果が証明されているプログラムはあるが、すべての援助プログラムが同じように有効なわけではない。過去数年間、海外援助の増額の求めには逆風が吹いている。世界銀行で長年の経験をもつニューヨーク大学教授ウィリアム・イースタリーのような懐疑派は、援助がしばしば浪費され、ときには益よりも害をなしていると論じる。

イースタリーが辛辣な批判を投げつけるのは、コロンビア大学の経済学者で、マラリアやＡＩＤＳの撲滅と貧困からの脱出支援のための援助の増額をあくまでも説くジェフリー・サックスだ。他の経済学者は、ある国に回された援助の額と、その国の発展とのあいだに、なんらかの相関関係を見出すことはむずかしいと指摘する。ラグラム・ラジャンとアーヴィンド・スブラマニアンが『経済統計レビュー』誌に掲載した二〇〇八年の記事で述べたように、

コンゴのルツルで。
給食は子どもが学校をつづける役に立つ。
photo: Nicholas D. Kristof

ある国への援助の流入とその国の経済成長とのあいだに、正（あるいは負）の関係があることを示す確たる証拠はほとんど見つからない。また、援助の有効性につながるものが、よりよい政策なのか地理的環境なのかを示す証拠、あるいは、援助の形によって有効性に違いが出るのかを示す証拠は見つからない。このことから、援助が将来効率的であろうとするなら、援助機構は見直されねばならないだろう[11]。

U2のボノはつねに変わらずアフリカへの援助を支持し、発展の複雑さも知る人物だ。歌い、そして貧困政策を語る。だが二〇〇七年タンザニアで開かれた国際会議でボノが発言したとき、数人のアフリカ人が異議を唱え、援助はアフリカが必要としているものではない、引き下がるべきだと主張した[12]。ウガンダ人ジャーナリストのアンドリュー・ムウェンダは、「善意の国際カクテル」がもたらす惨憺たる結果を嘆いた。ケニアの経済学者ジェームズ・シクワティは、欧米拠出国にこう頼んだ。

「お願いだから、もうやめてくれ」

たしかに懐疑派に正当な根拠はある。だれでもアフリカを訪れれば、援助を正しく行うことがふつう考えるよりむずかしいことがわかる。二〇〇〇年、ナイジェリアで開かれた世界保健会議は、二〇〇五年までにアフリカでマラリアから身を守る蚊帳を使用する子どもの割合を六〇%まで高める、という目標を設定した。現実には二〇〇五年に蚊帳を使っていたのはわずか三%だった。また援助がアフリカ諸国の現地為替レートを押し上げ、事業競争力を削いでいるという正当な懸念もある。

出産時のＨＩＶ母子感染を防ぐというようなシンプルな取り組みでさえ、正しく行うのは、米国で肘掛け椅子にすわる人間が想像するよりむずかしい。ネヴィラピンという薬の一服は四ドルで、出産時の新生児への感染をほぼ防ぐので、公衆衛生分野では手を伸ばせば届く成果と見られてきた。だが妊娠中の女性がＡＩＤＳ検査を受け、病院で出産し、また病院にネヴィラピンがありそれを管理する効率も備え、そして感染リスクを減らすため赤ん坊に母乳をやらないよう母親が指導され、さらに病院が母親に無料で粉ミルクを提供し、哺乳瓶を消毒する方法を指導したとしても――それでも、システムはしばしば機能しない。多くの女性は、歩いて家に帰るとき、粉ミルクを病院の外の草むらに投げ捨てる。なぜか。アフリカの村では子どもに哺乳ビンでミルクを飲ませることはできないと感じているからだ。女性がＨＩＶ陽性であることに村人全員がすぐ気づいて、村八分にされるのだ。

貧困の克服には女性のエンパワーメントが決定的に重要だが、それは援助の取り組みでとりわけ困難な課題を抱える分野である。十分に理解していないことが多い社会の文化、宗教、家族関係を相手にすることになるからだ。

女性のエンパワーメントをめざすナイジェリアでの国連プロジェクトに関わった友人がいた。彼の経験は戒めとなる、含蓄の深い話だ。ナイジェリアのその地域では女性はキャッサバ（広く食用にされている根菜。ジャガイモに少し似ている）を育て、大半を家族の食料にし、余分を市場で売る。売った代金は女性が自由に使える。それで援助関係者は妙案を思いついた。キャッサバの改良品種を提供すれば、収穫が増えて売る分が増える。そうすればもっと稼げて、家族のために使える金が増えるではないか。友人はその後の展開をこう語った。

地元女性のキャッサバ種は一ヘクタール当たり八〇〇キロの収量なので、われわれは一ヘクタール当たり三トンの収量の種を導入した。すばらしい収穫があった。ところが一つの問題にぶちあたった。キャッサバは女性の仕事なので、男性は収穫を手伝わない。女性にはこれほど多くの収穫量を取り入れる時間も、処理する能力もなかった。

そこでわれわれは処理設備を導入した。残念ながら導入したキャッサバ種は、収穫量は多いが、より苦く、有毒物を含んでいた。元来キャッサバは少量のシアン関係化合物を生成するものだが、導入された種の生成量はふつうより多かった。それで、処理後の流出液に含まれるシアンが増え、地下水のシアン汚染を避けるシステムを導入しなくてはならなかった――汚染されたら大変なことになっただろう。

こうしてこの問題にも対処し、ようやくプロジェクトは大きな成功を収めたかに見えた。女性たちはキャッサバで大いに稼いだ。われわれは満足した。ところが、女性があまり稼いだので、男性が乗り出してきて、女性をキャッサバ畑から追い出した。伝統では、女は主食用作物を育て、男は換金作物を育てることになっている。男性たちはこう考えたのだ。キャッサバがこんなにもうかるものなら、それは男の作物である。それで男性たちがキャッサバを乗っ取り、利益をビールに注ぎ込んだ。女性は、前より収入が減った。

だから、潔く認めよう。海外援助を正しく行うのはむずかしく、ときには無駄になる。

それでも、ある種の援助がたしかにうまく行くことも明らかだ。最も有効なのは、保健衛生と教育にかかわるものである。一九六〇年、二〇〇〇万人の子どもが五歳になる前に命を落としていた。二〇〇六年、この数字は一〇〇〇万人以下に減った。ワクチン、下水設備、下痢に対する経口脱水治療を求めるキャンペーンのおかげだ。考えてほしい。毎年、前より一〇〇〇万人多くの子どもが命を取りとめる。一〇年で一億人。援助の多くの失敗と比べれば、これは評価できるかなりの成功だ。また、ジミー・カーターは、フィランソロピーの取り組みを通して、有史以来ずっと人間を苦しめてきた古い寄生虫、メジナチュウの根絶にほぼ成功した。

あるいは、米国が天然痘根絶をめざした世界的な闘いに十数年のあいだに投資した三二〇〇万ドルを考えてほしい。かつては天然痘により毎年約一五〇〇万人の死者が出ていた。一九七七年に根絶されて以来、四五〇〇万の命が救われている。これは驚くべき数である。天然痘ワクチンに金を使う必要がなくなった米国は、二カ月ごとに天然痘への投資三二〇〇万ドルを回収している。根絶以来三〇年、節約できた金のおかげで、投資は年に四六%の利益を生んできた――これは、この期間のどんな株にも勝るリターンである。

アンとアンジェリーヌ

アンジェリーヌ・ムグウェンデレ(13)の両親はジンバブエの貧しい農民で、アンジェリーヌは下着を着ずに破れた服を着て裸足で学校へ行き、クラスメートにからかわれた。教師はみな、彼女の家族に払うすべがないことを知りながら、納入期限が過ぎた学費を取りに帰らせた。それでもアンジェリーヌは侮辱とからかいに耐え、学校に残らせてもらいたいと頼み込んだ。学用品が買えず、間に合わせの物をもらった。

「休み時間に先生の家に行って言うんです。『お皿を洗わせてくれませんか』って」と彼女は振り返る。「代わりに、ときどきペンをもらいました」

小学校を終わるとき、彼女は全国修了テストを受け、学校だけでなく学区でトップ、それどころか全国でもトップの一人になった。それでも中学校に行く金銭的余裕はなかった。アンジェリーヌはしょげかえった。彼女は農民か村の行商人になり、アフリカの人材がまた一人埋もれる運命だった。地元にはこういう言い回しがある。「いちばん多くのかぼちゃを収穫する者には、料理する鍋がない」言いかえれば、いちばん頭のいい子どもたちが、教育を受けさせるすべを持たない家庭に生まれることがしばしばある、ということだ。

このとき、アンジェリーヌの一生とアン・コットンの一生が交わった。アンはジンバブエで少女の支援をしようとしていたウェールズ人女性だ――本人によれば「典型的ウェールズ人」

カーディフで炭鉱と政治闘争の家族物語に囲まれて育ったアンは、社会意識が高かった。教育に情熱をもち、問題行動のある女生徒のためのセンターを設立した。だが彼女の人生がいっそう深い焦点をもったのは、悲劇に見舞われた後だった。

順調な妊娠期間を経て、アンは第二子を出産した。女の子でキャサリンと名付けた。赤ん坊は健康そうに見え、退院して家族みなで家に帰った。生後一〇日目に助産師が定期健診に来て、命が危いのですぐ病院に連れて行くようにと言った。病院に着くと、移動式酸素テントを持って待機していたチームがキャサリンを引き取って、テントの中に入れた。

キャサリンには生まれつき肺に障害があることがわかった。血液に酸素を供給する肺胞が十分機能せず、心臓と肺が弱っていった。それから六週間、キャサリンは酸素テントの中で生きた。子どもが命の危険にさらされた他の若い親たちと支え合いながら、アンと夫と息子はほぼ付きっきりで付き添った。

「苦しかった」とアンは振り返る。「あんなに無力感を覚えたことはありません。母親として、娘を助ける力がなかった。経験したことのない苦しさでした」

医師と看護師はキャサリンの命を救うために献身的に働いたが、かなわなかった。

「キャサリンがこの世を去ったとき、あの子の人生とあの子が残してくれたすべてのことに敬意を表したいとひたすら思っていた」

だが、どうすればいいかはわからなかった。アンの人生はまもなく、次の息子と娘、全部で三人の子どもでてんてこ舞いになった。その後、夫がボストンのハイテク産業に職を得た。米国のビザ規定では労働許可を得られなかったアンは、国際関係を勉強するためにボストン大学に登録した。

これで学究心がよみがえり、その後、ロンドンの教育研究所大学で人権と教育の修士課程を始めた。課程の一部としてアンは、少女の就学率の低さについて調べるため、ジンバブエのとりわけ貧しい地区を三週間訪問した。多くのアフリカの家族は、文化的な理由から娘を学校へやることに抵抗を感じているという通念があり、アンは、この抵抗感を探ろうと調査用紙とノートの山を持っていった。モラという村の学校に焦点を当てて、生徒と両親、学校職員と話した。すぐに、大きな障害は文化ではなく貧困であることがわかった。家族には子ども全員に本を買い、学費を払うだけの金がなく、そのため息子を優先したのだ。少年のほうが、教育を活かして後日いい仕事に就く可能性が高かったからだ。

アンは、どうしても学校で勉強したいというジンバブエの少女の気持ちに強く心を動かされた。二人は一〇代の姉妹セシリアとマカリタと知り合った。家の近くの学校より安いという理由で、二人はモラまで一〇〇キロ近く歩いてきた。自分たちで建てたその場しのぎの小屋にアンを招き、来学期学校に通うためのお金をどうしたらいいかわからないと打ち明けた。アンは苦難の時代のウェールズの祖母の話を思い出し、ジンバブエの辺鄙《へんぴ》な地域のトンガ族の少女たちに親近感を感じた。わが子がこんなふうに苦労していたらと想像した。

「見たことのないレベルの貧困でした」

アンは、少女の教育をどう支援するか、方法を見つけると地元の人に約束した。長老たちと学校職員は喜んで村の会議を開き、女子教育プログラムへの支持を約束した——アンが費用の一部を負担してくれるならという条件で。

イギリスのケンブリッジの自宅に戻っても、出会った少女たちの思い出が頭から離れなかった。

夫とともに基金を始め、友人や親族から寄付を集めたが、足りなかった。料理が得意なわけでもなく、商売のようなことは一度もしたことがないアンだったが、資金集めのために家でサンドイッチとケーキを作り、ケンブリッジ・マーケットの売店で売った。めざましい収益が上がったとはいえない。二月の凍りつく寒さのなか、たった三〇ポンドの売り上げのために、友人二人と一日中立ちつづけた。

最初の年、なんとか三二人の少女を高校へやれるだけの資金を集めた。少女たちの両親は娘を学校へ通わせ、きちんと出席させるという約束を守った。二年後、アンは正式の団体〈女性教育キャンペーン（CAMFED）〉を設立した。最初に支援した少女の一人がアンジェリーヌだった。アンジェリーヌは高校へ行き、当然ながら優秀な成績を収めた。

CAMFEDはジンバブエからザンビア、タンザニア、ガーナに広がり、その成功に高い評価が集まって、資金集めと活動の拡大ができるようになった。CAMFEDの予算は年一〇〇〇万ドル、大機関と比べれば依然としてごくわずかだが、毎年四〇万人以上の子どもが学校へ通うのを支援する。CAMFEDは最初から、それぞれの国に地元スタッフしかおかなかった。地域社会に確実にプログラムを評価してもらうことに力点をおく。奨学金を得る少女を選ぶのは、地元の地域社会に根差した委員会だ。腐敗がないことを確かめるため、CAMFEDのスタッフが決定を吟味する。CAMFEDはまた、援助団体にとって問題になることがある個人崇拝を避けてきた。ウェブサイトに載っているのはアンではなく少女たちであり、すべてを引き出した娘キャサリンのことは一言も書かれていない。キャサリンのことはアンから聞き出さなくてはならなかった。

この種の草の根の取り組みは、国連の大会議より注目度はずっと低いが、はるかに多くを達成

ザンビアの自分の学校の一つで、子どもたちに本を読むアン・コットン。
photo: Camfed

する。国際的な女性運動は、会議の開催や新しい法律を求めるロビー活動に取り組むよりももっと多くの時間を使って、ジンバブエ農村部のような場所で地元地域社会に耳を傾け、地域社会が少女を学校へやるのを支援する必要がある。

CAMFEDの場合、少女の支援はたいていその子が小学校のとき、貧困生徒支援という大きなプログラムの一環として始まる。その後、少女が小学校を卒業するとき、必要なら靴と制服も含め、高校のための完全支援パッケージを提供する。生徒の家が高校から遠すぎたら、寮の手配を支援し、費用を負担する。また、月経期間中に学校を欠席しないよう、生理用ナプキンと下着をすべての少女に支給する。

アンたちは、教師による性的虐待の問題にも直面した。特にアフリカ南部では、セックスと引き換えにいい成績をつける教師がいる。タンザニア女性の半分と、ウガンダ女性の半分近くが、男性教師に虐待されたことがあると言い、一五歳以下の南アフリカの少女について報告されている強姦の三分の一は、教師によるものである。「先生に個人的に話をしに行ったらなで回されると感じては、おちおち勉強できません」

また援助団体は、資金提供する奨学金の裁定を教師や校長にまかせることで問題を起こすこともあると言う。奨学金を得るのはいちばんかわいい子で、引き換えに校長と寝ることを期待される。ＣＡＭＦＥＤは、校長に中心的役割を与えず、委員会に少女を選ばせてこの問題を避けている。

ＣＡＭＦＥＤは、支援した少女が高校卒業後にビジネスを始めたり、看護や教育の仕事を身につけるのも支援する。あるいは、十分良い成績を収めれば、大学を終えるまで支援をする。マイクロファイナンスの運営も開始し、少女の中には、酪農その他の事業を始めている人もいる。ＣＡＭＦＥＤの卒業生は社会的ネットワークを築き、アイデアを交換し、女性の権利を求める公的な活動を担っている。

ジンバブエでは卒業生が結集して、少女の性的虐待に対するいっそう強い行動を求めた。また、一〇代の少女に受けさせるのが当たり前になっている処女性検査（貞節を守らせるための伝統的慣習）をやめるよう働きかけ、見合い結婚に反対するキャンペーンも行っている。ガーナでは、アフィシェトゥという卒業生が、二〇〇六年の地区議会選挙に唯一の女性候補として立候補し――当選をはたした。いまや彼女は、国会の議席をうかがっている。

最大の驚きは、卒業生自身がフィランソロピーを行っていることだろう。欧米の基準からすれば収入はわずかでも、それでも他の女生徒を支援している。高校卒業生それぞれが、当然支援する自分の家族の他に、平均五人の少女の支援をしているという。

「地域社会のほんとうのロールモデルになりつつあるんです」とアンは言う。「近所の子どもがスカートがなくて学校へ行けなければ、卒業生はスカートをあげる。他の少女には学費を払ってあげる。これはまったく予期しなかったことでした。教育の力を示すものです」

ロールモデルと教育の力といえば、ＣＡＭＦＥＤジンバブエには現在、力強くて新しい責任者がいる。長い困難を克服すること、そして数ドルの学費援助が一人の少女の人生にどんなインパクトを与えることができるかを知る若い女性。

アンジェリーヌである。

第11章

マイクロクレジット

人類の半分を差別しているかぎり、目標を達成することはできない。研究に次ぐ研究が示すとおり、女性のエンパワーメントほど効果的な発展の道具はない。

――コフィ・アナン
（国連事務総長、二〇〇六年）

サイマ・ムハンマドは、毎晩涙にくれていた。絶望的に貧しく、夫はぶらぶらと失業中で、職に就けそうもなかった。欲求不満で怒りっぽい夫は毎日サイマを殴って発散した。パキスタンのラホール郊外の崩れかけた家は、修繕する金もなかった。食べ物が足りず、幼い娘を叔母に預けなくてはならなかった。

「義理の姉にからかわれた。『子どもに食べさせてもやれないんだね』って」とサイマは振り返った。「うちの人に殴られたし、義兄にも殴られた。ひどい暮らしでした」

ときどきバスで一時間かけてラホールの市場へ行き、物を売って食べ物を買う金を得ようとしたが、一人で出歩くふしだら女と近所の人に軽蔑されるようになっただけだった。夫は三〇〇〇ドル以上の借金を貯め込み、それが何世代もついて回るように思われた。サイマが生んだ二人目が女の子とわかると、年老いた姑シャリファ・ビビが、火に油を注いだ。

「息子はもう生まれないだろうね」とシャリファは、サイマのいる前で夫に言った。「もういっぺん結婚することだね。二人目の女房をもらいな」

サイマは打ちひしがれ、泣きながら走り出た。妻がもう一人来たら家計は破綻し、子どもたちに食べさせ教育を受けさせる金がますます残らなくなる。サイマ自身も家で軽んじられ、古靴下のように捨てられるだろう。何日もサイマは目を泣き腫らして茫然と歩き回り、どんな小さなことでも気持ちが高ぶり、涙があふれて泣き崩れた。人生全体がこぼれ落ちていくような気がした。

パキスタンのマイクロファイナンス機関、〈カシュフ財団〉と提携する女性連帯グループに加わったのは、このときだった。六五ドルの貸付を受け、ビーズと布を買った。それで美しい刺繍《ししゅう》を仕上げてラホールの市場で売った。稼いだ金でビーズと布を買い足し、まもなく刺繍の仕事でしっ

サイマ・ムハンマド。パキスタン、ラホール近郊の改築された自宅にて。
photo: Nicholas D. Kristof

かりとした収入を得るようになった――家族で彼女だけだった。

サイマは長女を伯母の家から連れ帰り、夫の借金の返済を始めた。

注文が増えて一人では追いつかなくなると、近所の人に金を払って仕事をまかせた。やがて三〇の家族がサイマのために働くようになり、夫も働くようになった――「私の下でね」と彼女は目を輝かせて説明した。サイマは一帯の「大金持ち」になり、夫の借金を全額返済して娘たちを学校へやり、家を改築して水道を引き、テレビを買った。

「今ではみんなお金を借りに来る。私を批判していた人たちが」とサイマは言い、満足気に顔を輝かせた。「私を批判していた人たちの子どもが、今は家にテレビを見に来る」

赤白のチェックのスカーフの下からわずかにのぞく濃い黒髪と丸顔のサイマは、ふくよかで、金の鼻飾りをつけて指輪もはめ、両手首に腕輪をしていた。きちんとした服を着て、自信たっぷりに家と仕事場を案内し、テレビと新しい水道管を誇らしげに見せてくれた。夫に従属しているそぶりさえ見せなかった。夫はたいていぶらぶらして日を過ごし、ときには仕事を手伝うが、いつも妻からの指示が要った。夫は女というものを見直すようになった。三人目の子どもも女の子だったが、問題なかった。「娘は息子と同じくらいいいよ」

「今はいい関係になりました」とサイマは言う。「喧嘩をしないし、うちの人はていねいに扱ってくれます」

息子を生んでくれるかもしれない、二人目の妻の話は？　サイマはくすくす笑った。

「もうだれもその話をしないんです」

姑のシャリファ・ビビに、男の子を産んでもらうために息子さんに二番目の妻をもらうのかときくと、シャリファはぎょっとした。

「とんでもない」と姑は言った。「サイマは家にこんなによくしてくれる……。模範的な嫁ですよ。雨露をしのがせてくれるし、食べさせてくれるからね」

シャリファは今では、サイマが夫にほとんど殴られずにすむことさえ認めている。

「女は分をわきまえなきゃならない。わきまえのない女房なら亭主は殴っていい」とシャリファは言う。「でも亭主より稼ぎがよくちゃ、言うことを聞かすのは容易じゃないね」

生活水準の向上で、一家の教育環境も変わっていた。サイマは娘たちを三人とも高校か、たぶん大学までも出すつもりでいる。成績を上げるために家庭教師もつけ、長女のジャヴァリアはクラスで一番になった。私たちは、ジャヴァリアに何になりたいかと訊いた。医者か弁護士になりたがっているだろうと思っていた。

ジャヴァリアは頭を上げた。「刺繍がしたいの」

サイマは、発展途上世界を席巻しているマイクロクレジット革命で、きわめて大きな成功を収めた参加者だ。市場とマイクロローンが人々の自助を助ける強力なシステムであることが、各地で次々と明らかになっている。マイクロファイナンスは女性の地位を向上させ虐待から守ることに、どんな法律よりも貢献してきた。慈善と善意にはできないことを、ときには資本主義が達成できるのがわかったわけだ。

カシュフ財団は、ほとんど女性にしか貸付を行わないという点で、マイクロファイナンス機関の典型である。女性は二五人のグループを作って互いにローンの保証人になり、二週間ごとに集まって返済をし、社会問題を話し合う。話題は家族計画や女子教育、あるいは強姦被害者を罰していたイスラム刑法「フドゥード」法などだ。集まりは女性の家で持ち回りで行われ、自由に話し合う「女性の場」になっている。夫の許可がなければ家を出られないパキスタン女性は多いが、夫は妻に稼ぎがあるなら従順でなくても我慢する。女性は現金と投資アイデアを持ち帰り、時とともに家庭の生活水準にかなりの変化をもたらす収入を得るようになる。たいていの場合、少額で始めるが、最初のローンを全額返済したあと、額を増やしてもう一度貸付を受けられる。集まりに出席しつづけてアイデアを交換し、金の管理ときちんとした返済の習慣を身につける。

「女が金を稼いでるから、亭主も一目置くようになって」近所に住むゾフラ・ビビは言った。カシュフの貸付で買った仔牛を育てて売っている。「うちの人が手を上げたら、こう言うんです。ぶつんならもう来年お金を借りない、って。そうするとすわって静かになる」

カシュフの生みの親はロシャネ・ザファル。援助関係者というよりは銀行家と言ったほうがいいパキスタン女性だ。開放的な富裕層知識人の家に生まれ、ペンシルベニア大学ウォートンスクールで学び、イェール大学で開発経済学の修士号を取った。パキスタンとウォートンの友人の多くは金持ちになりたがっていたが、彼女がしたかったのは世界を救うことだった。それで世界銀行に入った。

「有産階級のために富を生み出すことには興味がなかった」とロシャネは言う。「世界銀行に行って、変化を生み出そうと思ったんです。でも風に向かって叫んでいるようだった。どこに行っても、もっと衛生状態をよくするようにと言うと、こう言われるんです。『人をばか扱いするのか。金があればやる』。何が悪いんだろうと思った。何百万ドルものプロジェクトをしているのに、資金は村々へはまったく届かない」

その後ロシャネは、ある夕食会でたまたまムハマド・ユヌス[1]のとなりにすわることになった。精力的なバングラデシュ人教授で、ずっとあとの二〇〇六年、マイクロファイナンスの草分けとしてノーベル平和賞を受賞する人物だ。当時はまだ有名ではなかったが、貧困女性向けローンを支援するグラミン銀行を始めたことで開発分野の関心を集めていた。ユヌスの成果の話を聞いていたロシャネは、夕食会のあいだじゅう、質問攻めにした。ユヌスが熱を込めて語るグラミン銀行の仕事は、まさに彼女が加わりたいと願っていた草の根の実践的取り組みだった。ロシャネは思い切った決断をした。世界銀行の仕事をやめ、ユヌスに手紙を書いてマイクロファイナンスをやりたいと言ったのだ。ユヌスはすぐにバングラデシュへの飛行機の切符を送ってきた。ロシャネはそこで一〇週間過ごし、グラミン銀行の仕事を学んだ。それからラホールに戻って、カシュフ財団を設立し、やがてサイマを支援することになった。

「カシュフ」とは、「奇跡」を意味する。当初、財団の運営にはまさに奇跡が必要に思えた。パキスタンのような保守的なムスリム国ではマイクロファイナンスは無理だ、女性が貸付を認められる

カシュフの創設者ロシャネ・ザファル。村で顧客と。
photo: Nicholas D. Kristof

ことは決してないという声がパキスタンには多かった。

一九九六年の夏、ロシャネは貧困地区を隅から隅まで調べて、顧客を探した。女性たちに金を借りる気があまりないと知って、ロシャネは愕然とした。

「契約を始めないかと、一軒一軒、女性を説得して回りました」と彼女は振り返る。ようやく、借りてもいいという女性を一五人見つけ、それぞれに四〇〇〇ルピー（六五ドル）を手渡した。

ロシャネと一緒に働いていたのは、やはり活動的なパキスタン女性、マウントホリヨーク大学で経済学を学んだサダフィー・アビッドだった。二人は名コンビだ。教育にもコネにも恵まれ、上等の服を着て美しく、二人で貧しい村を歩き回れば、ふつうのパキスタン人の目にはどう見ても銀行家というより映画スターだ。だがその優秀さにもかかわらず、打倒しようとしている貧困のことを身をもって知らない二人にとっては、困難の連続だった。

「顧客は一〇〇人だけ、そのうち三〇人は滞納」とサダフィーが振り返る。とことん経験主義的なロシャネはビジネスモデルの改良に取り組み、ある貧しい村にサダフィーを支店長として送り込んだ。だが、すんなりとはいかなかった。

「家を貸してくれないんです。私たちがNGO（非政府組織）だから、それも女だらけの」

きちんとした女性は結婚前に実家を出て一人暮らしなどしないものだと考えるパキスタン人も多く、カシュフの女性スタッフは流し目とひんしゅくを招いた。ようやくロシャネも現実を認め、男性支店長を雇った。貧しい村を転々としてもいいという女性があまりに見つけにくいからだ。

ロシャネとサダフィーは最初の数年間、ビジネスモデルの調整をした。滞納の問題があったため、ローン返済の追跡を毎週ではなく毎日行った。職員が顧客の信用度について基本チェックを始める。地元の食料品店からつけで買っていないか。光熱費の請求を払っているか。だがほとんどの場合、カシュフのビジネスモデルの要は、二五人一グループの女性に対する貸付だった。これは、一人が債務不履行になった場合は全員で連帯責任をとる。女性たちはグループから脱落者が出ないよう、牽制し合っていた。

こうしてようやくカシュフは、――借り手からではなくても、グループの他の人から――ほぼ一〇〇%のローンが完済されるシステムになった。その後、急速に拡大を始め、二〇〇〇年以降、毎年二倍以上に成長している。

カシュフはまた生命保険と健康保険、増改築ローンも提供しはじめた。ロシャネは増改築ローンを延長する前に家の名義を妻に移すことを義務づけたいと考えた。だがパキスタンでは名義変更には八五五段階の手続きが要り、五年かかることがわかった。それでその代わりにカシュフは、仮に離婚したとしても決して妻を家から追い出さないという誓約書への署名を夫に義務づけた。

ロシャネは、ビル・ドレイトンによって初期のアショカ・フェローに選ばれ、世界中の社会起業家と知り合い、ネットワークを築いてアイデアを交換した。カシュフは二〇〇九年には一〇〇〇人の職員と三〇万人の顧客を擁し、二〇一〇年までに一〇〇万人の顧客をめざしている。ロシャネは、マネジメント研修や「能率のいい人の七つの習慣」といった講習を行い、有能な女性管理職を養成した。

カシュフはまた、預金を受け付け、ローンを組むことができるよう銀行も始めた。マイクロファイナンスはローンという点からとらえられることが多いが、貯金はより重要ともいえる。貧困層全員がローンを必要とするわけではないが、預金口座は全員が持てるべきだ。世帯の貯金が女性名義で、したがって女性の管理下にあれば、家庭内の決定に女性がもっと影響力をもつようになる。

カシュフの調査によれば、パキスタンでは、借り手が三度目のローンを組むころには、三四％が貧困ラインを脱していると結論されている。ある調査では、「夫からもっと尊敬されるようになった」という人が五四％、「金をめぐって夫とのいさかいが減った」という人が四〇％だった。基本的なビジネスモデルの持続可能性については、ロシャネはきっぱりと言う。「カシュフの株のリターンは七・五％です」

マイクロファイナンスはアジア各地で例外的な成功を収めているものの、解決策としては依然として不完全だ。いくつかの研究によれば、女性の小事業は男性の事業と比べて成長が遅い。女性は家で子どもの面倒も見ながら働くものと思われているからだろう――こうした制約のために、女性の運営する事業は規模を拡大しにくくなっている。

また、マイクロファイナンスはアフリカではアジアほどうまくいっていない。導入されて日が浅く、モデルがアフリカに合っていないからか、農村部で人口が密集していないからか、あるいは基本的な経済の成長速度が遅く、投資機会が少ないからか。ＡＩＤＳ、マラリア、出産で健康状態が悪かったり予期せず死亡したりすることも、債務不履行の原因になり、モデルを弱体化する。さらに「マイクロ」というのはローンの額のことであって、利率のことではない。小型ローンを組むのはコストがかかるため、借り手はしばしば、年利二〇~三〇%を払わねばならない。貸金業者と比べれば格安だが、欧米人にとっては目が飛び出る。利益の上がる新事業に投入できれば問題ないが、もし資金が健全に投資されなければ、膨れ上がる借金で首が回らなくなり、状況は以前より悪化する。カシュフのプログラムの女性たちにもそういうことが起きているのを耳にしている。

「マイクロファイナンスは万能薬ではない」とロシャネは言う。「健康が必要だし、教育も必要です。もし私が一日首相になったら、財源をすべて教育につぎ込みます」

みながみな、ロシャネやサダフィーのように国際金融界でのキャリアを捨てて、カシュフのような機関を始められるわけではない。しかしだれでも、サイマのような貧困に陥った女性へのマイクロローンに参加することはできる。Ｋｉｖａ（キヴァ）というウェブサイトに行くのだ。Ｋｉｖａは、若い米国人カップル、マット&ジェシカ・フラナリーが創設したものだ。二人はウガンダを訪れて、マイクロファイナンスの威力を目にした。借り手の顔が見えれば米国人は資金提供に乗り出すのがわかっていたので、ウェブサイトで関係を築けるのではないかと考え、Ｋｉｖａを始めた。Ｋｉｖａのウェブサイトに行けば、小事業を起こす資金として貸付を受けたいと思っている世界中の人に会える。こうした借り手予備軍は地元の現場のマイクロファイナンス機関によって集められている。

寄付者はクレジットカードでＫｉｖａの口座に入金し、サイトで借り手候補者を検索してだれに金を貸すかを決める。ローンの最少額は二五ドル。私たちのＫｉｖａのポートフォリオには現在、サモアのパンケーキ販売の女性、自宅の一部をレストランにしたエクアドルのシングルマザー、そしてパラグアイの女性家具職人がいる。

マイクロローンがたいてい男性より女性に貸し付けられる一つの理由は、貧困で最も苦しむのが女性になりがちだからだ。死亡率を見ると、飢饉や旱魃《かんばつ》で命を落とすのは少年ではなく、たいてい少女だということがわかる。米国の開発経済学者エドワード・ミゲルの優れた研究によれば、タンザニアで極端な降雨パターン——旱魃や洪水など——が起きると、子どもを産み終えた老婦人が魔女として殺される数が通常の年と比べて倍増するという(2)(他の殺人は増加せず、「魔女」の殺害だけが増加する)。天候が収穫不良を引き起こし、貧困の悪化につながると——口減らしに、親族が年取った「魔女」を殺すのだ。

女性と少女を貧困撲滅プログラムの焦点とする理由は、世界の貧困に関する愚にもつかない秘密とも関係がある。最も悲惨な苦しみを引き起こすのは単に低収入ではなく、後先考えずに金を使うからだ——男性が。五ドルの蚊帳を買う金がないためにマラリアで死亡したばかりの子どもを悼む母親に出会い、そのすぐあとで父親がバーで毎週五ドル散財するのを見るのはめずらしくない。女性が支出の管理権を手にすれば、一時の楽しみに費やされる金が減り、教育や小事業の開始に回る金が増えることを、複数の研究が示唆している。

財布のひもを握っているのがたいてい男性なので、世界の最貧世帯は多くの場合、酒や売春、菓子、ソフトドリンク、無駄使いの乱痴気騒ぎに、子どもの教育費の約一〇倍(平均で収入の二〇%)を費やす。経済学者アビジット・バナジーとエステル・ダフローは、一三カ国で最貧層（国によって一日一ドル、または二ドル以下の収入）の支出を調べた[3]。パプア・ニューギニアではこうした貧困世帯は、家計の四・一％を酒と煙草に使っていた。インドのウダイプールでは五％、インドネシアでは六％、メキシコでは八・一％。その上ウダイプールでは、平均的世帯で年間家計の一〇％を結婚式、葬式、宗教祭事に費やし、金使いも荒いことが多かった。南アフリカ人の九〇％は祭りに金を注ぎ込み、パキスタン、コートジボワール、インドネシアでも大半がそうした。インドのマハラシュトラ州の最貧層で全支出の約七％が砂糖に回っていた。アフリカやアジアの村の小さな店に行くと、菓子をたくさん売っているのを目にするが、ビタミンや蚊帳はめったにない。正確なデータはないが、世界中の多くの場所で、独身でも既婚でも、相当の額を売春婦に注ぎ込む最貧層の若者がいる。

ウダイプールの貧困層は見るからに栄養状態が悪い。男性の六五％は世界保健機構（ＷＨＯ）の体重指標の基準では低体重となる。一年を通じて食べ物が十分にある人は成人の五七％にとどまり、五五％が貧血である。それでも少なくともウダイプールでは、もし世帯が砂糖と煙草を買う量を減らせば、ほとんどの場合、栄養不良と縁を切れるだろう。

砂糖と酒への乱費とは対照的に、世界の大多数の貧困世帯が子どもの教育に使う額は、収入の約二％にとどまると見られる。子どもの教育は最も信頼できる貧困からの脱出手段であるにもかかわらずだ。もし貧困家庭がビールと売春に注ぎ込むのと同じ額を子どもの教育に使いさえすれば、貧困国の将来の見通しに画期的な変化があるだろう。現在、学校をやめて家におかれているのは少女なので、最大の恩恵の受け手は少女になるだろう。

生活を潤わせる祭り、煙草、酒、菓子に「耽っている」と貧困層を非難するのは、文化的に無神経に思えるかもしれない。それでも財源が乏しいとき、優先順位は大切だ。アフリカとインドの多くの男性は今、ビールを不可欠とみなし、娘の教育を贅沢とみる。売春は不可欠、コンドームはおまけだ。どうすればもっと多くの少女を学校にやり、出産で死亡する女性を救えるかを考えるなら、最もシンプルな解決は、家計支出の再配分である。

一つの方法は、女性の手にもっと多くの金を任せることだ。初期の二つの研究では、女性が財産や収入をもつと、世帯の金は栄養、薬、家に使われる可能性が高く、その結果、子どもの健康状態が改善するという。

コートジボワールでは、男性と女性がそれぞれ自由に使う金を得るために作物を育てる[4]。男性はコーヒー、カカオ、パイナップル、女性はプランテーン（料理用バナナ）やバナナ、ココナツ、野菜。「男の作物」が豊作の年には男性たちに現金がふんだんに入る。別の年には金回りがいいのは女になる。金はある程度は共有される。それでも、ダフロー教授はこう指摘する。男性の作物が豊作のときは、世帯が酒と煙草に使う金が増える。女性が収穫に恵まれると、世帯が食べ物、特に牛肉に使う金が増える。他にもいくつかの研究によって、女性は、乏しい現金を教育や小事業に投資する傾向が、男性よりも高いことがうかがえる。

南アフリカでは、アパルトヘイト崩壊後に国の年金制度が黒人に拡大されたときの子どもの栄養状態への影響を調べた研究がある[5]。多くの祖父母が突如かなりの現金を受け取ることになったわけだ（最高一日三ドル、地元の平均収入の二倍）。年金が祖父に渡った場合、余分の現金は子どもの身長にも体重にも影響も及ぼさなかった。ところが、年金が祖母に渡ると、大きな影響があった。特に孫娘が身長も体重も目に見えて増え、祖父に育てられている少女よりも背が高く健康になった。

ここからうかがえるのは、現金支給の目的が子どもの健康状態の改善にあるなら、支給を男性より女性に向けるほうがいいということだ。

世界を半周してインドネシア。女性は結婚のときの持参資産を管理しつづける。ある研究によれば、世帯の豊かさが同程度であれば、妻が結婚のときにより多くの財産をもってきた――従ってその後も使える金が多い――場合、財産が男性に属する世帯に比べて、子どもの健康状態がいいという。子どもの生活状態にとって重要なのは、家族の豊かさよりも、財産を母が管理するか父が管理するかということだ。ダフローが言うように、

女性がより大きな力をもっているとき、子どもの健康状態と栄養状態は改善する。これは、離婚時の女性の福祉を増大させたり、労働市場への女性のアクセスを増大させることをめざす政策が、世帯内、特に子どもの健康に影響を与える可能性があることを示唆する……。たとえ短期的であっても女性の財産管理権が強まれば、世帯内での女性の発言権が増し、それによって……子どもの栄養状態と健康状態が改善する。(6)

だから拠出国はまず、女性にいっそうの経済的力を与える法改正を貧困国に促すべきだ。たとえば、夫の財産を夫の兄弟ではなく未亡人が継ぐことを当たり前にする。女性が財産や銀行口座を持ちやすくし、国はマイクロファイナンス機関が銀行業務を始めやすくする。国連によれば、女性は現在世界で、名義の付いた土地のわずか一%を所有しているにすぎない。これは変わらねばならない。

米国政府はこうした法改正を求めて働きかけてきた。米国の最良の海外援助プログラムの一つは、〈ミレニアム・チャレンジ〉[7]で、被援助国に女性保護のための法体系の改正を求めている。たとえば、レソトは〈ミレニアム・チャレンジ〉の資金を受けることを望んでいたが、夫の許しがなければ女性に土地の購入や借金を認めていなかった。米国はレソトに法改正を働きかけ、資金を得たかったレソトは法改正を行った。

こうした類いの性差を指摘するのは政治的に正しくないかもしれないが、援助関係者にも国の指導者にも自明のことだ。ボツワナは、数十年、世界で最も成長速度の速い国の一つで、前大統領フェスタス・モハエは、アフリカの最も有能な指導者の一人と広く見られていた。アフリカ女性はたいてい男性よりもよく働き、賢い金の使い方をしているのではないかと私たちがおそるおそる言うと、モハエは笑った。

まったくおっしゃるとおりです。女性のほうがよく働く。銀行が最初にそれに気づいて、女性を雇い、今ではどこもそうしている。家でも女性は男性より物事をうまく管理する。ボツワナの公職は女性に席巻されていますよ。行政で半分が女性だ。中央銀行総裁、司法長官、儀礼局長、検察庁長官――みんな女性です……。アフリカでは女性のほうがうまくやる、ずっとうまくやります。ボツワナでそれを目にしている。全然違いますよ。少女は金をなかなか使わず、長持ちするものを買うし貯蓄率も高い。男性はぱっぱと使ってしまう。

開発専門家のあいだでは、政界と政府への女性のいっそうの参入が望まれている。女性が世帯のためにしていることを国のためにできると期待されているわけだ。八一カ国が、女性の政治参加を支援するために、女性用ポストを確保しており、たいていは議会の議席の割り当てだ。現在一一カ国で元首が女性であり、女性が世界各国の国会議席に占める割合は、一九八七年の九％から一六％に上昇している。

元米議会議員マジョリー・マーゴリーズ＝メズビンスキーは、世界で多くの女性を政界入りさせる、有望な取り組みをリードしてきた。一九九三年、クリントン予算が――財政バランスのため増税と抱き合わせで――提出されたとき、マーゴリーズ＝メズビンスキーは民主党下院の新人議員だった。いま振り返れば、この予算は一九九〇年代の確固とした財政的基盤を築く画期的なものと見られることが多いのだが、当時は非常に激しい議論を呼んだ。新人議員だった彼女は格好の攻撃対象となり、共和党は、もし増税に賛成票を投じるなら落選させると言い放った。それでも結局彼女はクリントン予算に賛成票を投じる決心をしたのだが、一年後、彼女は僅差で落選し、政治家としてのキャリアは終わった。

マーゴリーズ＝メズビンスキーは現在、〈ウィメン・キャンペーン・インターナショナル（ＷＣＩ）〉を運営する。草の根の女性活動家に、いかにして自分たちの大義に注目を集めるか、選挙に出馬するか、目的を達成するための連携を築くかをコーチしている。エチオピアでは、女性向けに効果的な選挙運動運営の研修を行い、国会での女性の比率が八％から二一％に上昇した。女性政治家を増やそうとする一つの論拠は、女性のほうが、共感能力や合意形成能力が高いとされ、平均的には男性よりも平和的で和解的な指導者になる可能性があるというものだ。

とはいえ、近代に女性大統領や女性首相が男性よりも立派に、平和的に行動したという兆しはあまり見当たらない。実は、女性指導者が妊産婦死亡率、女子教育、性人身売買といった問題にとりわけ注意を払ったということさえない。女性が貧困国でトップに上り詰める場合――インディラ・ガンジー〔インドの五代、八代首相（一九一七～八四）〕、ベナジール・ブットー〔元パキスタン首相。イスラム国初の女性首相（一九五三～二〇〇七）〕、コラソン・アキノ〔フィリピン第一一代大統領（一九三三～二〇〇九）〕、グロリア・アロヨ〔フィリピン第一四代大統領（一九四七～）〕など――、ほとんどつねにエリート家庭の出身で、貧しい女性が受ける虐待に直接出会ったことが一度もないことも理由の一つかもしれない。

　一方、開発分野での通説として、地元レベルでは、女性が市長や学校理事などの公職に就くと、顕著な変化をもたらし、女性と子どものニーズにいっそう注意を払うことが多い[8]。一九九三年、ある優れた試みがインドで行われた。インド憲法が改正され、村長ポストの三分の一を女性に充てると定められたのだ[9]。振り分けはランダムに行われたため、女性の運営する村が男性の支配する村と違う方法で統治されたのかどうかを比較できるようになった。

　実際、支出の優先順位が違った。女性が運営する村では、送水ポンプや蛇口がより多く設置され、維持管理も良かった。インドでは水汲みが女性の仕事だという理由だったかもしれないが、他の公共サービスも少なくとも男性の運営する村と同じくらい良好と判定され、水以外のインフラが軽んじられた兆候は見つからなかった。地元民は、女性の運営する村々では賄賂を払わなくてはならない可能性がかなり少ないと報告した。

　それでも村人は男性も女性も、女性指導者に対する満足度は低いと言った。研究者は頭をひねった。行政サービスはいっそう行き届いているように見えたのに、不満は大きかった。不満をもっていたのは男性の性差別主義者だけでなく、女性の村人の満足度も低かった。一般市民は、女性指導者を押し付けられたことで困惑したり、平均して男性指導者より教育レベルが低いことに不満をもったりしたようだった。これは、女性政治家が少なくともインドでは、ハードルに直面していることをうかがわせる。サービスの提供という点で男性よりよくやっていたとしても、女性指導者は当初は厳しく判断される。

追跡研究によって、一度女性村長を迎えたことがあれば、その後、偏見が消えていることがわかった。次からは性別に中立な基準で判断される。こうした研究は、地方の女性指導者のクオータ制を導入する価値がある可能性を示す。女性候補者にとって最初のハードルが克服されるからだ。インド式の女性公職クオータ制はジェンダーの壁を打ち破り、政治システムをより民主的、進歩的なものにできるように思える。

指導者としてではなくても、女性の政治参加が進むとどのような変化が起きるかを示す直接の証拠が、米国の歴史の中にある。[10] 前に述べたように、米国の妊産婦死亡率は、女性が選挙権を手にして初めて大幅に低下した。女性が政治に声をもったとき、女性の命も優先順位が高くなったのだ。また女性が選挙権をもつと、政治システムが公衆衛生プログラム、特に子どもの医療にいっそうの資金を配分するようになるという強力な証拠がある。子どもの医療は、女性有権者が高い関心をもつと見られている問題だからだ。

スタンフォード大学の研究者グラント・ミラーは、各州で女性が選挙権を獲得した場合の医療問題への対応について優れた研究を行った。女性が選挙権を得ると、その国の政治家は先を争って、子どもの医療により多くの資金を配分し、女性有権者の支持を得ようとすることがわかった。女性が投票できないままの国々ではこれは起こらない。

「普通選挙法の施行から一年以内に、議会の点呼投票のパターンが変わり、地元の公共医療費が約三五％上昇する」とミラー教授は書いている。「普通選挙法の施行で乳幼児死亡率は八～一五％低下する……。この減少は毎年全国で、約二万人の子どもの死が避けられることを意味する」

同じことが国レベルでも起こった。米国では一九二〇年に修正第一九条が全国で女性に選挙権を与えた一年後、議会は公衆衛生の画期的プログラム、シェパード＝タウナー法を成立させた。「議会を動かした主要な力」は、新しい女性有権者に「そっぽを向かれたくないという恐れだった」とある歴史家は書いている。この期間に米国人の健康は目を見張るほど向上した。もちろん他にも多くの理由があるが、一歳～四歳までの幼児死亡率は、一九〇〇年から一九三〇年のあいだに七二％も急降下した。ミラー教授が言うように、女性の政治参加に反対する勢力はしばしば、もし女性が外の活動に参加すれば子どもにしわ寄せが行くと論じる。だが実は、私たち自身の歴史上の証拠を見れば、女性の政治参加が子どもの命を救う恩恵を広くもたらしたことがわかる。

二ドルからの起業物語

ブルンジ北部の青々とした景色は、アフリカで最も美しいものの一つだ。張り出した丘が、濃い緑色の畑と風に揺れるコーヒーの木の上にそそり立つ。気候は低地より快適で、泥壁の小屋が点在する。だがこの絵のような土地に住むのは、地球上の最貧層に属する人々で、中でも最も見捨てられた一人がゴレッティ・ニャベンダだった。

ゴレッティはほとんど、赤い日干しレンガでできた自分の小屋に閉じ込められていた。ここでは女性は外出のたびに夫の許可を得るものとされ、むっつり屋の夫ベルナールは、許しを与えるのを嫌がった。三五歳で六人の子の母のゴレッティは、一人で市場へ行かせてもらうことさえなかった。

ベルナールとゴレッティはバナナ、キャッサバ、ジャガイモ、豆を、やせた半エーカーの土地で育てていたが、命をつなぐのがやっとだった。この地域ではマラリアで命を落とす人が多かったにもかかわらず、貧しくて、子ども全員に蚊帳を買う余裕はなかった。ベルナールはたいてい、週に三回バーへ行きバナナビールを飲んで、一度に二ドル使った。家庭の可処分所得の三〇％がバー行きに消えていた。

ゴレッティは学校に通ったことがなく、何かを買うことも現金を扱うこともまったく許されなかった。米国の一〇セント以下に相当する一〇〇ブルンジ・フラン札一枚すら触ったことがなかった。ゴレッティとベルナールは市場まで一緒に歩いて買い物に行き、ベルナールが金を払って、彼女が買った物を家まで運んだ。二人の関係といえばゴレッティが殴られるか、ときたまセックスするくらいだった。

私たちが話したとき、ゴレッティは小屋の裏の草の敷物にすわっていた。天気のいい日だったが、空気は快適な涼しさですがすがしく、虫の声がセレナーデを奏でていた。ゴレッティは、上は茶色のニットのシャツを着て——だれか米国人が慈善に寄付し、それがアフリカ中央部まで渡ってきていた——、下はカラフルな黄色の巻きスカートをはいていた。髪をほとんどクルーカットのように短く刈っていた。手入れがしやすいからだ。彼女は眉を寄せて気持ちを語った。

「みじめだった。いつも家にいたから、他の人のことを知らなくて、ずっと一人きりだった。うちの人は、女房の仕事は家にいて料理して、畑で働くことだと言った。そういうふうに生きてきて、何かむしゃくしゃしていた」

その後、海外援助救援協会（ＣＡＲＥ）が村で始めたプログラムのことを姑が教えてくれた。ＣＡＲＥは古くからある米国の援助団体で、女性と少女のニーズに焦点を当てるようになっていた。ゴレッティは早速、村で行われるＣＡＲＥのミーティングに行ってみてもいいかとベルナールにきいた。「だめだ」とベルナールは言った。ゴレッティはむくれて家にいた。その後、ＣＡＲＥがどれほどすばらしいか祖母から聞き、参加したいという気持ちがまた湧いた。ベルナールに頼み込んだが、やはりだめだと言われた。ある日、ゴレッティは許しを得ずに行った。ベルナールは初めはひどく怒ったが、ゴレッティは夕食も早めに準備し、ベルナールの世話をすべてするように気をつけていた。

ＣＡＲＥのプログラムは、それぞれ二〇人ほどの女性からなる「組合《アソシアシオン》」で運営される。ゴレッティは、祖母をはじめ参加したがっていた女性たちとともに、新しい組合を作った。すぐに代表に選ばれた。メンバーはしばしば一緒に働いて、ある日は一つの家族の畑を、別の日は別の家族の畑を耕した。二〇人の女性がみなゴレッティの畑に来て、一日で彼女の分の畑を全部耕した。「うちの人がとても喜んで」とゴレッティは茶目っけ交じりに言った。「『こりゃいいな』って。それでつづけさせてくれた」

女性たちはそれぞれ、一〇セントに相当するお金をミーティングのたびに持ち寄った。金を集めて、メンバーの一人に貸し付ける。貸付を受けたメンバーは、その金を使って稼ぎ、利子をつけて返済する。女性たちは自前で銀行を作ったわけだ。ゴレッティは二ドルの貸し付けを受け、畑のための肥料を買った。お金を扱ったのはこのときが初めてだった。肥料のおかげでジャガイモは大豊作になり、ゴレッティは数日かけて市場で売って、七ドル五〇セント稼ぐことができた。こうしてわずか三カ月後にゴレッティはローンを完済し（利子を含めて二ドル三〇セント）、資本はまた他の女性に貸し付けられた。

ジャガイモで稼いだ現金がたくさんあったので、ゴレッティは残りのうち四ドル二〇セントでバナナを買い、バナナビールを作った。バナナビールは市場で売れ行きがいいのだ。これがバナナビールの製造販売業を始めることにつながった。貸付を受ける順番がまた回ってきたとき、ゴレッティはビール事業を広げるためにもう二ドルの貸付を受け、利益で妊娠中のヤギを買った。ヤギは一カ月後に子ヤギを産み、ゴレッティはいまや、ヤギ二頭とビール事業の所有者になった（夜は、盗まれないように、ヤギを小屋に入れる）。

ベルナールはゴレッティのビール樽を物ほしげに見ているが、彼女は手をつけないように言っている――これは売り物で、飲むためのものではない。ゴレッティが金を稼いでくるので、ベルナールはしぶしぶながら身勝手を言わなくなった。彼女の地位は、ベルナールがマラリアにかかって入院が必要になったときに上がった。ビールを売って稼いだ金とCAREのアソシアシオンからの貸付を使って、病院代を支払ったのだ。

「今ではうちの人はうるさく言いません」とゴレッティは言う。「私がいろいろできるのを見て、私の意見を訊くようになった。私だって役に立てるというのがうちの人にもわかったんです」

組合のメンバーはまた、夫操縦法のヒントを交換したり、動物の育て方や、家族のいさかいの解決法、事業の始め方を習うためにミーティングを利用している。訪問看護師が医療教育を提供し、子どもをいつワクチン接種に連れて行くか、性病をどうやって発見するか、HIVをどうやって避けるかを女性たちに教える。女性たちはHIV検査を受ける機会も提供され、ゴレッティは陰性と診断された。

「前は、性病で具合の悪い女性がいてもわからなかった」とゴレッティは言う。「今、みんな治療を受けました。私は家族計画のために注射を受けています。もっと早く知っていたら、六人も子どもをもたなかった。たぶん三人だけ。でももしアソシアシオンに入っていなかったら、一〇人でもほしかったはずです」

CAREのミーティングはまた、女性に病院で出産し、赤ん坊が法的な身分証明を持てるように登録するのをすすめている。多くの国で少女にとっての大きな課題は、出生証明書などの法的書類がないため、公的機関から見れば彼女たちは存在せず、政府の支援を受ける資格がないということだ。援助関係者のあいだでは、偽造が困難な国の身分証明書制度が、少女を人身売買から守り、医療も受けやすくするという認識が高まっている。

さらにCAREのプログラムの女性たちは、女性にふさわしいふるまいとは後ろに控えていることではなく、ミーティングに参加して自分の意見をしっかりもっていいのだということを学んでいる。

「女は黙ってろという文化なんです」とゴレッティは言う。「『雄鶏の前では雌鶏は鳴かない』。でも今は意見を言えます。私たちも村の一員ですから」

多くの女性が、CAREを通じて特別識字教室にも出席している。ゴレッティは苦労して名前を書けるところを見せてくれた。

ブルンジ北部では男性は、自作農か大農場の賃労働者として、地域の重要な換金作物であるコーヒー栽培に携わる。収穫が終わると、現金を手にした男の多くは、伝統的に、第二夫人と呼ばれるものを手に入れる――しばしばまだ一〇代の愛人で、金が底をつくまで一緒にいる。服や宝石を買い与えられる第二夫人は、世帯の収入をどぶに捨てるようなもので、またAIDSを蔓延させる感染路でもある。だが今では、CAREプログラムの女性たちがこの伝統を根絶しようとしている。アソシアシオンのメンバー女性の夫が第二夫人をもとうとすると、他の妻たちが一致団結して寝ずの番をし、愛人を追い払う。ときには夫のところに行って、一〇ドルの罰金を科すこともある。十分に権威をもてば、夫が金を払うこともあり、金はアソシアシオンの金庫に納まる。

どれほど時代が変わったかを示すしるしとして、ベルナールはいまやゴレッティに現金をもらいに来る。

「いつも渡すわけじゃない。貯金しなくちゃならないから」と彼女は言う。「でもいくらか渡すと

ブルンジの自宅の前で
ヤギといるゴレッティ
photo: Nicholas D. Kristof

きもあります。アソシアシオンに参加するのを許してくれて、うれしかった。だからうちの人にも楽しんでもらいたいの」

ゴレッティは家を出るたびに許しを求めるのもやめている。

「出かけるときはうちの人に言いますよ」と彼女は説明した。「でも、知らせてるってこと。頼んでるんじゃなくて」

ゴレッティは事業のさらなる拡張を計画している。ビール販売をつづけるかたわら、売るためのヤギを育てたいと考えている。

落とし穴はまだいくつもある。ベルナールが嫉妬して八つ当たりするかもしれない。野獣がヤギを殺すかもしれない。旱魃で収穫がだめになり借金が残るかもしれない。治安の不安定がつづき、武装集団が収穫を略奪しに来るかもしれない。彼女のビールは地元の男たちを酔っ払いにするだけかもしれない。農村部のマイクロファイナンスモデルは住民を支援するが、限界もある。

だが、今のところはうまく行っている――そしてプログラムは格安だ。CAREは三年間のプロジェクトで、女性一人あたり一〇〇ドル以下しか払っていない（このあと、ゴレッティは卒業し、プロジェクトは新しい地域で始まった）。ゴレッティの支援に、一人の寄付者が週に六五セント払った勘定だ。それがゴレッティの人生を引き上げ、同時にブルンジはGNPに貢献する人を一人増やした。ゴレッティの子どもたちは教育をつづけるためのペンやノートを手にし、また女性が何になれるかというモデルも得た。

「ママは変わりました」とゴレッティの長女で六年生のパスカジーは言った。「今はパパが家にいないときは、ママが市場に行って、要るものを買ってきてくれる」

ベルナールは、インタビューを受けるのを少し渋っていた。家族のドラマのなかで最もおもしろくない役回りを負わされているのを知っていたのだろう。だがバナナの価格についてしばらく世間話をしたあとで彼は、使用人よりパートナーがいるほうがうれしいと認めた。

「女房が稼いで、家に金を入れるのを見て」と彼は言った。「偉いと思うようになったね」

ベルナールは私たちの聞きたがっていることを言っただけかもしれない。だがゴレッティは夫を手なずけたと評判をとり、引っ張りだこになっている。

「ご近所でもめ事があると、呼ばれていくのよ」とゴレッティは誇らしげに言った。

村のプロジェクトに今よりもっと積極的になって、村の集会にもっと出たいと彼女は付け加えた。ベルナールはこれを聞いて、困ったものだという様子だった。だが、ゴレッティはひるむ気配もない。

「前は、自分なんてこんなもんだろう、と思っていた」とゴレッティは言う。「だから黙っていた。今は自分にもいいアイデアがあるとわかっているから、思っていることをみんなに言います」

第12章　平等の枢軸

ああ、女性の身体にはまたややこしい点がとくに多い、だから、人生もよけいにつらくなるのだ。[1]

——魯迅「『天乳』が気になる」（一九二七）

（『魯迅全集五　而已集・三閑集』〔学習研究社〕所収）

これまで貧困に陥った女性たちのことを書いてきたが、ここで億万長者を取り上げよう。

張茵《ジャンイン》は元気いっぱいの小柄な中国女性で、縫製工として働きはじめ、月六ドル稼いで七人の兄弟を養う手助けをした(2)。その後一九八〇年代初めに深圳経済特区に移り、外国資本が一部を所有する紙貿易会社に就職した。紙取引の複雑さを学び、会社に残って昇進もできたはずだ。だが起業家精神と冒険心にあふれ、片時もじっとしていない張は、一九八五年、貿易会社で働くために香港に移った。一年たたないうちに会社が倒産すると、張は自ら起業した。香港で不要紙を買い入れ、中国全土の会社に届ける。すぐに、不要紙の裁定取引で米中間に大きなビジネスチャンスがあるのがわかった。森林がほとんどない中国では、紙の多くは藁《わら》や竹から作られ、品質が悪い。パルプを原料とする不要紙は、米国ではほとんど価値がなくても、中国では貴重な商品になる――特に工業化で紙需要が急増するときは。

張は台湾人の夫とともに、当初、仲介業者を通して米国の不要紙を買っていたが、一九九〇年にロサンゼルスに移り、自宅を仕事場にした。中古のミニバンでカリフォルニアを走り回り、ゴミ捨て場を訪ねて不要紙を買い取る段取りをつけた。処分場は取引を歓迎した。

「ゼロから学ばなくてはいけなかった」と張茵は言う。「仕事は夫と私だけで、私は一言も英語が話せなかった」

中国からカリフォルニアの港におもちゃや衣類を運んでくる船が帰りはほぼ空だったので、不要紙を安く中国に送ることができた。中国で紙需要が急増すると、張は会社を設立し、一九九五年に中国に帰って、南部の新興都市である東莞に製紙工場を建てた。工場は容器用板紙を製造し、輸出用段ボール箱の製造に使われた。

張のカリフォルニアのリサイクル会社、米チャンナムはいまや量ベースでは米国最大の中国向け輸出企業だ。中国にある製紙会社九竜製紙には五〇〇〇人以上の従業員がいる。彼女は大きな野心を秘めている。

「目標は九竜を、三年から五年のあいだに容器用板紙のトップにすること」と彼女は『ニューヨーク・タイムズ』の私たちの同僚デビッド・バルボサに語った。「業界トップになりたいとずっと思ってきました」

張は二〇〇六年には四六億ドル相当の純資産をもち、中国の富裕者リストのいくつかでトップを占めた。独力で成功した女性としては世界で最も裕福といえた。ただその後の市場の混乱で純資産は急激に減り、操業も脅かされたが。

いずれにせよ、中国で起きているのはきわめて重要なことだ。中国の富の観測を試みているヒューロン・リポートの推定によれば、現在、独力で成功した女性として世界で最も裕福な一〇人のうち六人が中国人だという。

これは、中国がいかに女性に平等な場を作ってきたかを示している。中国は、途上国にとってジェンダー問題のモデルとして姿を現してきたといってもいい。女性の抑圧から解放へと舵を切り、政治的意志があれば文化的な障壁は比較的短期間に乗り越えられることを証明した。世界のさまざまな国々――ルワンダ、ボツワナ、チュニジア、モロッコ、スリランカ――もまた、女性のエンパワーメントに急速な進歩を見せている。課題は残るものの、こうした国々を見れば、ジェンダー障壁が解体され、男性も女性も同じように恩恵を受けることができるのがわかる。

性人身売買や性器切除、名誉殺人は避けられないものと見られているため、反対する意義を疑う声を耳にする。数千年の伝統を前にしてわれわれの善意に何ができるだろう、と。

一つの答えが中国だ。一世紀前、中国は女に生まれるには世界最悪の場所だった。纏足《てんそく》、児童結婚、内縁関係、女児の間引きは、伝統中国文化の中に組み込まれていた。二〇世紀初めの中国農村部では少女は時には名前さえつけられず、ただ「二番目の姉」とか「四番目の妹」と呼ばれた。さらに情けないことに、来弟とか引弟とか招弟といった名をつけられることもあった。みな「弟を連れてくる」という意味だ。教育を受けることはめったになく、しばしば売り飛ばされ、膨大な数が上海の売春宿に行く運命だった。

欧米人が纏足や女児の間引きを批判したのは文化的帝国主義だったのか。そうかもしれない。だが批判したことは妥当でもあった。一つの価値観、たとえば肌の色や性別にかかわらずすべての人間は平等だということを信じているなら、そのために立ちあがるのを恐れることはない。他の宗教や文化は尊重すべきだと考えていたとしても、奴隷制や拷問、纏足、名誉殺人、性器切除を放置するのは怠慢というものだ。中国から学ぶ一つの教訓は、そうした差別を一つの社会の抜きがたい要素として受け入れる必要はないということだ。もし文化が変わらないものなら、中国はいまだに貧困に陥ったまま、シェリルは一〇センチの足でよちよち歩いていたことだろう。

中国で女性の権利を求める闘いは、今日の中東と同様に厳しく、揺り戻しもあった。中国社会の保守派は、若い女性が髪を短くしはじめたとき激怒して、まるで男だと言った。一九二〇年代後半、街の暴漢が髪の短い女性を捕まえて、髪を全部引き抜いたり胸を切り落としたことさえあった。「男みたいな格好がしたいなら」と彼らは言った。「こうしてやる」

一九四九年の革命後、共産主義が過酷だった中国では、飢餓と抑圧で何千万人もが死亡したが、唯一最大の遺産は女性の解放だった。権力を手にしたあと、毛沢東は女性を職場と共産党中央委員会に迎え入れ、児童結婚、売春、内縁関係の廃止に政治力を発揮した。毛沢東はこう宣言した。

「女性が空の半分を支えている」

一九八〇年代、思想の死と市場経済の台頭とともにまた揺り戻しがあり、中国女性は依然として課題に直面している。大卒の女性でさえ就職差別を経験し、セクハラは蔓延している。中国のある閣僚がシェリルを地元の秘書とまちがえて迫ろうとしたこともあった。シェリルは私たちの共著『新中国人』（新潮社）にこのことを書いて仇をとった。内縁関係は二奶《アーナイ》、すなわち第二夫人としてふたたび姿を現し、売春婦もまた何百万人にも上るようになった（インドとは異なり、たいてい自らの意志で仕事に就いているとはいえ）。一人っ子政策と超音波検査の受診で胎児の性別チェックが日常的に行われ、女児は中絶される。新生児の性別割合は女児一〇〇人に対して男児一一六人、[3] これは多くの貧しい男性が結婚できないことを意味し、将来的に不安定要因になるだろう。悲しいことに、経済発展も教育の普及も中産階級の台頭も、女児の中絶傾向に歯止めをかけはしなかったようだ。

それでも、中国ほど女性の地位の向上に大きな進歩を示した国はない。過去一〇〇年で、――少なくとも都市部は――女性が育つのに最良の場所の一つになった。都市の中国男性はふつう、大半の米国男性より料理や子育てなどの家事をする。それどころか、中国では女性が家庭の決定権をもつこともしばしばあり「妻管厳《チーグアンイエン》」すなわち「恐妻家」という表現も生まれた。職業上の女性差別は現実にあるものの、それは性差別というより、中国の寛容な母性保護特典を雇用者が警戒していることによる。

中国南部のシェリルの先祖の村で、進歩を目の当たりにすることができる。シェリルの母方の祖母が五歳のとき、祖母の母親は、つま先からかかとまで足を布で巻いて包み、小さな骨の成長を妨げるプロセスを始めた。祖母を美しくしようとしたのだ。金の蓮と呼ばれる、可憐な一〇センチの足をもてるように。それが官能的とみなされていた。一九世紀中国では、女性の胸より足を表すエロティックな言葉のほうがはるかに多い。祖母は、夫とトロントに移住したあと、巻いた布をとったが、すでに遅すぎた。七人の意志の強い子どもの母家長になった祖母は、人生を終えるまで小さな足で、脚の短い細いペンギンのようによちよちと歩いていた。

私たちが中国を訪れるようになったころには、纏足は姿を消していたが、村の女性の大半は依然として二級市民であることを受け入れ、慈悲の女神に息子を授かるように乞い、ときには生まれた娘をおぼれさせた。だが若い女性への教育と職業機会の普及は、ジェンダーをめぐる認識の急速な見直しにつながった。少女を教育しエンパワーするのは正当というだけでなく、利益になるのだ。少女がひとたび経済的価値をもてば、親は娘に投資するようになり、いっそうの自立を与えるという望ましい循環が始まっている。

中国女性はかつては圧倒的に男性のものだった分野にも進出している。中国でも数学と化学の学生は依然として男性のほうが多いが、差は米国より小さい。チェスは世界中どこでも男性優勢で、中国も同じだが——中国では他のどこよりも女性が追いつきつつある。一九九一年、謝軍《シェジュン》が初代の世界チェス女王になり、以来、二人の中国女性——諸宸《ヂュチェン》と許昱華《シュユーファ》——がつづいている。侯逸凡《ホウイーファン》という少女は、女性チェス界史上最大の才能の持ち主かもしれない。二〇〇八年一四歳で世界チェス女王決勝戦に進出して惜敗し、その後も急速に力を伸ばしている。現役女子プレーヤーで世界チェス王者の地位を男性から奪う女性が現れるとすれば、彼女ではなかろうか。

経済の離陸に先立ち、それを可能にしたものがまさに少女の解放にほかならなかったという点で、中国は重要なモデルである。経済が急成長を遂げている他のアジア諸国でも同じことが言える。世界銀行とブルッキングス研究所でこうした問題を研究してきた経済学者ホミ・カラスは、こう言っている。

経済的離陸の設計は、国のリソースをいかに最大限有効に活用するかということである。多くの東アジア諸国は、若い農村女性に基本的な教育を無料で提供し、その後、農場から工場へ移すことによって、急速かつ持続的な発展を遂げた。マレーシア、タイ、そして中国では、衣料品や半導体といった輸出志向産業が、以前は生産性の低い家族農場で働くか家事に携わっていた若い女性を積極的に雇用した。この変化は、こうした諸国に多面的な経済的恩恵を与えた。まず若い女性の労働生産性の向上により成長が促進された。また若い女性を輸出産業に雇用し外貨を獲得した。この外貨は必要な設備投資にあてることができた。そして若い女性が給料の多くを貯金するか、村の親族に送金することにより、国の貯蓄率が向上した。さらにこうした女性は安定した仕事と収入の機会があるために、結婚と出産を遅らせ、出生率と人口増加率を低下させた。このように、東アジアの経済的成功の主要因は、若い農村女性労働力の貢献にあった。

経済的離陸を遂げた国々が、少女を教育し、都市に移って仕事に就く自立を与えた国々だというのは偶然ではない。対照的に、——少なくとも当面は——パキスタンやエジプトの農村部の一〇代の少女が、十分な教育を受け、独身のあいだに都市に移って仕事に就き、産業革命の原動力となることを許されるとは想像しにくい。

インドの一流財界人は、自国の弱点の一つが女性を中国ほど有効に雇用していないことだと気づき、改善を図っている。[4] テクノロジーのトップ企業、ウィプロ〔バンガロールに本拠をおくIT企業〕の会長アジム・プレムジは、ウィプロのエンジニアのうち女性が二六%しかいないことに気づいた。彼の財団、アジム・プレムジ財団は、村の少女の就学を進めることに重点的に取り組む。少女を助けるためでもあるが、同時に、この結果出生率が下がり、また経済全体の原動力となる有能な労働力が増えることになるからでもある。

中国についての記述の中に言外に含まれていることは、多くの米国人にとってはショックだろう。スウェットショップが女性を後押ししてきた、ということになるからだ。[5] 米国人はたいてい衣料工場の不正を耳にしており、それは事実だ——時間外労働の強制、セクハラ、危険な労働条件。それでも村で一日中畑を耕すよりはましであるため、女性と少女は依然としてこうした工場に流れ込む。ほとんどの貧困国で、女性には仕事の選択肢があまりない。たとえば農業では女性はふつう男性ほど強くないので、給料が安い。だが製造業の世界では反対だ。工場は若い女性のほうを好む。より従順で、細い指が組み立てや縫製を器用にやるからだろう。だから製造業の台頭は一般に、女性の機会と地位を向上させた。

ということは、スウェットショップを非難する代わりに、私たち先進国の人間は、特にアフリカとムスリム世界の貧困諸国で、製造業を奨励すべきだということになる。アフリカには（モーリタニア、およびレソトとナミビアのごく一部を除いて）実質的に輸出向け製造業がない。エジプトやエチオピアの女性を支援できる方法の一つは、輸出向けの安い靴やシャツの工場を奨励することだ。労働集約的な工場は、女性に多くの雇用を創出し、さらなる資本――そして両性の平等をもたらす。

米国は、関税引き下げによってアフリカ諸国の輸出を促進する優れたプログラムを確立した。この「アフリカ成長機会法（AGOA）」は、しかるべき注目も支持も得たことはないが、有効な支援プログラムだ。欧米諸国がアフリカ女性の役に立つ、何かシンプルなことをしたいと思うなら、AGOAと、ヨーロッパの同種のプログラム〈エブリシング・バット・アームズ（EBA）〉〔武器以外の全品目で数量制限なしに無関税輸入を認める〕を合体させることだ。オックスフォード大学の経済学者ポール・コリアーは、基準と官僚機構を統一すれば、アフリカで製造された商品を非関税で輸入する共通の一大市場ができると指摘する。[6] これによって、アフリカに工場をおく大きな動機が生じ、雇用が増加して、アフリカ人は自助のための新しい方策を手にできる。

地球をほぼ半周して、中国とは大いに異なる一つの国が、やはりジェンダー問題のモデルとして姿を現している。

ルワンダは貧困に陥った父権的な内陸国で、一〇〇日のうちに八〇万人が虐殺された一九九四年のジェノサイドの影を依然として引きずっている。[7] 加害者の大半はフツ族、犠牲者の大半は少数派ツチ族であり、部族間の緊張は国の安定にとって大きな課題だ。

それでも、この不毛な狂信主義の土壌から今、――ルワンダ全体に大いに貢献する方法で――女性が重要な経済的・政治的・社会的役割を果たす国が誕生しつつある。ルワンダは、女性をエンパワーし支援する政策を意識的にとっている。おそらくそのためもあって、アフリカ最速の経済成長を遂げている国の一つになっている。ある意味で、規模を除けば、ルワンダは今、アフリカの中国なのだ。

虐殺の影響でルワンダ人口の七〇％を女性が占めたため、国は女性の動員を余儀なくされた。だが必要からだけではなかった。男性は虐殺で信用を失っていた。女性は虐殺への関与が少なく、殺人罪で投獄された加害者のうち二・三％だけだった。それで、女性のほうが責任感があり残虐行為に傾きにくいという認識が虐殺後に広く確立し、女性にいっそう大きな役割をまかせる用意が国全体にできていた。

「虐殺部隊」を打ち破ってルワンダ大統領となった反乱軍指導者ポール・カガメは、自国経済の再生を望み、そのためには女性の力が必要だと判断した。

「女性を経済活動から締め出すのは破滅のもとです」とカガメは言う。報道官――女性――がわが意を得たりとうなずいた。「女性の参加を求める決意を、偶然にゆだねたりしません」とカガメは付け加えた。「憲法で、女性が国会の三〇％を占めることと決めました」

流暢な英語を操り、折に触れて米国人と会うカガメは、ルワンダを機会均等の国として打ち出すのが得策と見たのだろう。ホワイトハウスの閣議室よりハイテクなルワンダの閣議室には女性の声が響く。カガメはことあるごとに、有力女性を閣僚その他の最高位につけている。現在、最高裁長官、教育相、首都キガリ市長、ルワンダテレビ会長が女性であり、草の根レベルでも多くの女性が村の再建に重要な役割を果たす。二〇〇七年には、ルワンダはスウェーデンを抜いて国会の女性議員の比率が世界で最も高くなった。下院の議席の四八・八％。二〇〇八年九月の選挙後には女性議員が多数派を占める最初の国になった。下院の五五％。これに比べて米国は、二〇〇八年に下院女性議員が一七％で、国政レベルで職に就く女性の割合は世界で六八位である。

ルワンダは、――コスタリカやモザンビークとともに――国会の全議席の少なくとも三分の一を女性が占める、多くの貧困国の一つである。また、アフリカで最も腐敗が少なく、成長が最も速く、最良のガバナンスをもつ国でもある。

ルワンダや中国のような国を見れば、政府が経済発展を促進するような方法で女性と少女を育成できるのがわかる。良いガバナンスと機会均等を持つこうした国々では、欧米の支援は特に有効であることが多い。

マーベリーン・クラークはブルックリンの四一歳の女性で、社会への関心を深めたい、収入のもっと多くを慈善に捧げたいという、漠然とした希望をもっていた。銀行勤めで年収五万二〇〇〇ドル、自分の生活には十分だと考えた。

「一〇分の一税のことを聞きました。収入の一〇％を教会に寄付すること」とマーベリーンは言う。「教会には通っていませんが、自分も収入の一〇％を慈善に提供するべきだと考えたんです」

マーベリーンが寄付先を選ぶ基準にしたのは、運営費用にあまり金がかかっていないことだった。それで、援助団体を効率で評価するウェブサイト〈チャリティ・ナビゲーター〉に行き、最高の評価――四つ星――を得ている団体を見比べてみた。影響より経費に焦点をあてるチャリティ・ナビゲーターは完璧なガイドとは言えないが、役に立つ出発点になる。マーベリーンは〈ウィメン・フォー・ウィメン〉という団体を見つけ、心を引かれた。米国人が貧困国の一人の女性を支援する、スポンサー団体だ。ジャマイカ系の黒人女性マーベリーンは、アフリカ女性の支援に関心を持った。それで月二七ドルを支払うことに同意して登録し、ルワンダ女性の紹介を依頼した。

引き合わせられたのは、ルワンダのブタレ出身で二七歳の虐殺生存者クロディーヌ・ムカカリサだった。フツ族過激派がツチ族のムカカリサ一家を標的にし、彼女だけが生き残ったのだった。一三歳で姉とともにフツ族の強姦所へ連れ去られた。

「二人とも強姦された」とクロディーヌは、内気で苦しげな単調な声で説明した。「それから殴られた」

多くの民兵が来て長蛇の列を作った。これが何日もつづき、もちろんケアはまったく受けなかった。

「生殖器が腐って、体からウジ虫が出てきました」とクロディーヌは言う。「歩くこともほとんどできなかった。膝で這いました」

カガメの軍が「虐殺部隊」をやぶり、フツ族民兵はコンゴへ逃亡した。クロディーヌと姉も連れて行かれた。民兵は姉を殺したが、ようやくクロディーヌを解放した。

「どうして私が解放されて姉が殺されたかわからない」と彼女は肩をすくめて言った。妊娠していたからかもしれない。クロディーヌはせり出してくるお腹に困惑していた。命の厳粛な事実を何も知らなかったからだ。「妊娠しているはずがないと思っていた。頬にキスされたら妊娠すると聞いていたから。キスされたことは一度もなかったんです」

まだ一三歳で大きなお腹を抱え、助けを求めて国を歩き回った。駐車場で一人で出産した。赤ん坊にどうやって乳をやるかもわからない。自分を強姦した、だれともわからない父親を憎み、クロ

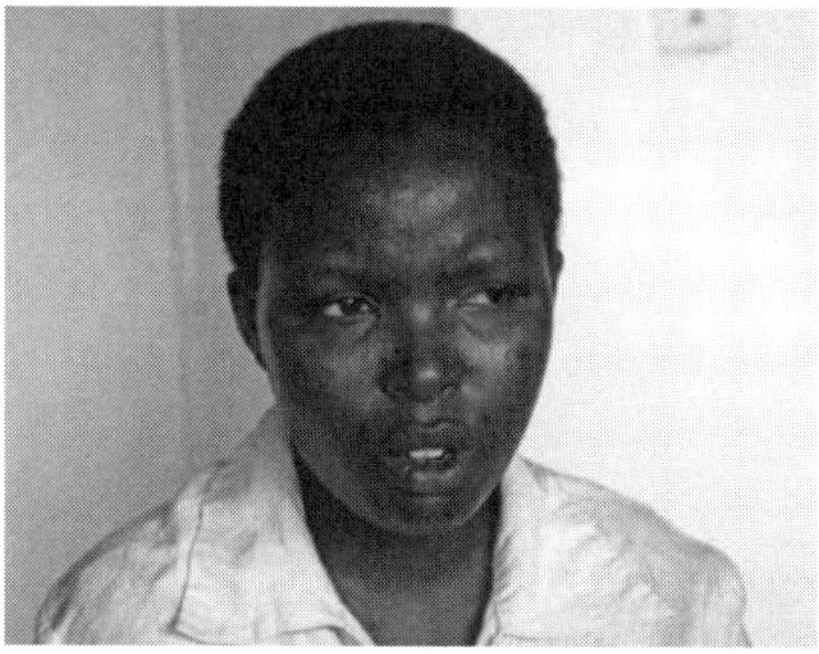

クロディーヌ・ムカカリサ。ルワンダのウィメン・フォー・ウィメンのミーティングにて。
photo: Nicholas D. Kristof

ディーヌは赤ん坊を捨てて死なせようとした。

「でも心が許さなかった」と彼女は言った。「だから戻って赤ん坊を抱き上げた」

道で食べ物を乞い、赤ん坊と二人どうにか生き延びた。

「大勢の人に追い払われた」と言う。「臭かったから」静かで控えめで穏やかな話し方をするクロディーヌ。平板な調子で話しながらときどき唇を震わせるが、見るからに感情的になったりはしない。伝わってくるのは、子どもと一緒に生き延びようとする決意だ。

数年後、伯父の一人がクロディーヌを家に入れたが、引き換えにセックスを求めた。彼女が妊娠すると、伯父は追い出した。やがてクロディーヌは、一日一ドルほどで庭の手入れや皿洗いの仕事を見つけられるようになった。二人の子どもをどうにか学校へやったが、かつかつで、一人一学期七ドルの学費を払うと、その日暮らしだった。

マーベリーンの支援はクロディーヌと子どもたちに新たな希望を与えた。マーベリーンが払う月額二七ドルのうち、一二ドルが研修プログラムやその他の取り組みに回り、一五ドルが直接クロディーヌに渡される。女性たちは貯金するよう指導され――一つには少額貯金の習慣をつけるため、一つには一年後にプログラムを卒業するときの緩衝材として――、クロディーヌは毎月五ドル貯金して一〇ドル使う。子どもの学費を払ったり、食べ物を買ったりするのにいくらか使ったほか、残りのいくらかで料理に使う炭の大袋を一つ買った。その炭を少しずつ、他の貧しい家族に売って小売益を得る。

さらにクロディーヌは毎朝、ウィメン・フォー・ウィメンの建物に勉強に通う。月、水、金曜日は職業訓練に充てられ、この先一生収入を得られるような技能を教わる。クロディーヌは、刺繍を作って自分で売ったり、ウィメン・フォー・ウィメンを通して売れるようにビーズ細工を習っている（目標はしゃれたニューヨークのデパートで売ることだ）。葦《あし》でかごや食卓用マットを編む方法を習う女性もいるし、才能があれば、仕立屋として働けるよう縫製を学ぶ。仕立屋は一日に四ドル稼げる。ルワンダでは立派な収入で、他の技能よりも高い。火曜と木曜には、医療、識字、人権のクラスがある。女性がもっと自分の考えを言い、不正を甘んじて受け入れることが減るようにするのが目的の一つだ。

クロディーヌとマーベリーンは文通している。マーベリーンは自分の住んでいるところを見せるために、ニューヨーク市の写真を送った。クロディーヌと子どもたちは、別世界でも見ているかのようにしげしげと写真を眺めた。

クロディーヌの支援を始めて九カ月後、マーベリーンは銀行を解雇された。支援を後悔していないかと尋ねると、マーベリーンは笑った。

「一瞬だって後悔したことはありません」と言う。「私は運が良かったからクロディーヌを手助けできた。彼女も今いる場所からはい上がって、家族やまわりの人を引き上げられる。私にとってほんとうに大切なのはそのことです。私にとっては、自分自身から抜け出る道でした。自分がどんなに恵まれているか、実は大したものは要らないんだってことを忘れてしまうことが多いから」

解雇されて以来、マーベリーンはフリーランスの仕事をしながら、収入の一〇％を慈善に当てつづけている。

「フリーランスで稼いだり、思わぬお金が入ったりしたら、頭の中で計算して『OK、寄付の額はこれだけね』。そんなにむずかしくないのよ」

クロディーヌも順調で、自分と子どもに機会を提供してくれたマーベリーンに深く感謝している。もちろんこの話の背景には、ルワンダ経済が急成長を遂げ、ウィメン・フォー・ウィメンを卒業した女性にいっそうの機会を創り出していることもある。だがルワンダは、クロディーヌのような女性をいかに経済的財産に変えるかを見つけたからこそ繁栄しているのだ。

草の根の人々をつなぐ

ザイナブ・サルビ(8)は細身にオリーブ色の肌、短く刈り込んだ黒髪が黒い明るい目に映える。映画の配役部門なら、さしずめ自由な精神をもつ中東の王女というところだ。イラクで子ども時代を過ごしたことを示すかすかな外国訛りのある英語を話す。

ザイナブは、長くつづいたイラン・イラク戦争が影を落とすバグダードで、攻撃におびえながら、パイロットだった父と、生物学を学んだ例外的に開放的な女性だった母に育てられた。だが家族の重要な要素は、両親ともサダム・フセインに近かったということだ。父はフセインの個人パイロットで、ザイナブはフセインを「おじさん」と呼び、フセインの家でフセインの子どもたちと遊びながら週末を過ごして育った。

これは一方では、毎年フセインからもらう新しい車をはじめ、特権と贈り物を意味したが、同時に、絶え間なく訪れる恐怖でもあった。距離が近いのは保護されているということではなく、どんな過ちも家族全員の破滅につながりかねなかった。学校の友達の一人は上級役人の娘だったが、父親がテレビ放映中の会議から引きずり出されて処刑され、娘は世間からつまはじきにされた。フセインと息子たちが少女たちを強姦し、情報将校が被害者をビデオに撮ってあとで脅迫しているという話がささやかれるのも聞いた。

「フセインは毒ガスでした」とザイナブはワシントンDCの自分のオフィスでシェリルと長く話し

て言った。「ゆっくり吸いこみ、ときにはゆっくり死んでいく」

それでもフセインはザイナブにはいつもていねいで親切で、自ら付き添って住まいを案内したことさえあった。あるとき、みなが泳いでいるのにザイナブが水着をもっていないと、フセインはディシュダーシャ（長衣）を貸すから一緒に泳ぎを楽しんではどうかと言った。濡れたら透けて見えると思って彼女は辞退した。フセインはさらにすすめた。彼女は断りつづけた。

ザイナブが大学生のとき、奇妙なことに母が突然、米国に住むイラク人との結婚話を強引に進めた。「二〇歳のとき突然、米国からの結婚の申し込みを受けるように母から言い渡されたんです」とザイナブは振り返る。「母がすがるように言うんです。『言うことを聞いてちょうだい』。親孝行のつもりで、米国に来ました」

ザイナブは夫のことをほとんど知らなかった。夫はずっと年上で、口汚くよそよそしかった。新婚三カ月で暴力的になり、彼女をベッドへ押し倒して強姦した。ザイナブは夫のもとを去った。だが湾岸戦争が勃発し、帰国できなかった。米国に足止めされたザイナブは、破綻の結婚に追いやった母を恨み、また家族がフセインに近かったことに米当局が気づくのを恐れた。「フセインを知っていると決してだれにも言うまいと決めました」彼女は秘密を守った。

生活は徐々に落ち着いた。ザイナブはアムジャドという穏やかなパレスチナ人医学生と知り合い、結婚した。二人は遅まきのスペインへの新婚旅行を計画し、貯金していた。イラクは遠のいていくように感じられた。一九九三年、結婚の六カ月後、二四歳のとき、二人で友人を訪ね、アムジャドと友人がキッチンで夕食の準備をするあいだ、ザイナブは何気なく『タイム』誌を手にとった。

ボスニアの強姦収容所の記事があった。セルビア兵は、住民を恐怖に陥れる軍事戦略の一環として女性を輪姦していた。記事には数人の女性を写した一枚の写真が載っていた。この写真に衝撃を受け、涙があふれ出した。アムジャドが何事かと駆け込んできた。ザイナブは記事をアムジャドの顔の前に差し出した。

「何かしなくちゃ！」と彼女は言った。「この人たちを助けるために私は何かしなくちゃ」

ザイナブは人権団体に片端から電話をかけ、ボスニアで女性を支援するボランティアになれないか尋ねたが、強姦被害者を支援しているグループは一つも見つからなかった。それでもう一度片端から電話をかけ、プログラムの設立を申し出た。あるユニテリアン派の教会が話を聞いてもいいと言った。彼女は少しでも年上に見えるよう、義父のブリーフケースを手に教会の理事会に乗り込んだ。

教会の支援を得て、ザイナブとアムジャドは〈ウィメン・フォー・ウィメン・イン・ボスニア〉という団体を設立し、自宅の地下室を事務局にした。ネットワーク作りと資金集めを猛然と始め、スペイン新婚旅行のための貯金も寄付した。ボスニア女性のほうがそのお金を必要としていた。

まもなくザイナブはバルカン半島へ飛び、セルビア兵に強姦された女性たちに会うようになった。最初に会ったのは、アジュサという名の女性で、妊娠八カ月のとき——中絶するには手遅れだった——、強姦収容所から解放されていた。

三年にわたってザイナブとアムジャドは、大学をつづけながら団体を確立しようと格闘した。集めた金は一銭残らず、団体の四〇〇人の女性のもとに行き、二人の生活費や食費にはほとんど何も残らなかった。ザイナブがあきらめかけて金になる仕事を探そうとしたまさにそのとき、一枚の小切手——六万七〇〇〇ドル——が郵便で届いた。売り上げの一％を慈善に寄付するワーキング・ア

ルワンダでウィメン・フォー・ウィメンのスタッフを訪ねるザイナブ・サルビ。
photo: Trish Tobin

セット社という電話会社が、ザイナブを贈り先に選んだのだ。救われた〈ウィメン・フォー・ウィメン・イン・ボスニア〉は、やがて〈ウィメン・フォー・ウィメン・インターナショナル〉に発展し、ボスニアだけでなく、世界中の戦争に引き裂かれた国々の被害者を支援している。

ザイナブがもう一歩前進したのは二〇〇〇年、オプラ・ウィンフリーの七回インタビューシリーズの初回に登場したときだった。〈ウィメン・フォー・ウィメン〉の活動は活発になり、重要な支援者の国際ネットワークが築かれ、二〇〇〇万ドルの予算をもつようになった。だがザイナブは依然としてフセインのことを秘密にしていた。

二〇〇四年の春のある日、ザイナブはコンゴ東部のブカヴで、ナビトという女性と話していた。ナビトは、反乱兵たちがいかにして自分と三人の娘を強姦したかを話した。末娘は九歳だった。反乱兵はナビトの一〇代の息子の一人に末娘を強姦するよう命じさえした。息子が従わないと、兵たちは足を撃った。ナビトはザイナブに一部始終を語って言った。

「あなた以外だれにもこの話をしたことはない」

ザイナブは衝撃を受けた。「どうすればいいですか」と彼女は尋ねた。「黙っていましょうか、それとも世界に言いましょうか」

「世界中に話して同じことが二度と起こらなくなるなら、話してください」とナビトは言った。

その日そのあと、車でルワンダに戻るあいだ、ザイナブは泣いた。運転手がでこぼこの泥道をたどっていくあいだじゅう、五時間泣きつづけた。ゲストハウスの自室に戻ってまた泣いた。

その夜、自室で彼女は決意した。ナビトがつらい秘密を話すことができるなら、自分にもできるはずだ。ザイナブは自分自身も元夫に強姦されたこと、自分の家族とフセインとの関係、そして最近知ったばかりのもう一つの秘密を明らかにすることにした。

ザイナブの母は体が弱り、検査のため米国に来ていた。ザイナブは、最初の結婚のときから心に抱いてきた怒りをようやくぶちまけることができた。解放された女性だったはずの母に、ろくに知らない年上の男との、虐待に終わる結婚を無理強いされて、どれほど裏切られた気がしたかを話した。どうして、と彼女は母に訊いた。あの結婚を急がせたの？

声を失って筆談しかできなかった母は、涙を流してこう書いた。

「あの男があなたをほしがっていた。ザイナブ。他にどうしていいかわからなかった」

あの男とはフセインだった。ザイナブに目をつけたフセインが触手を伸ばし、次の愛人が見つかるまで弄ぶのを両親は恐れていた。

こうしてナビトに触発されたザイナブは、自分の物語を包み隠さず話すようになった。

「女性のコミュニケーションを励ますプログラムを運営していながら、自分自身がずっとコミュニケーションをしていなかったなんて」とザイナブは言う。「今はしています」

ウィメン・フォー・ウィメンは、草の根レベルで人々に接するのに力を発揮している。開発分野では、経済的・社会的変化をもたらすうえで、この種のボトムアップ手法が優れていることが繰り返し示されてきた。

同じころ、はるか彼方の西アフリカで、別の人物が似たような草の根のアプローチを活かして、少女を傷つける最も恐ろしく、最も根深い伝統の一つ、性器切除に終止符を打とうとしていた。

第13章

草の根と木の梢

女ははたして人間だろうか？　もし女が人間なら、コンテナに詰められてタイからニューヨークの売春宿に送られる換金作物になるだろうか……？　私たちを「清める」ために性器が切り刻まれるだろうか……？　女はいつ人間になるのだろう？　いったいいつ？

――キャサリン・マッキノン
『女は人間か』（*Are Women Human?*）

約一〇秒に一回、世界のどこかで一人の少女が押さえつけられる。両足を広げられ、何の医学的訓練も受けていない地元の女性がナイフかカミソリの刃を取り出して、少女の性器の一部または全部を切り取る。ほとんどの場合、麻酔なしで。

善意の欧米人もアフリカ人もこの慣習を終わらせるために何十年も活動してきた。だが今でも娘に性器切除を受けさせる母親の数は増えている。ここ数年ようやく、一つの草の根活動団体によってくさびが打ち込まれた。人生の半分以上をセネガルで暮らす一人のイリノイ出身女性が率いるこの団体は、性器切除を根絶する方法を見つけたように思われ、運動は急速に拡大している。にわかには信じられないが、西アフリカでの性器切除は中国での纏足《てんそく》と同じ道をたどろうとしているようなのだ。そのため性器切除に反対するキャンペーンは、発展途上世界の女性のための広範な運動のモデルになっている。スローガンにとどまらず前進するには、性器切除との長い格闘から学ぶに越したことはない。

性器切除は今日、アフリカのキリスト教徒のあいだでも見られるが、たいていはアフリカのムスリムによって行われている。アフリカ以外のほとんどのアラブあるいはイスラム文化では見られない。この習慣は古代にさかのぼり、古代エジプトの女性ミイラに性器切除を受けているものがある。ギリシャの医者で二世紀に婦人科学の先駆的な書物を書いたエペソのソラノスはこう言っている。

大きなクリトリスは堕落の兆候である。実は(こうした女性は)、いわば男性とまったく同じように、肉欲の刺激と性交を強く求める。ゆえに以下の方法で、外科手術を行うといい。両足裏を合わせて仰向けに横たわらせ、小さな鉗子《かんし》でクリトリスを押さえ、鉗子より大きく突き出して見えるところをメスで切り取りなさい。[1]

一六六六年初版のドイツの外科教科書には、クリトリスの切断方法の図解が載っており、一八六〇年代まではイギリスでふつうに――それ以降でさえ欧米で時折行われていた。アフリカ北部の広範囲にわたって、この慣習は依然としてほぼ一般的に行われている。世界全体で、約一億三〇〇〇万人の女性が性器切除され、新しい研究によれば、国連は現在、毎年アフリカだけで三〇〇万人の少女が性器切除されていると推計する[2]（以前の推計では世界で二〇〇万人だった）。この習慣は、イエメン、オマーン、インドネシア、マレーシアでも、小規模だが行われている。サウジアラビアとイスラエルのベドウィンアラブ人、またインドとパキスタンのボハラムスリム人のあいだでも行われる。慣習は場所によって大きく異なる。イエメンでは、女児はふつう生後二週間以内に性器切除されるが、エジプトでは一〇代の初めに行われることもある。

目的は女性の性的快楽を抑制し、乱交を避けることだ。最もよく見られる方法は、クリトリスかクリトリス包皮を切り取る（クリトリスがそのまま、いっそうむき出しになって残ることがあり、オーガズムの機会をかえって増やす無益な方法だ）。マレーシアでは、ピンで刺したり、カミソリを性器の近くで振ったりするだけのこともある。だがスーダン、エチオピア、ソマリアでは、最も極端な形を目にするのがふつうだ。クリトリスと陰唇、外性器のすべてを切り取ることで性器全体が「清められる」大きな傷口ができ、その後ふつう膣口は（経血のための小さな開口部を残して）野生のアザミで縫い合わされ、傷が治るよう両脚を縛られる。これは鎖陰と呼ばれる。女性が結婚するとき、性交できるように、夫か産婆がナイフを使って、閉じられた場所をふたたび開ける。

ソマリランドで産科病院を経営しているエドナ・アダンは、何年にもわたって出産しに来た女性全員を調べてきたが、九七％が切除を受けており、ほとんどが鎖陰だった。エドナは鎖陰を受ける八歳の少女のビデオを見せてくれた。見るに堪えないものだった。

伝統的な助産師が性器切除を行う国もあるが、セネガルとマリでは鍛冶職に属する女性であることが多い。たいてい切除技術を母か祖母から習い、清潔な刃を使わなかったり止血できなかったりすることがしばしばある。命を落としたり、一生残る傷を負う少女たちがいるが、データはない。切除後に死亡した少女がいるとふつうは、マラリアで死んだと言われる。世界保健機構（ＷＨＯ）のある研究で、性器切除は、特に最も極端な形の切除では、出産の危険を高める組織損傷につながると指摘されている。

一九七〇年代後半に始まった欧米主導の反切除キャンペーンがあった。以前この慣習は「女子割礼」と呼ばれていたが、これは婉曲表現とみなされ、批判勢力は「女性性器切断（ＦＧＭ）」と呼んだ。国連がこの用語を採用し、ＦＧＭを非難する国際会議が開催された。ＦＧＭに反対する法律が一五のアフリカ諸国で成立し、記事が書かれ、会議が開かれた――だが現場はあまり変わらなかった。ギニアは一九六〇年代に、女性性器切断を終身懲役刑――切除を受けた少女が四〇日以内に死亡した場合は死刑――に処する法律を成立させた。だが起訴は一件もなく、九九％のギニア女性が切除されている。スーダンでは、一九二五年にまずイギリス人が鎖陰を禁じる法律を成立させ、一九四六年に禁止法をすべての切除に拡大したが、今日、九〇％以上のスーダン少女が切除されている。

「これは私たちの文化です！」 私たちが切除について尋ねると、スーダン人の助産師は憤然として言いきった。「私たちはみなこれを望んでいる。米国と何の関係があるんです？」

自分はふつう少女の母親から頼まれて切除しているし、少女たち自身もあとで感謝すると助産師は言った。これはおそらく正しい。ハイエナと闘い、宣教師の助けを求めて這って行った瘻患者のエチオピア女性マハブーバも、通過儀礼として切除をどれほど楽しみにしていたかを振り返っている。

エドナ・アダンは切除を厳しく批判し、国際的なキャンペーンは効果がない、ふつうのソマリ女性には決して届かないと言う。ソマリランドの首都ハルゲイサを車で通ったとき、エドナは突然、道の反対側にある、性器切除非難の垂れ幕を指差した。

「国連が来て、首都に垂れ幕をかける」とエドナは言う。「何の役に立つんですか。何も変えることはない。女性たちは看板を読むことさえできないのに」

実際、国際的なFGM批判はいくつかの国で反発を引き起こし、切除を伝統として外部の攻撃から守るために諸部族が結集することにつながった。批判勢力はその後少し慎重になり、いくらか引き下がって、より中立的な「女性性器切除（FGC）」という言葉を使うことが多くなった。少なくともこれで、女性が切り刻まれているというような、対話を妨げるニュアンスはなくなった。また主導権が、外国人より権威と説得力のある、エドナのようなアフリカ女性に移った。

切除に終止符を打つための、最も成功を収めている取り組みは、〈トスタン〉だろう。トスタンは、最大限に地元を尊重する手法をとり、ＦＧＣ反対を地域社会発展という大きな枠組みのなかに位置付ける西アフリカの団体だ。女性を相手に講義するのではなく、村人が切除に関する人権問題、医療問題を議論し、自ら選択することを促す。トスタンの穏やかな手法は、強引な売り込みよりずっとうまく行っている。

トスタンの設立者は、イリノイ州ダンビル出身の温かい女性モリー・メルチング。今も、がっしりした中西部人らしい容貌と話し方をしている。彼女は高校の授業をきっかけに、フランス語に関することなら何にでも興味を持つようになった。フランスに留学し、パリ郊外の北アフリカ人が多く住むスラムで活動した。やがて一九七四年、研究者交換プログラムで六カ月の予定でセネガルに赴いた。以来ずっとそこにいる。

語学が得意なモリーはセネガルの地元言語ウォロフ語を習いはじめ、セネガルで〈ピースコープ〉に登録した。ウォロフ語のラジオ番組もやった。その後、一九八二年から八五年まで、米国国際開発庁（ＵＳＡＩＤ）から少額の資金提供を受け、村に住み込んで教育とエンパワーメントの活動に取り組んだ。

「村人はだれ一人、学校に通ったことがなかったんです」とモリーは振り返った。「学校はなかった。ほんとうに賢くすばらしい人たちなのに、一度も学校に通ったことがなく、情報を必要としていました」

経験から、そして機関に属さない援助プログラム評価者としての節約精神から、モリーの中には、大規模援助プロジェクトへの懐疑が培われていた。彼女はセネガル人が暮らすように暮らし、外国の援助関係者がＳＵＶを乗り回すのを見るとしりごみした。援助プログラムがスタッフを送り込み金を注ぎ込んでいながら、スタッフが何をしているのか知りもしないのも見た。ある善意の団体は地元の賛同を得ずに診療所を建て、薬をそろえた。その後、村人は診療所のベッドを自分たちで分

モリー・メルチング。性器切除を放棄したトスタン・プログラムの女性たちと。
photo: Tostan

け、医師は薬を市場で売った。「セネガルは援助プロジェクトの墓場」とモリーはあっさり言う。

モリーは二四〇の識字センターへ行って、識字プログラムを評価し——たいていは機能していないのを見た。

「五〇人の生徒がいるはずのクラスに、だれもいなかったり、みんな居眠りしていたり」

彼女はまた、欧米人が、実際に田舎に出かけてなぜ母親が娘の性器切除をするのかを理解することもなしに、性器切除に反対して騒ぎ、禁止法を成立させようとしているのを目にした。

「法律は手っ取り早い解決で、みんな他のことは何もしなくていいと考える」とモリーは言う。「ほんとうに何かを変えるのは、教育です」

セネガルが切除禁止法を議論しているとき、モリーは当初反対した。民族政治に火をつけ、反発を招くのを恐れたからだ（多数派民族は性器切除を行っていないため、少数派は強制されたと感じる恐れがあった）。最近は、法律には両面あると思っている。法律が成立したとき、たしかに反発を呼んだが、切除に関する医学的懸念の大きさを村人に示すことにもなった。

モリーは自身の家族の中で、どんな法律をも上回る、周囲からの圧力の強さを知った。セネガル男性と結婚した彼女にはゾエという娘がいる。ゾエは驚くべきことを頼んだ。

「切除されたいの」とゾエは母に言った。「泣かないって約束する」

友達がみな切除されていて、仲間外れになりたくなかったのだ。モリーはそれほど甘い母親ではなかった。切除とはどういうことか話すと、ゾエも考えを変えた。この出来事でモリーは、切除を終わらせる鍵は、村の姿勢全体を変えることにあると痛感した。

一九九一年、モリーは貧しい村で教育に取り組むため正式にトスタンを立ち上げた。トスタンはふつう地元の研修者を村に送り込んで教育プログラムを始める。プログラムには、民主主義、人権、問題解決、衛生、医療、経営スキルの単位がある。村は学習スペースと机やいすを用意し、生徒を集め、教師のための一部屋と黒板を提供して、積極的に参加する義務がある。男性も女性も参加する。クラスは三年つづき、かなりの時間と労力が要る。一回二時間から三時間のクラスが週に三回。プログラムにはまた、村の指導者研修、地域社会運営委員会の設置、小事業を奨励するマイクロクレジットもある。地元女性のリードに従って、トスタンは村の男性を敵に回すことを非常に慎重に避けている。

「しばらく女性の権利について勉強していましたが、反発を呼んだだけでした」とモリーは言う。「何人かの男性が怒ってセンターを閉鎖した。それでプログラム全体を見直し、〈人間の権利〉にしました。民主主義と民衆の権利。それからは男性も応援してくれるようになった。男性は自分たちも加わりたいんです。敵だと思われたくないんです」

トスタンは慎重なアプローチをとり、「切断」という言葉を使ったり性器切除に反対して闘っていると口にしたりすることさえ歓迎しないため、フェミニストの怒りを買うことがある。だがトスタンはつねに前向きに、人々が自分で決められるようお膳立てをする。カリキュラムでは、性器切除にかかわる人権・医療問題をめぐって、判断を加えずに議論をする。娘の切除をやめるよう親にアドバイスすることは決してない。だがプログラムは、切除の議論をすることでタブーを破ったのだった。ひとたび切除について考えはじめ、切除がどこでも行われているわけではないことを理解すると、女性たちは体へのリスクを心配しはじめる。一九九七年、マリクンダ・バンバラという村で、クラスに出席した三五人の女性のグループが、歴史的な一歩を踏み出した。娘の切除をやめると宣言したのだ。

外部からはこれは画期的な突破口に見え、喝采される。現場では危機的状況だった。宣言をした女性たちは、それでも女か、アフリカ人か、と村人から厳しくとがめられ、白人から金をもらって自らのバンバラ民族を裏切ったと非難された。女性たちは何カ月も涙にくれ、娘が一生独り者の宣告を受けたと心を痛めた。モリーは、一つの村に宣言を認めてしまったのはトスタンの誤りだったと考えた。ある地元宗教指導者と相談したモリーは、性器切除が婚姻と結び付いた社会慣習である以上、一家族だけ切除をやめると宣言すれば娘の将来の結婚を台無しにすることになると気づいた。「みな一緒に変わらなければならない。でなければ娘が結婚できなくなる」とモリーは言う。「私は母に歯列矯正をさせられて、血が出たし二年間泣きました。アフリカ女性がきてこう言ってもおかしくないでしょう。『どうして娘にこんなことができるんです』。母は言ったはずです。『安い給料から貯金して娘の歯を矯正したんです。娘が結婚できるように。それを残酷だなんて』」

婚姻する集団全体が共同して、性器切除をやめる決断をせねばならない。トスタンの支援によって、結婚相手が来ることが多い村同士で、性器切除をめぐる議論の場が設けられた。トスタンは、この慣習を放棄したという共同宣言を女性たちが準備するのを支援した。このアプローチは驚くほど機能した。二〇〇二年から二〇〇七年のあいだに、二六〇〇以上の村が性器切除の廃止を宣言した。「加速しています」トスタンの目標は二〇一二年までにセネガルですべての性器切除を終わらせることだとモリーは付け加えた。

二〇〇八年、セネガル政府は性器切除撲滅をめざす国内の取り組みをすべて検討し、成果を上げているプログラムはトスタンだけだと結論した。セネガル政府はその後、トスタンのアプローチを国家モデルとして採用した。数日後、西アフリカ各地からきた厚生官僚も、性器切除を終わらせる地域戦略の一部としてトスタンモデルを歓迎した。

トスタンはすでに、ガンビア、ギニア、モーリタニアでの活動に移り、アフリカ東部のソマリアとジブチでもプログラムを開始している。どの国でも、トスタンのボトムアップ手法を受け入れる層に出会えるという。トスタンの活動は、多くの国際機関から称賛を受け、二〇〇七年、コンラッド・N・ヒルトン人道賞とユネスコ賞を受賞した。認知を受けることによって、個人の寄付者からも、またユニセフや〈米国ユダヤ人ワールドサービス〉からも財政的支援を得られるようになり、着実なペースで拡大をつづけている。寄付者を募るために、トスタンは自前のスポンサー計画を開発している。寄付者は八〇〇人ほどの村を一つ「養子」にし、三年間のプログラムに一万二〇〇〇ドルを払う。

トスタンではワシントンDCに資金集めと広報にあたる米国人が二人いるが、アフリカでは欧米人はモリーだけだ。モリーが年に四万八〇〇〇ドルしか受け取らないということもあるが、地元スタッフに力を入れることによって、費用対効果を大きく高めている。現在試されているのは、トスタンのモデルがソマリアやスーダン、チャド、エチオピア、中央アフリカ共和国でも成功を収められるかということだ——紛争で破壊され、国内での活動が危険になっている国もある。小規模ではうまく行っても、アフリカ全域に導入されると失敗に終わるプロジェクトには綿々とした歴史がある。今のところ少なくともソマリアでは有望で、モリーは、トスタンのモデルが、名誉殺人のような、命にかかわる他の社会慣習の撲滅にも貢献できるのではないかと口にしはじめている。

他のアフリカ諸国でも、性器切除に反対する運動に弾みがついている。エジプト指導層は次第にこの慣習への反対を表明するようになり、CAREをはじめ他の援助団体も先駆的な活動をしている。エチオピアとガーナの地元の草の根団体も活発だ。天然痘の根絶に貢献した公衆衛生の伝説的人物ビル・フォージは、性器切除がようやく消滅の途上にあるという。モリーとトスタンのスタッフの活動に負うところが大きい。

「彼女たちは、国連会議や際限ない決議、政府声明ができなかったことをやっている」とフォージは語る。「アフリカの発展の歴史が書かれるとき、転機には女性のエンパワーメントがあったことが明らかになるだろう。エンパワーメントが広がっていくものであり、人から人へ手渡され、村から村へ引き継がれるということを、トスタンは示してくれた」

苦労を重ねながら、世界はトスタンのような団体の現場の活動から重要な教訓を学びつつある。第一は、進歩がほんとうに可能だということ。課題は、克服されるまでは克服不可能なものだ。どうやって克服するか、はるかに優れた戦術の感触が得られている。失敗に終わった大規模な取り組み――一九七〇年代、八〇年代の反FGMキャンペーンや女性のエンパワーメントという遠大な目標を掲げたアフガニスタンへの欧米の伝道――は、はるか上方の木の梢にいる外国人の音頭で行われたために成果を上げられなかった。地元住民は通り一遍のやり方で相談されただけだった。欧米人が会議を開き法律を変えて及ぼせる影響はきわめて限られていることが、さまざまな問題で次々に明らかになった。元アイルランド大統領で、のちに国連人権高等弁務官として優れた仕事をしたメアリー・ロビンソンの言葉どおり、「人権機関が活動して五〇年、何十億ドルもの開発プロジェクトを行って三〇年、そして際限ない高尚なレトリック。その成果を数え上げてみれば、世界的な影響はまったく期待外れです。私たちみなを恥入らせる失態です☆」

対照的に、驚くべき違いを生み出したプロジェクトを見てほしい。トスタン、カシュフ、グラミン、ブルンジでのCAREプロジェクト、BRAC、インドの自営女性連合、アプネ・アプ。共通の糸は、これが地元の所有する「草の根」プロジェクトであり、ときには従来の援助プロジェクトというより社会的、宗教的運動に似ているということだ。こうしたプロジェクトはきわめて優秀で意欲的な社会起業家によって進められることが多い。彼らは「木の梢」からの取り組みを目にし、それを変換させて、はるかに有効なボトムアップモデルを創り出した。発展途上世界の女性に焦点を当てる新しい国際的な運動が前進するには、これが決定的に重要である。

☆例外はある。ときには木の梢から指導された公衆衛生プログラムが成功を収めることもある。天然痘の根絶、ワクチン接種キャンペーン、オンコセルカ症とメジナチュウ撲滅など。草の根には存在しない研究、資材、知識に依存しているために例外になっている。

少女が少女のために

女性の虐待と闘う草の根の前線はアフリカとアジアかもしれないが、ジョルダナ・コンフィーノは、ニューヨーク市郊外ニュージャージーのウェストフィールドの高校に通いながら貢献する方法を見つけた。くすんだ長い金髪、高校のダンスパーティーの女王の座からいま降りてきたところだといってもおかしくない。中流の上の家庭に育ち、自信にあふれ、平等を自分の生まれ持った権利と思っている——自分がどれほど特権に恵まれ、どれほど例外的かを意識したとき彼女は考え込んだ。

社会起業家が台頭すると、高校生などいわばアマチュア援助活動家が登場しやすくなるということを、ジョルダナや一緒に活動する生徒を見て改めて思う。ジョルダナの場合、一〇歳くらいのとき、母のリサ・アルターが娘たちを世界各地の問題に触れさせようとしたのが始まりだ。母は記事を見せ、外国の少女が直面する課題を話した。ここにいてどんなに幸運か考えてちょうだい。娘がショックを受けているのが母にはわかった。

「記事のことを話しました。女の子たちのこと」とジョルダナは振り返る。「むずかしい話もありました。女性性器切断とか、中国で女の赤ちゃんが捨てられるとか、児童労働とか。このころは、アフガニスタンでタリバーンが女子教育を禁止したことについてよく報道されていて。読み書きできなければ虐待を逃れるのがどんなにむずかしいか、家族で話しました。手に余るように思えたのはほんとうですけど、集まったら何ができるかと考えはじめました」

アイデアは頭の奥で熟成した。八年生のとき、こうした問題に取り組むクラブを始めようかと一人の友達と真剣に考えはじめた。母親たちは二人が計画を立てるのを手伝い、四人で女性と少女についての国連会議の傍聴もした。ジョルダナは耳にした話に心を動かされて、いっそう力を入れた。二人はその後まもなく、〈ガールズ・ラーン・インターナショナル〉を設立し、海外での女子教育のための募金をした。電話をかけ、ポスターを貼り、手紙を送った。ジョルダナは、ボランティアを募るために他の学校を訪れはじめた。高校生になっていた彼女は、いまやガールズ・ラーン・インターナショナルの活動家であり、団体は国中に支部を募りはじめた。

ジョルダナは、ブロンクスの〈ヤング・ウィメンズ・リーダーシップ・スクール〉の年度末総会で基調講演した。聴衆は、たしかに自分たちも困難に遭遇しているかもしれないが、他の国では少女が食べ物、身を守る場所、まして学校に通うという贅沢を求めて闘っていることに気づかされた。部屋では白人の少女は事実上彼女だけだったが、地球上のあちこちの課題について話す彼女は、同じ年ごろの多くの少女のロールモデルになっていた。

「二〇〇七年、世界中で六六〇〇万人の少女が地域の学校に行くすべがありません」と彼女は言った。こうした少女が大人になると「非識字の女性層が増え、男性と女性の格差は広がります……。学校へ通えない少女は、貧困と病気の連鎖にとらわれたり、児童結婚や売春を強制されたり、性人身売買や暴力や、いわゆる名誉殺人の犠牲者になりがちです」

ガールズ・ラーンは現在、国中の高校や中学に二〇の支部をもち、単科大学の提携プログラムでも活動する。もちろん単に大学への応募書類に箔をつけようと始めた少女もいるが、多くは、初め

ジョルダナ・コンフィーノ。女子教育についての会議で。
photo: Lisa Alter

て知った外国の生徒の話に心を動かされ、積極的に取り組んでいる。

ガールズ・ラーンの各支部は、伝統的に少女が教育の機会に恵まれない貧困国の一つのクラスとパートナーを組む。アフガニスタン、コロンビア、コスタリカ、エルサルバドル、インド、ケニア、パキスタン、ウガンダ、ベトナムといった国々だ。米国側はパートナーを支援し、学校を改善するために資金集めをする。ジョルダナは、パキスタン農村部の強姦撲滅運動家ムフタール・マーイのオフィスの改善を支援した。ムフタール・マーイが身の危険を知らせてくるのに使ったコンピュータとインターネット接続は、ガールズ・ラーンが資金提供したものだ。

ガールズ・ラーンのパートナーとなる学校選びは、ジョルダナと母、そしてマンハッタンのオフィスにいる二人のプロスタッフの一人が培ったネットワークで行われる。各支部は毎年少なくとも五〇〇〇ドル集める。これまでに約五万ドルが集まり、すべて海外のパートナークラスに送られた。これとは別に大人が年に一〇万ドル以上を集め、運営費をカバーする。つまりガールズ・ラーンは海外の女子教育を支援する慈善事業として効率がいいとはいえない。パキスタンの少女を学校に通わせるよりはるかに多くの金がマンハッタンでの運営費用に回る。それでもガールズ・ラーンの目的は、単に海外の女子教育の支援ではなく、交流を生み、国内に運動の基盤を築くことでもある。米国の少女のための教育ベンチャーとしては格安なのだ。こんな機会でもなければデザイナーバッグのことしか頭にない米国の高校生が、インドの少女が教科書を持てるように小遣いを海外に送る。

「女の子たちを巻きこむなら」とガールズ・ラーンのスタッフ、キャシディ・デュラント＝グリーンは言う。「中学で始めるのがいちばんいいと思います。リーダーを育てているんです。二〇年後、一緒に活動する女性たちを」

表向きの目標は、パキスタンのような国々の少女のエンパワーメントだが、大きな恩恵を受けているのは米国の少女だ。ジョルダナと、彼女が見つけた輝きと情熱。ブロンクスでのスピーチで、聴衆の生徒と同じ年ごろの少女が人身売買されたり「名誉」のために殺されたりしていることを指摘し、ガールズ・ラーン支部への支援を求めるジョルダナは大人びて、共感にあふれていた。彼女は力を込めて締めくくった。「少女の権利は人権です」

第14章

一人ひとりにできること

世界で見たいと願っている変化に
あなたがならなくてはいけません。
——ワンガリ・マータイ

米国人は何十年も人種隔離の不正義を知っていた。だが人種差別は南部の歴史と文化に深く根を張った複雑な問題のように見え、善意の人々の大半は、その不正義に対して自分に何ができるか見当もつかなかった。やがてローザ・パークス〔一九五六年アラバマ州モンゴメリーでバスの白人席にすわり、キング牧師のバスボイコット運動のきっかけとなった黒人女性〕とマーティン・ルーサー・キング牧師と「フリーダム・ライダー」〔公共交通機関の人種差別撤廃を求めてバスに乗り込み南部諸州へ向かった活動家〕が現れ、ジョン・ハワード・グリフィンの『私のように黒い夜』（ブルースインターアクションズ）をはじめ新しい視野を開く本が現れた。この不正義は突如、直視せざるをえないものになり、一方、経済的変化が人種差別を弱体化させていった。その後、公民権運動のうねりが起き、苦難が明るみに出され、善良な人々に人種差別の黙認を許していた目隠しが取り払われた。

同様に二〇世紀のあいだ、空にはスモッグがかかり、川は油で汚れ、動物は絶滅の危機にさらされていたが、環境破壊は大きく取り上げられることも反対されることもなくつづいていた。悲しいが避けることのできない、進歩の代償と思われていたのだ。だが一九六二年、レイチェル・カーソンの『沈黙の春』（新潮社）をきっかけに、環境保護運動が生まれた。

売春宿に閉じ込められた女性、村はずれに建てられた小屋の床に瘻《ろう》を患って丸まっている一〇代の少女。今日の課題は、彼女たちと向き合うよう世界に求めることだ。世界中で両性の不平等と闘い、少女の教育と機会を推進する広範な運動が起こってほしい。米国の公民権運動も環境保護運動も一つのモデルではあるが、どちらも身近で起きる国内問題が対象だったという点で、今日の課題とは違っている。米国の女性運動をモデルにするのは控えたい。国際的な取り組みが「女性の問題」と呼ばれたら、もう失敗したも同然だ。残念ながら現実として、女性の問題は軽視される。奴隷制が黒人の、ホロコーストがユダヤ人の問題とは見なされないように、性人身売買や集団強姦を

「女性の問題」と見るべきではない。一つの人種、性別、信仰に限らない、人道的問題なのだ。

新しい運動の理想的なモデルは、すでに触れた、一八世紀末から一九世紀初頭にかけてのイギリスの奴隷貿易廃止運動だ。これは、遠く離れた場所に住む同じ人間の生活を改善すべく、長きにわたって自分の身にも財産にも多大の犠牲を払うことを受け入れた人々の輝かしい例である。チャーチルはイギリスの「最良の時代」は一九四〇年代のナチスへの抵抗だと言ったが、奴隷制廃止につながる道義的勢いのあった時代も高潔さでは劣らない。

歴史を通じてほぼずっと、奴隷制は、悲しいが避けることのできないものとして受け入れられていた。優秀な哲学者だったアテネ人は人間を深く理解し、優れた書き手、哲学者になったが、アテネの奴隷制への依存について議論すらしなかった。イエスは福音書で奴隷制にまったく触れていない。聖パウロとアリストテレスは奴隷制を受け入れていた。ユダヤ教とイスラム教の神学者は、奴隷に対する慈悲を信じていたが、奴隷制それ自体を疑問視することはなかった。一七〇〇年代、クエーカー教徒は奴隷制を激しく非難したが、変人と片付けられ、何の影響も持たなかった。一七八〇年代初め、奴隷制は、疑問視されない世界の景色の一部だった――ところが驚いたことに、その後一〇年もたたないうちに、奴隷制はイギリスの国家的課題の最優先事項になった。流れが変わり、イギリスは一八〇七年に奴隷貿易を禁止、一八三三年、奴隷を解放した最初の国々の一つになった。

イギリス社会の人々は半世紀以上にわたって、自らの道義的リーダーシップの大きな代償を払ってきた。奴隷貿易廃止の前夜、イギリス船は、大西洋を越えて運ばれる奴隷の五二%を運び、イギリス植民地は、世界の砂糖の五五%を生産していた。奴隷の供給がなくなった新世界のイギリス植民地は衰退し、不倶戴天の敵フランスが膨大な恩恵を受けた。米国も恩恵を受けた。イギリス領西インド諸島での砂糖生産は、イギリスが奴隷貿易を廃止した直後の三五年で二五%も減少し、一方、競争相手の奴隷経済諸国の生産は二一〇%も増加した。

英海軍は、大西洋でもアフリカ大陸内でも奴隷貿易制圧の先頭に立った。このため約五〇〇〇人のイギリス人が命を失い、イギリス人には増税が課された。こうした一方的な行動は外交面でも高く付き、他の国々の怒りを買って、ライバル軍事勢力と真正面からぶつかることになった。一八五〇年のブラジルとの短期戦争をはじめ、一八四一年には米国と、一八五三年にはスペインとのあいだで戦争の危機に陥り、フランスとの継続的な緊張関係にもつながった。それでもイギリスはひるまなかった。その姿勢が結局、一八四八年にフランスに奴隷制廃止を促し、米国の奴隷制廃止運動家と解放宣言を触発し、一八六七年にキューバに奴隷輸入禁止を施行させ、実質的に、大西洋横断奴隷貿易に終止符を打ったのだ。

二人の研究者チャイム・カウフマンとロバート・ペイプによれば、イギリスは、奴隷制廃止という道義的姿勢のために、六〇年間、年平均でGNPの一・八%を犠牲にしたと推計される[1]。これは驚くべき数値で、積算するとイギリスの丸一年のGNP以上に相当し(今日の米国なら、一四兆ドル以上の犠牲に当たる)、イギリスの生活水準に長きにわたってかなりの犠牲を強いた。一つの国が利益より価値観を優先した英雄的な例だった。

奴隷制廃止運動の栄誉はふつうウィリアム・ウィルバーフォース[2]に送られる。実際、彼は運動の最前線にいたリーダーの一人で、流れを変えた人物だ。だがウィルバーフォースが奴隷制廃止運動に加わったのは運動誕生後かなりたってからであり、人々を触発したのは彼の雄弁さだけではなかった。運動の核――今日学ぶ価値のある部分――は、イギリス人に対して奴隷船とプランテーションの状況を正確に説明する慎重な取り組みだった。

奴隷制はイギリス本国には存在せず、海外領土だけに存在していたため、平均的イギリス人は奴隷制のことをあまり考えなかった。今日のインドでの性人身売買と同じように、その残酷性を取り上げてもすぐに他へ話が移ってしまうのがつねだった。

この課題を克服したのがトーマス・クラークソンだ。クラークソンはケンブリッジ大学の学生時代、ラテン語コンテストのために奴隷制について書き、初めてこの問題に関心をもった。自分の研究にぞっとして、生涯にわたって熱心な奴隷制廃止運動家になった。クラークソンは、奴隷貿易廃止実践協会の原動力だった。『エコノミスト』誌は書いている。「近代人道運動の創設者がいるとすれば、それはクラークソンだ[3]」

大学を去ったあと、クラークソンは大きな危険を冒して、奴隷船停泊地だったリバプールやブリストルの港に密かに出入りし、船員と話して奴隷貿易の証拠を集めた。手枷、焼きごて、親指ねじ締め責め具、足枷、奴隷の口を開けさせておくのに使う身の毛もよだつ道具を手に入れた。船倉の話をしてもいいという元奴隷船船長も見つけた。またリバプールの奴隷船ブルックス号の図解を手に入れ、四八二人の奴隷がどのように積まれていたかを示すポスターを作った。この図は奴隷制廃止運動のシンボルになった。

一つの重要な点が浮かび上がる。クラークソンと奴隷制廃止運動家は、慎重に誇張を避けた。実はブルックス号は航海によっては六〇〇人もの奴隷を運んだこともあったが、クラークソンは信頼性を確保するには、最も確実な控えめな数字を使うのが最善だと考えた。

当時、奴隷制擁護派は、西インド諸島での農場経営を、奴隷に寛大な配慮をした情け深いものとして描きだすことが多かった。だがクラークソンの証拠は、状況がしばしば身の毛のよだつものであることをありありと示した。激怒した奴隷所有者は、クラークソン暗殺のために水兵の一団を雇い、クラークソンは殴り殺されかけた。

クラークソンとウィルバーフォースは望みのない運動を闘っているように見えた。奴隷貿易の継続にはイギリスにとって大きな経済的利益がかかり、一方、苦しみを受けていたのは、多くのイギリス人が野蛮人と見下す、はるか彼方の人間だった。だが船倉に人間を詰め込むことの意味――悪臭、病気、死体、血まみれの手枷――に直面させられ市民は、身震いして奴隷制反対に転じた。最終的にものを言ったのは、奴隷制廃止運動家の情熱や道義的信念だけでなく、事細かに集められた残虐行為の証拠だった。これは有益な教訓だ。

政治家には「真実」を見せるだけでは成功はおぼつかず、国内で容赦なく政治的圧力をかける必要があった。クラークソンは馬に揺られて三万五〇〇〇マイルを旅し、元奴隷オラウダ・エクイアノは自著の売り込みのため五年間イギリスじゅうを回った。一七九二年、三〇万人が西インド諸島の砂糖をボイコットした――当時、史上最大の消費者ボイコットだった。その年、奴隷制反対請願に署名した人は英選挙の有権者より多かった。ウィルバーフォースは英国会で、奴隷船・奴隷制擁護派を上回る党派を形成するため精力的に交渉した。やがて、現代と同じように、有権者の強い主張の後押しを受けた倫理的争点には耳を傾けるべきだと政府家たちは判断した。

一七九〇年代、奴隷制廃止運動家は、経済やフランスの脅威といった地政学的複雑さを理解しない理想主義的説教家と片付けられることが多かった。近年も「重大問題」はテロや経済であるとふつうは思われている。だが女性の抑圧という道義的問題は今日、一七九〇年代の奴隷制とまったく同じように些細な問題ではない。何十年かあとに人々は振り返って、一九世紀の大西洋横断奴隷貿易より大規模な二一世紀の性奴隷貿易を、どうして黙認することなどできたのかと不思議に思うだろう。未来の人々は、妊産婦医療への投資が不足しているために毎年五〇〇万人の女性が出産で命を落としているというのにいっこうに関心が高まらないのを見て理解に苦しむだろう。

リーダーシップは発展途上世界自体から来なくてはならない。現にそうなりはじめている。インド、アフリカ、中東で、男性も女性もいっそうの平等を推進している。彼らにはサポートが必要だ。一九六〇年代、公民権運動をリードしたのはキング牧師のような黒人だったが、「フリーダム・ライダー」やそのほかの白人支持者から応援を受けていた。今日、国際的な女性運動にも「フリーダム・ライダー」が必要だ――手紙を書き、送金し、ボランティアとして時間を提供する人々が。

しかも女性の解放は、テロをはじめ地政学的課題に取り組むもう一つの次元も提供する。同時多発テロ後、米国は、ヘリコプターや銃、軍事的経済的支援に一〇〇億ドルを注ぎ込んで、パキスタンでのテロの懸念に対処しようとした。そのあいだ、パキスタンでの米国の人気は落ちる一方で、ムシャラフ政権はいっそう不安定化し、過激派が人気を高めた。もしその金が、パキスタン農村部で地元の団体を通して教育とマイクロファイナンスを促進するのに使われていたら？　米国の人気は高まり、女性がもっと社会参加していたはずだ。女性が社会で発言権を得れば、暴力が減るという証拠がある。元オーストリア駐在米大使で現在はハーバード大学のスワニー・ハントは、二〇〇三年、「衝撃と畏怖」作戦によるイラク侵攻後の、米国防総省官僚の反応を振り返る。「何百人もの男性がいるのに女性は七人しかいない、イラクの将来の指導者探しの範囲をもっと広げるように私が言うと、その官僚はこう言いました。『ハント大使、女性の問題には安全を確保してから取り組みます』。女性の問題というのは何のことだろうと思いました。私は安全の話をしていたのですから(4)」

今世紀、私たちが直面する重要問題を考えてほしい。戦争、治安の悪化、テロ。人口圧力、環境悪化、気候変動。貧困と収入格差。女性のエンパワーメントは、こうしたさまざまな問題への答えの一部なのだ。

少女を教育して公式経済に組み込めば、経済的配当がもたらされ、世界の貧困への取り組みに貢献できることは明らかだ。

押し寄せる人口増による環境圧力が避けがたいなか、出生率を下げる最善の方法は、少女を教育して仕事の機会を提供することだ。

また紛争で荒れ果てた社会を鎮静化する一つの方法は、女性と少女を学校、職場、政府、ビジネスに迎え入れることだ。一つには経済の急成長、一つには、こうした国々の男性ホルモンの支配する体質を中和するために。

女性のエンパワーメントが万全の解決策だと論じようというのではないが、単なる正義をはるかに超えるさまざまな見返りを提供するアプローチなのだ。

バングラデシュを考えてほしい。貧しく、政治的には機能不全で、将来にとてつもない不確実性を抱えている。それでも、一九七一年までその一部だったパキスタンとは比べ物にならないほど安定している(バングラデシュはその時まで東パキスタンと呼ばれていた)。国の分裂直後はお先真っ暗と見られ、ヘンリー・キッシンジャーが「経済無能力」と言ったのは有名だ。パキスタンと同じ政治的暴力とお粗末な指導者に苦しんだが、それでも今日バングラデシュのほうが未来が安定して見える。両国が違う理由は数々ある。パキスタンにはアフガニスタンから広がった暴力という癌があり、一方バングラデシュには過激思想を穏健化させたベンガルの伝統がある。だがバングラデシュの今日の安定の一つの理由はまちがいなく、女性と少女に膨大な投資をしてきたことにある。バングラデシュの少女はパキスタンの少女より学校に通っている可能性がずっと高く、そのあと仕事に就く可能性もずっと高い。その結果、バングラデシュには今日、発達した市民社会があり、ダイナミックな輸出部門の原動力となる、女性労働者のひしめく巨大な衣料産業がある。

貧困国で活動する人間はほぼ全員、第三世界最大の未活用のリソースは女性だとわかっている。「男性は研修できないことが多いということにまず気づいた」と言うのはバンカー・ロイだ。ロイは、インドに本拠をおいてアジア、アフリカ、南米で活動する援助団体〈裸足の大学〉を運営する。「それで今は女性だけを対象に活動しています。アフガニスタン、モーリタニア、ボリビア、ティンブクトゥから一人の女性を選び、裸足のエンジニアになるために六カ月で研修します」こうした女性たちが上水供給などの問題に取り組む。

地球上の各地で、女性を能力に応じて活用している国や企業は必ずと言っていいほど繁栄している。

「より多くの女性を労働力として活用することは、ユーロ圏の労働市場において、従来の労働市場改革よりもはるかに大きな、唯一最大の成功の原動力である」[5]

ゴールドマン・サックスは二〇〇七年の研究報告で書いている。また、女性の役員が多い企業は、少ない企業よりもつねにいい業績を上げている。米『フォーチュン』誌の五〇〇企業調査によれば、女性の役員の多いほうから四分の一の企業は、少ないほうから四分の一の企業より、三五%高い株式リターンを得ている[6]。日本の株式市場で、女性社員の割合の最も高い企業は、最も低い企業と比べて、五〇%近く業績がいい。別に女性役員が天才だということではない。女性を昇進させるほど革新的な企業は、ビジネスチャンスへの反応でも一歩先んじているのだ。これが持続可能な経済モデルの核である。女性をいっそう生産的な役割に移せば、人口増加を抑え、持続可能な社会を育むのに貢献する。

国の人材の半分を活用しないままにしておくコストを考えてほしい。女性と少女が小屋に閉じ込められ、教育を受けず、仕事にも就かず、世界に重要な貢献ができずにいるのは、人材の大きな金脈が一度も採掘されていないに等しい。少女を教育しない影響は、何十億ドルものGNPの違いだけでなく、何十点ものIQ点数の能力格差として現れる。

心理学者は、IQテストで計る知能が年とともに急上昇したと指摘してきた。この現象はジェームズ・フリンというニュージーランドの知能研究者の名をとって、フリン効果として知られる。米国の平均IQは、一九四七年から二〇〇二年までに一八ポイント上がった。三〇年間で、オランダの徴集兵のIQは二一ポイント、スペインの生徒のIQは一〇ポイント上がった。もし一九三二年の米国の子どもが一九九七年にIQテストを受けたら、半分は少なくとも精神発達遅滞の境界と判定されただろうと推測する学者もいる。

フリン効果の原因は究明されているわけではないが、顕著な影響が現れるのは、適切な栄養、教育、刺激を受けていなかった可能性のある低得点層だ。ヨード欠乏が一因の国々もある。栄養状態が改善し、教育も向上するにつれ、知能テストの成績が上がる。したがって特に大きなフリン効果がブラジルやケニアのような途上国で見られるのは何の不思議もない(7)。ケニア農村部の子どものIQは、わずか一四年で一一点上がった(8)。欧米で報告されているどのフリン効果よりも速いペースだ。

貧困国の少女は、身体的にも知的にもとりわけ栄養状態が悪い。こうした少女を教育し、十分に食べさせ、雇用機会を提供すれば、世界全体で人類の知性に新しい力が吹きこまれ、貧困国には、自国の課題に取り組む用意の整った市民と指導者が誕生する。貧困国の指導者を説得する最強の論拠は、人道的なものではなく、実際的なものだ。経済を活性化させたいなら、この人材の金脈を埋もれさせ開発せずに放っておく手はない、と。

こうした実際的理由で女性に焦点を当てるようになってきた団体に、アーカンソー州に本拠を置き、貧困国の農民に牛やヤギ、鶏などの動物を提供する〈ハイファー・インターナショナル〉がある。代表のジョー・ラックは、ビル・クリントン知事時代、元州政府官僚だった。一九九二年に代表を引き受けるとき、ジョーはアフリカを訪れた。ある日ジンバブエの村で若い女性たちと一緒に地面にすわっていた。テレライ・トレントもそこにいた。

テレライは頬骨が高く面長で、濃くも薄くもない褐色の肌。秀でた額に、きつく結ったコーンロー〔頭全体に細い三つ編みを並べるヘアスタイル〕。世界中の多くの女性と同じく、誕生日も知らず、出生書類ももっていない。生まれたのは一九六五年か、もしかしたらもっと後かもしれないという。子どものとき、正式な教育をほとんど受けなかった。女の子は家事雑用をするものだったからだ。牛を追い、弟や妹の世話をした。父は言った。息子たちを学校へやろう。男は食っていかなくちゃならない。

「父も他の男の人もみんな、老後が心配で息子に投資をした」とテレライは言う。

弟のティナシェは学校へ行かされたが、やる気がなかった。テレライは学校へ行かせてほしいと頼み込んだが許されなかった。弟が毎日、家に持って帰ってくる教科書を熱心に見て、一人で読み書きを習った。まもなく彼女は毎晩、弟の宿題をするようになった。

教師は不思議に思いはじめた。ティナシェはクラスでは出来が悪いのに、宿題はいつも完璧だ。ようやく教師は、宿題とクラスで筆跡が違うことに気づき、ティナシェをむちでたたいてほんとうのことを言わせた。教師は父親のところに行き、テレライは神童だからと言って、学校に通わせるよう頼み込んでくれた。言い争ったあげく、父は二学期か三学期のあいだ、テレライを学校に通わせたが、一一歳くらいで結婚させた。

夫はテレライが学校に通うのを禁じ、彼女が読み書きできるのを嫌がって、古新聞を読んで勉強しようとするたびに殴った。他のときもたびたび殴った。彼女はこの結婚が嫌だったが、出ていくすべがなかった。

「女で教育もなかったら、どうすればいいんです?」

テレライたちと話しに来たジョー・ラックは、物事はこうと決まっているわけではないと強く言った。目標は達成できる。この「達成できる《アチーバブル》」という言葉をジョーは何度も繰り返した。女性たちが気づいて、「達成」とはどういう意味かと通訳に訊いた。渡りに船とジョーは尋ねた。

「みなさんの希望は何?」

テレライ・トレント。
生まれた小屋の前に立つ。
ジンバブエ。
photo: Tererai Trent

みな困惑した。何の希望もなかったからだ。正直なところ女性たちは、地元の言葉も話せず変な質問ばかりするこの白人女性に不信感をもっていた。だが彼女は夢を思い描いてみろと言う。女性たちはしぶしぶ自分が何をしたいか考えはじめた。

テレライは、教育を受けたいという希望をおずおずと口にした。ジョーはこれに飛びついて、きっとできる、目標を書き出して追い求めなくちゃと言った。テレライはいったい何のことだろうと思った。自分は二〇代半ばの既婚の女なのだ。

海外援助の役割には多くの比喩があるが、私たちは一種の潤滑油と考えている。発展途上世界のクランクに油を数滴。それでギアはまたひとりでに動き出す。

ハイファー・インターナショナルの支援はまさにこの変化を起こした。テレライは自分の足で自由に歩き出した。ジョー・ラックが帰ったあと、テレライは五人の子どもを育てながら必死で勉強を始めた。夫の暴力から逃れて母の村へ行った。友達にも手伝ってもらいながら苦労して、目標を紙に書いた。

一つ目は「いつか米国へ行く」というものだった。大学の学位を取る、修士号を取る、博士号も。――どれも、正式な教育を一年も受けていないジンバブエの既婚の牛飼い女性にとっては、途方もなくばかげた夢だった。だがテレライはこの紙をたたんで、三重にビニール袋に入れ、古い缶に入れた。そして牛を追う場所の岩の下に缶を埋めた。

その後テレライは通信教育を受け、貯金を始めた。勉強で優秀な成績を収めて自信をつけ、ハイファー・インターナショナルのコミュニティ・オーガナイザーになった。優秀な学業でみなを驚かせた彼女は、支援者から、米国での勉強を考えてはどうかと励まされた。一九九八年のある日、彼女はオクラホマ州立大学の入学許可通知を受け取った。

三〇代の女は自分ではなく子どもの教育に焦点を置くべきだと考える近所の人もいた。「自分が教育を受けていなければ、子どもの教育の話ができない」と彼女は答えた。「自分が教育を受ければ、子どもも教育できる」

こうして彼女は飛行機に乗り込み米国へ飛んだ。

オクラホマ州立大でテレライはなるべく多くの単位を取り、夜は働いて金を稼いだ。学位を取ると村へ帰った。岩の下の缶を掘り出し、目標を書きつけてあった紙を取り出した。実現した目標にチェックを付け、ふたたび缶を埋めた。

ハイファー・インターナショナルから仕事を提供され、テレライはアーカンソーで働きはじめた。同時に大学院にも通って修士号を取った。修士号を取るとまた村に戻った。家族と親戚と抱き合ったあと、ブリキ缶を掘り出し、達成したばかりの目標にチェックを付けた。

テレライは今、ウェスタンミシガン大学で博士号の準備をしている。五人の子どもは米国に呼んだ。授業課程を終え、アフリカの貧困層のあいだでのＡＩＤＳプログラムについて博士論文を作成中だ。テレライは、アフリカにとって生産的な経済的財産になるだろう。すべては、ハイファー・

インターナショナルの小さな後押しと手助けから始まった。博士号を取ったらまた村へ帰り、愛する家族を抱きしめたあと、草原へ出てふたたび缶を掘り出すのだ。

社会運動に関しては広範な研究文献があり、近年の最も驚くべき変化は女性によるリーダーシップの台頭だと専門家は指摘する。

米国でも、男性が圧倒的にトップを占める重要な取り組みは、公民権運動とベトナム反戦運動を最後に終わったのかもしれない[9]。以来、飲酒運転に反対する母親の会や親フェミニズム、反フェミニズム両方の運動など、多様な取り組みを率いるのは女性たちだ。政治や企業、公職では依然として出遅れているが、女性は世界の多くの場所で社会活動部門を席巻している。米国では現在、ハーバード大学、プリンストン大学、マサチューセッツ工科大学の学長が女性で、フォード財団とロックフェラー財団の会長も女性だ。〈全米女性評議会〉に属する団体には、一〇〇〇万人の女性がいる。

同じパターンは海外でも明らかだ。韓国では、女性は国会の議席の一四%を占めるだけだが、NGOの八〇%は女性が率いる。キルギスでは、女性は国会で一つも議席をもっていないが、NGOの九〇%を運営している[10]。

一九世紀の米国で、富裕層の女性は女性参政権運動を軽蔑し、男性の大学や学校、教会や慈善に寄付を惜しまなかった[11]。公然と女性を差別する機関に対して、富裕女性が驚くほど寛大なこともめずらしくなく、女性参政権運動は、賛同してくれる男性に資金集めを頼らざるをえなかった。ここ数十年も、米国の富裕女性層は、国際的な女性問題の大義にとりわけ寛大だったわけではない。

だが、変化の始まりを示す兆しはある。米国女性は、フィランソロピーの世界で次第に重要な役割を果たすようになり、女性と少女を支援する「女性基金」が急増中で、米国だけでいまや九〇以上に上る。

世界中で女性と少女をエンパワーする新しい解放運動の機は熟している。政治家も気づくべきだ。米国では二〇〇六年の世論調査で、六〇%の回答者が「他国での女性の待遇の改善」は米国の外交政策にとって「非常に重要」と答えているという[12]（約三〇%が「ある程度重要」と言う）。運動は、以下の原則に従うべきだ。

●リベラル、保守の垣根を越えて広く連携を探る。成果がはるかに得やすくなる。

●売り込みの誘惑に負けない。人道関係者は、誇張で信頼性を損ねてきた（だから、援助団体は過去三回の飢餓のうち一〇回を予測した、とジャーナリストに茶化されるのだ）。女性研究を行うのは、正義と性差別について心を痛め、研究する前から信念をもつ人々が多い。主張は慎重に。誇張から得られるものは何もない。

●男性を無視しない。HIVと闘うために、女性がパートナーに知られずにつけられる膣用殺菌クリームの開発に資金提供するのは重要だ。だが少年と男性が割礼を受ければ、それも女性の支援になる。AIDSの蔓延を遅らせ、男性からの感染リスクが減るからだ。

●米国のフェミニズムは視野を広げる。教育改革法第九編〔一九七二年に成立した、教育機関での性差別を禁じる合衆国法典条項〕にもとづくイリノイ州のスポーツプログラムに関心を持つのは結構だが、それと同じくらいアジアの性奴隷問題にも関心をもつ。進歩の兆しはある。信仰を持つ米国人は、胎児の命と同じくらい、アフリカ女性の命を守ることに最善を尽くす。みながコスモポリタンになり、世界中にある性別にもとづく抑圧に気づく。

第五の原則があるとしたらこうなる。四つの原則にこだわりすぎるな。運動は柔軟であるべきだ。場所が違えば戦略も変わる。とことん経験的で、融通無碍がいい。

本書では、女子教育が出生率を低下させ、子どもの健康状態を改善し、より公正でダイナミックな社会を築く唯一最良の方法だと繰り返してきた。だが本書執筆中に二つの新しい研究[13]が、村の出生率とジェンダー問題に革命的な変化をもたらす、もう一つの方法を示した。テレビである。

イタリアの開発経済学者エリアアナ・ラフェラーラによる研究は、ブラジルのテレビネットワーク局レデ・グローボの展開の影響を検証した。グローボは連続ドラマで知られ、大勢の熱狂的ファンをもつドラマの主人公は子どもの少ない女性たちだ。ブラジルでグローボが新しい地域に届くと、その後数年間、その地域で——特に社会経済的地位の低い女性や再生産年齢が進んだ女性のあいだで、出産が減ることがわかった。女性たちが、大好きな連続ドラマの登場人物をまねて、子どもを持つのをやめたのがうかがえる。

二番目の研究は、インド農村部でのテレビの影響に焦点を当てた。ブラウン大学のロバート・

ジェンセンとシカゴ大学のエミリー・オスターは、村にケーブルテレビが入ると、女性がいっそうの自立を得ると指摘する——許可なしで家から出かけるようになったり、世帯の決定に参加する権利を得る。出産が減り、女性が娘より息子をほしがる傾向が減った。妻への暴力は受け入れられにくくなり、家族が娘を学校に通わせる傾向が増えた。

こうした変化が起きたのは、きわめて保守的で伝統的でありがちな孤立した村にテレビが新しい考え方をもたらしたからだ。テレビが来る前、調査を受けた村女性の六二％が、夫は妻を殴ってもかまわないと考え、五五％が次の子どもは息子であってほしいと思っていた（残りのほとんども娘がほしかったわけではない。単にどちらでもよかった）。女性の三分の二は、友達に会いに行くのに夫の許可が要ると言っていた。

その後、テレビが来ると、新しい考え方が村に浸透した。インドの人気ケーブルテレビのほとんどは、都市の中産階級家庭を舞台にした連続ドラマを放映し、ドラマの女性たちは仕事をもち、自由に行き来している。農村部の視聴者は、女性を人間として扱うのが「近代的」やり方だと知った。効果は絶大だった。「ケーブルテレビの導入は、ほぼ五年分の女子教育に相当する」と二人の教授は報告する。何も、少女の就学プログラムを中止して、妻を殴る男が大勢いる村にケーブルテレビを導入しに行け、ということではない。研究の指摘は暫定的なもので、追試を重ねる必要がある。だが、女性のための運動は、創造的で、新しいアプローチや技術を進んで学び、組み込んでいくものでなくてはならない。

めざす目標は広く包括的であるべきだが、特に四つの恐ろしい現実に焦点を当てる。妊産婦死亡率、性人身売買、性別による暴力、そして少年よりはるかに高い少女の死亡率につながる日常的差別。課題に取り組むツールには、女子教育、家族計画、マイクロファイナンス、あらゆる意味での「エンパワーメント」がある。

推進に役立つ一つの方策として、差別撤廃協定（CEDAW）がある。これは一九七九年に国連総会で採択され、一八五カ国が署名しているが、米国は批准を拒みつづけている。国際協定に権限を譲り渡すことで主権が浸されると共和党が懸念しているせいだ。ばかげた懸念である。国連はまた、両性の平等支援を目的とする重要機関を持つべきだ[14]。理論上は国連女性開発基金（UNIFEM）があるが、きわめて小さい。米国はイギリスのように、すべての海外援助・開発問題を統括する省を持つべきであり、この省は女性の役割に重点をおくべきだ。

だが最終的には、アフリカの村の生活パターンを変える可能性が高いのは、CEDAWや米国の新省庁ではなく、村の新しい学校や診療所だろう。教育に関する国連会議を開催するのは結構だが、現場のプロジェクトに資金を回すほうが役に立つこともある。草の根キャンペーンがフェミニスト団体から福音派教会まで各勢力をまとめ、大統領と議会に三つのイニシアティブの実現を呼びかけるのを見たいものだ。ヨーロッパや日本などの拠出国の同様の取り組みと連携するのが理想だが、米国のプロジェクトとしてスタートしてもいい。

第一は、世界中の少女を教育し、教育の性格差を減らす取り組みだ。期間五年、資金規模一〇〇億ドル。アフリカに焦点をあてるが、アフガニスタンやパキスタンといったアジア諸国も成果を上げるよう支援し――要請する。金を出して、「米国民の寄付」と壁に書かれた学校を建てるだけではない。最も費用対効果の高い教育支援方法を見つける実験的試みも行う。国によっては、貧困家庭の女生徒に制服を支給することかもしれないし、地域の寄生虫駆除や成績優秀な少女への奨学金支給、月経管理の手助け、給食支援、あるいはメキシコの〈機会〉プログラムをアフリカに広げることかもしれない。どれが最も費用対効果が高いのか、厳密にランダム選択にもとづいて試し、外部評価者が評価する。

第二は、貧困国にヨード塩を供給する世界的取り組みへの資金拠出。胎児の脳が発達する期間のヨード不足によって、何千万人もの子どもがIQを一人約一〇点失ったりしないように。女子教育の章で見たとおり、母体が十分なヨードを欠くと、とりわけ女児の胎児が脳の発達に障害を受けやすい。そのため、ヨード塩の恩恵を受けるのは主に少女だ。カナダはすでに、ヨード塩供給を支援するマイクロ栄養イニシアティブに資金提供しているが、やるべきことはまだまだ多い――ある推計によればわずか一九〇〇万ドルで必要な国々にヨード塩を提供できるというのに、これほど多くの少女が脳の不可逆的ダメージを被っているのは由々しきことだ。費用のかからないヨード塩キャンペーンは、安くてシンプルで費用対効果の高い方法があることを示すものだ。一見それほど魅力的な方法には見えないかもしれないが、どんな形の海外援助にも増して、出費に見合うだけの価値はある。

第三は、産科瘻を根絶し、妊産婦死亡率への重要な国際的な闘いの基盤を築くプロジェクト。一二年間で一六億ドル規模である。世界瘻基金の代表で運営責任者のL・ルイス・ウォール医師は、人道問題の保守派論客マイケル・ホロビッツとともに、瘻に終止符を打つキャンペーンに向けて具体的な提案を作成した。計画には、アフリカ各地で四〇の瘻センターの建設、運動を統括する新たな研究機関の設置が盛り込まれている。これはリプロダクティブヘルスの分野で民主・共和両党を結びつける数少ない領域の一つで、よりよい妊産婦医療の必要性全体に光を当てる。世界で最も見捨てられた若い女性を支援する機会を示し、アフリカでの産科技術を高め、妊産婦死亡率と闘う次のステップを踏み出すエネルギーになる。

この三つのステップ——女子教育への資金提供、精神発達遅滞を防ぐヨード塩、瘻の根絶——で、世界の女性の問題がすべて解決するわけではない。だが三つの対策を行動に移すことで、埋もれている問題が国際的な政策課題の上位に浮上し、問題の解決法が示される。ひとたび解決があることがわかれば、他のさまざまな方法で支援が進むだろう。

運動は広く届くほどいい。最も効果的な支持者は、資金だけでなく、最前線のボランティア活動に時間を提供してくれる人たちだ。貧困に心を痛めているなら、単に反対するだけでなく理解しなくてはならない。理解は、時間を費やして自分の目で見ることから来る。

コルカタで人身売買された女性のためのシェルター〈ニュー・ライト〉を運営するウルミ・バスのことを第二章で取り上げた。私たちは何年も、売春婦の子どもにボランティアで英語を教える米国人を送ってきた。彼らは初め、荷が重いと考えた。その一人がシドニー・ウッドだ。ミネアポリスの市弁護士補佐。仕事をしながら、人生にはもっと何かあるはずだと思っていた。インドに行ってニュー・ライトで活動するため九〇日間の無給休暇を願い出たが、上司は認めなかった。シドニーは仕事を辞め、家を売り、コルカタに移った。電子メールにあるように、順応は非常に厳しかったと言う。

インド（少なくともコルコタ）なんか大嫌いだと自分で認めるのに六カ月ほどかかりました。ニュー・ライトのことはほんとうに好きです。子どもたち、母親、スタッフ、他のボランティアの人たち、ウルミ。でもそれ以外のコルコタの生活は大嫌い。ここで、独身の黒人米国女性であることは、ほんとうにむずかしい。しじゅう不信の目で見られます。肌の色のせいというよりは、未婚で、よく一人で（レストランや商店街などで）いるからです。じろじろ見られることは精神的に疲れるもので、慣れることはないと思う。

そんなつらい思いをさせて心苦しく、インド行きを後悔していないかと尋ねてみた。他の人たちにすすめられるか、と。しばらくしてまたメールが届いた。

インドに来てよかったと思います。来年ニュー・ライトに戻るつもりです。子どもたちと恋に落ちました。特にジョヤとラウルの兄弟（たしか四歳と六歳）に。二人が教育を受けて赤線地帯《カリガハト》を脱出できるようにがんばります。自分が何か貢献できたならうれしい。経験（いいのも悪いのも）のおかげでずいぶん変わりました。ゆったり構えて、挫折や困難とうまく付き合えるようになった。前は国の外に出たことがなかった（バミューダやメキシコ、バハマへの観光旅行以外は）けれど、今は海外に行かないなんて考えられない。インドで一生の友達ができた。言葉にするのはむずかしいけど、今までと違う、少しましな人間になった。まちがいなくすすめます。特に独身の黒人女性に。いろいろあったけど、必要なことでした。インドは人を変える。直面するのを避けてきたかもしれない、自分のことに直面させてくれる。私のためにいいことだった。私にとって。

この世界的運動に参加するのはまず他の人を支援するためだが、結果的に自分が助けられることはよくある。ジョン・テンプルトン卿の言葉のとおり、「自己の向上は主に、他者を助けようとすることから来る」

社会心理学者は近年、幸福について多くの知見を得たが、驚きの一つは、幸せをもたらすと思い込んでいるものが幸せの原因ではないということだ[15]。宝くじに当たれば当初幸福感は膨らむが、一年後には格別幸せというわけではなくなる。幸福レベルは大方持って生まれたもので、いいことでも悪いことでも、何が起こるかによって大して影響を受けない。末期透析を受けていても気持ちは健常者とさして変わりなく、対麻痺など障害を負った場合、当初は不幸に感じるが、幸福レベルはまもなく回復するという。バージニア大学の幸福研究の心理学者ジョナサン・ハイトは、いいことや悪いことが起こったら、一年後には幸福レベルが大して変わらないことを忘れるなと言う。

だがハイト教授らによれば、幸福レベルを現に持続的に左右する要因がいくつかあるという。一つは「より大きな事柄との結びつき」――大義や人道的な目的との結びつきだ。従来人は、これを求めて教会やそのほかの宗教施設の門をくぐってきたが、どんな運動でも人道的イニシアティブでも、幸福感を増幅させる目的意識を与えてくれる。私たちは、利他主義から人としての大きな配当を受けるよう、神経学的に構築されているのだ。

それゆえ読者も、できる形でこの広がりつつある運動に加わり、支援してくだされればと思う。パキスタンのムフタール・マーイの学校でボランティアをする。〈イクオリティ・ナウ〉のキャンペーンの一環として手紙を書く。性器切除について村を啓発する〈トスタン〉に資金提供する。巻末にある援助団体一覧に目を通し、〈チャリティ・ナビゲーター〉のウェブサイト（www.charitynavigator.org）をのぞいてほしい。そして関わってみようと思う団体を一つでも二つでも見つけてほしい。

フィランソロピストは従来、海外の女性の権利への関心が低く、バレエや美術館といった高級な目的に金を出してきた。女性の絵や彫刻に出すのと同じだけの資金を生身の女性に出しさえすれば、女性の権利を求める強力な国際的運動ができる。

読者の寄付のすべてが海外の女性のニーズに向けられるべきだと言うつもりはない。だが一部がこうした目的に回り、読者が資金だけでなく時間も提供してくださるよう願っている。本書の収益の一部もこうした団体に回る。

学生の読者は、学校や大学にこうした問題に取り組む授業や海外留学プログラムがないかチェックしてほしい。本書で取り上げた機関に、ボランティアとして夏期研修に行くことも考えてほしい。大学入学前か卒業後に、旅行や研修のために一年の猶予期間《モラトリアム》をとってほしい。お子さんをお持ちなら、ロンドンばかりではなく、インドやアフリカに連れて行ってあげてほしい。タウンミーティングで候補者に妊産婦医療の質問をしてほしい。地元紙に投書して女子教育への強力な働きかけを求めてほしい。

歴史の流れは女性を、お荷物や慰み物から一人前の人間に変えつつある。女性をエンパワーする経済的メリットは非常に大きく、各国を動かす説得力がある。性奴隷制、名誉殺人、酸による攻撃は、まもなく纏足《てんそく》と同じくらい、ありえないものと見られるようになるはずだ。

問題は、この変容にどれほど時間がかかるか、何人の女性がそれまでに連れ去られるか——そして私たち一人ひとりが、歴史的運動の一翼を担うか、それとも傍観者でいるか、ということだ。

今から一〇分でできる四つのステップ

第一のステップがいちばんむずかしい。以下は、今すぐできるいくつかのことだ。

(1) グローバルギビング（www.globalgiving.org）またはＫｉｖａ（www.kiva.org）でアカウント開設。どちらも人から人（Ｐ２Ｐ）、つまり海外の困っている人に直接引き合わせてくれるので、初めて試してみるには最適だ。グローバルギビングでは、教育、医療、災害救助その他、発展途上世界に関する一〇以上の分野で、寄付を受け付けている草の根プロジェクトを選べる。Ｋｉｖａでは、起業家へのマイクロローンで同じことができる。二つのサイトを見てニーズをつかみ、これだと思うものに寄付や資金貸付をする。家族や友達への贈り物にしてもいい。別のサイトもある。途上国の子どもが小学校の学費を払うのを支援するためにペンシルベニア大学の学生が始めたものだ（www.givology.com）。初め、中国に焦点を当てていたが、インドとアフリカにも活動を広げている。たとえば私たちは、グローバルギビングでは、ムンバイの家出少女が売春業に入らないようにするプログラムを支援し、Ｋｉｖａではパラグアイで家具製造業の女性に貸付をしている。

(2) プランインターナショナル、ウィメン・フォー・ウィメン、ワールドビジョンなどを通じて、一人の少女か女性のスポンサーになる。私たち自身、プランインターナショナルでスポンサーになっており、フィリピン、スーダン、ドミニカ共和国の私たちの子どもと文通し、訪問している。スポンサーシップはまた、どの子もｉＰｏｄを持っているわけではないのだと自分の子どもに教える方法にもなる。

(3) ウィメンｅニュース（www.womensenews.org）やワールドプラス（www.worldpulse.com）に購読登録。

(4) ＣＡＲＥアクションネットワークに参加する（www.can.care.org）。これは、読者が発言して政策決定者を啓発し、一般市民が貧困と不正義を撲滅する行動を望んでいることを主張する役に立つ。変化を創り出すうえで、こうした市民の主張は欠かせない。公民権運動や奴隷制廃止運動が当時の大統領や議員によって率いられたのと比べると、この運動を大統領や議員が率いるのは無理なのだ——だが票の匂いをかぎ取れば、政治家はついてくる。政府は国益がかかっているときには動く。だが価値観がかかっているときは、読者のような一般市民が主導権を取る必要がある。歴史はそのことを繰り返し示している。

四つのステップは、殻を破る一つの方法にすぎない。巻末に挙げた団体に目を通し、これはと思える団体を見つけ——飛び込んでほしい。友達の力を結集したり、寄付クラブを作ってもいい。今すぐ取りかかって、女性がほんとうに空の半分を支える日を早めよう。

支援団体の紹介

以下は、途上国の女性支援を専門にしている団体である。これに加えて、国際救援委員会、ユニセフ、セーブ・ザ・チルドレン、マーシー・コアなど多くのすぐれた援助機関があるが、これらは女性と少女だけを焦点にしているわけではないので、以下の一覧には挙げていない。この一覧はランク付けをしたりフィルターをかけたりするものではなく、ここに挙げている団体がすべてでもない。私たちが活動を目にした大小の団体をざっと挙げたものだ。これを出発点にしてさらに調べてほしい。援助団体に関する詳しい情報を得るには二つのウェブサイトが役に立つ。www.charitynavigator.org と www.givewell.net である。

アフガン学習協会
Afghan Institute of Learning（www.creatinghope.org）
アフガニスタン、パキスタンで女性と少女のための学校運営等を行う。

アメリカン・アシスタンス・フォー・カンボジア
American Assistance for Cambodia（www.cambodiaschools.com）
人身売買と闘い、貧しい少女に就学助成金を出している。

アメリカンズ・フォー・UNFPA
Americans for UNFPA（www.americansforunfpa.org）
国連人口基金の活動を支援。34 Million Friends of UNFPA と類似。

アプネ・アプ
Apne Aap（www.apneaap.org）
インドで性奴隷制と闘う。ビハール州の辺境地域でも活動。

アショカ
Ashoka（www.ashoka.org）
世界中の社会起業家を発掘し支援。起業家の多くは女性である。

妊産婦死亡障害防止
Averting Maternal Death and Disability（www.amddprogram.org）
妊産婦医療に重点的に取り組む指導的団体である。

BRAC
BRAC（www.brac.net）
バングラデシュの巨大非営利組織。マイクロファイナンスや教育事業を展開。

CAMFED（女性教育キャンペーン）
CAMFED, Campaign for Female Education（www.camfed.org）
アフリカで少女の就学を支援している。

CARE（海外援助救援協会）
CARE（www.care.org）
次第に女性と少女に焦点を当てるようになっている。

CEDPA
CEDPA, Center for Development and Population Activities（www.cedpa.org）
女性と開発にかかわる問題について活動している。

センター・フォー・リプロダクティブ・ライツ
Center for Reproductive Rights（www.reproductiverights.org）
ニューヨークに本拠を置き、世界のリプロダクティブ医療に焦点を当てる。

ECPAT
ECPAT（www.ecpat.net）
特に東南アジアで児童売春と闘う団体のネットワークである。

エドナ・アダン産科病院
Edna Adan Maternity Hospital（www.ednahospital.org）
ソマリランドで妊産婦医療を提供している。ボランティア歓迎。

エンジェンダー・ヘルス
Engender Health（www.engenderhealth.org）
発展途上世界のリプロダクティブヘルスに焦点を当てている。

イクオリティ・ナウ
Equality Now（www.equalitynow.org）
世界中の性産業とジェンダー抑圧に反対するロビー活動を行う。

ファミリー・ケア・インターナショナル
Family Care International（www.familycareintl.org）
アフリカ、南米、カリブ地域で妊産婦医療の改善のために活動。

瘻財団
Fistula Foundation（www.fistulafoundation.org）
レグ&キャサリン・ハムリンが設立したアディスアベバ瘻病院を支援。

世界女性基金
Global Fund for Women（www.globalfundforwomen.org）
貧困国の女性団体向けのベンチャーキャピタル機能を果たしている。

グローバル・グラスルーツ
Global Grassroots（www.globalgrassroots.org）
貧困国、特にスーダンの女性に焦点を当てている若い団体。

グラミン銀行
Grameen Bank（www.grameen-info.org）
バングラデシュの先駆的マイクロファイナンス機関。諸機能に派生している。

HEALアフリカ
Heal Africa（www.healafrica.org）
コンゴのゴマで病院を運営し、瘻の修復、強姦被害者をケア。

ハンガー・プロジェクト
Hunger Project（www.thp.org）
飢餓に終止符を打つため女性と少女のエンパワーメントに取り組む。

国際女性リサーチセンター
International Center for Research on Women（www.icrw.org）
経済発展のかぎとしてジェンダーを強調している。

インターナショナル・ジャスティス・ミッション
International Justice Mission（www.ijm.org）
性人身売買と闘う、キリスト教を基盤にした団体である。

国際女性健康連合（ＩＷＨＣ）
International Women's Health Coalition（www.iwhc.org）
リプロダクティブヘルスの権利のための闘いを主導。本拠ニューヨーク。

マリー・スコープス・インターナショナル
Marie Stopes International（www.mariestopes.org）
イギリスに本拠を置き、世界中のリプロダクティブ医療促進に注力。

ニュー・ライト
New Light（www.newlightindia.org）
ウルミ・バスの団体。インドのコルコタで売春婦とその子どもたちを支援。

パスファインダー・インターナショナル
Pathfinder International（www.pathfind.org）
二五カ国以上でリプロダクティブヘルスを支援している。

ペニーズ・フォー・ピース
Pennies for Peace（www.penniesforpeace.org）
パキスタンとアフガニスタンで学校を建設、特に女子教育を提供している。

ポピュレーション・サービシズ・インターナショナル
Population Services International（www.psi.org）
ワシントンＤＣに本拠を置き、リプロダクティブヘルスの促進に取り組む。

プロミュジェール
Pro Mujer（www.promujer.org）
マイクロファイナンスとビジネス研修を通じて、南米の女性を支援している。

自営業女性組合
SEWA; Self Employed Women's Association（www.sewa.org）
インドの貧しい自営女性の大組合である。ボランティアを受け入れている。

シェアード・ホープ・インターナショナル
Shared Hope International（www.sharedhope.org）
世界中で性人身売買と闘っている。

ソマリ・マム財団
Somaly Mam Foundation（www.somaly.org）
自らも人身売買された女性が設立。カンボジアで性奴隷問題と闘う。

トスタン
Tostan（www.tostan.org）
アフリカで女性性器切除廃止に成功している。研修生を受け入れている。

バイタル・ボイス
Vital Voices（www.vitalvoices.org）
多くの国で女性の権利を支援し、特に人身売買との闘いに注力。

母の安全のためのホワイトリボン連盟

White Ribbon Alliance for Safe Motherhood（www.whiteribbonalliance.org）

世界中の妊産婦死亡と闘うキャンペーンを行っている。

ウィメン・フォー・ウィメン・インターナショナル

Women for Women International（www.womenforwomen.org）

紛争中または紛争後の国で、貧困に陥った女性と女性後援者を結ぶ。

ウィメンズ・キャンペーン・インターナショナル

Women's Campaign International（www.womenscampaigninternational.org）

世界中で、政治的・民主的プロセスへの女性の参加拡大に取り組む。

ウィメンズ・ディグニティ・プロジェクト

Women's Dignity Project（www.womensdignity.org）

タンザニアで産科瘻の修復を支援している。

ウィメンズ・ラーニング・パートナーシップ

Women's Learning Partnership（www.learningpartnership.org）

発展途上世界で女性のリーダーシップとエンパワーメントに力を入れている。

ウィメンズ・レフュージー・コミッション

Women's Refugee Commission（www.womensrefugeecommission.org）

国際救援委員会の連携団体で、難民の女性と子どもたちに焦点を当てる。

女性のための世界銀行

Women's World Banking（www.womensworldbanking.org）

女性を支援する世界中のマイクロファイナンス団体を支援している。

ウィメン・スライブ・ワールドワイド

Women Thrive Worldwide（www.womenthrive.org）

貧困国の女性のニーズに焦点を当てる、国際的な女性擁護団体である。

世界瘻基金

Worldwide Fistula Fund（www.worldwidefistulafund.org）

妊産婦医療の改善のために活動し、ニジェールで瘻病院を建設している。

解説――『ハーフ・ザ・スカイ』と日本に生きる私たち

「気持ち悪い。自分の体が汚い。そうずっと思っています。テレビで〈売春〉とか〈援助交際〉という言葉が流れると、気になって何も考えられなくなり、その後ずっと落ち込んでしまうんです。初めての相手があんなおじさんだなんて……消えたい」

一四歳のTさんは胸の中にためていた思いをぽつぽつと語る。彼女はふとしたきっかけで私たちポラリスプロジェクトの相談窓口を知り、その後ゆるやかな関係が続いている。

彼女は年上の知人らに脅迫され、数カ月間、出会い系サイトやツーショットダイヤルなどを通じて売春させられていた。

「(加害者に)自分がやっていることは犯罪と言われ、逃げたって警察に捕まると言われた。それ以上に、親にも学校にも自分のやっていることが知られるのは絶対に嫌だった」

Tさんを買った男たちへの捜査で、彼女は保護された。

児童買春や児童ポルノなど、子どもたちの性を対象にした事件は、ここ日本で毎年約五〇〇〇件に上る。今日もどこかで守られるべき子どもの性が大人によって買われている。性犯罪は当事者の心に大きな傷を残し、それは「魂の殺人」とも言われる。

本書『ハーフ・ザ・スカイ』を読み進める私たちは、想像したこともない暴力や、女性や少女を軽視する世界各地の現状に眉をひそめる。人身売買、女性器切除、名誉殺人、集団強姦……発展途上世界で文化や慣習として行われるさまざまな暴力に、「こんなことがまかり通っているのか」と驚愕する。少なくとも、日本社会ではそうそう見聞きする話ではない。

しかし、ほんとうにそうか。女性への暴力は、日本社会には存在しないのか。ポラリスプロジェクトが二〇〇五年から始めた多言語の相談電話では毎年、人身売買に遭い来日し、売春などを強要された女性に関する相談が何百件とかかってくる。自国の親戚を通じて被害を訴え、ポラリスへの相談に至った一〇代のフィリピン人Mさんは、名古屋で保護された。「自分が成田空港からどこに連れて行かれたのかまったくわからなかった。着いてすぐに、下着姿で接客する仕事だと言われた。ほかの女の子は奥の部屋で売春をしていた。毎日泣いて暮らしていた」

また、ある韓国人女性はこう語った。「いつも、角の交番の警察が来てくれて私たちみんな捕まえてくれるのを待っていた。捕まえられて帰国させられるほうが、よっぽどよかった。でも、一度も警察官が立ち寄ることはなかった」

人身売買の被害に遭った女性たちに、外見でそれとわかるような人はいない。客には笑顔を振りまくよう徹底させられているため客も気づかない。加害者と客以外の「普通の人」との接点は、タバコや食料の買い出しを許されたコンビニだけだった、と語る外国人女性もいた。

私たちのすぐそばで暮らしているかもしれない女性たち。同じ日本社会に生きているのに、TさんのようなM少女や、Mさんのような女性からのSOSは、容易に聞こえてこない。

私自身にとっても、それは長らく縁遠い問題だった。しかし一人の女性として、この日本にいても性に関する物事に疑問や憤りを感じることはあった。たとえば同世代の女性はしばしば経験している痴漢やセクハラ。日本人による買春旅行の話や、日本各地に見られる性産業。子どもを性的対象にした漫画やアダルトビデオ。性に関する文化や情報のすべてを否定するつもりはないが、氾濫する性情報――ときに非常に暴力的なものを含む――が露骨に公衆の場にあり、子どもにも簡単にアクセスできる状況には、疑問とともに怖さを感じずにはいられない。

私は高校三年生のとき交換留学で米国に渡った。米国で出会った友人たちが示してくれた、自分を肯定し前向きに生きていく精神に自信をもらった。大学街の中でも安価な家賃でさまざまな人を受け入れる民間の共同住宅で暮らしたため、年齢も人種も多様な人々との共同生活だった。シングルマザーもマイノリティもいた。何事も民主的に決めるハウスルール、当番制の掃除や食事の準備。さまざまな文化や人種を理解し合い共有しようとする空気があった。

そこで出会った多くの友人が、それぞれの興味分野で、明確に社会のためを意識して生きようとしているのを見て刺激を受けた。医療や教育の不備、移民のための弁護士活動、労働問題や自然災害の救済活動など、多様なバックグラウンドを持つ各人が、それぞれの問題意識を持って社会に出て行く。では日本人の私は何がしたいのか。悶々と考えながらボランティアなどをしていた大学最後の学期に、ポラリスプロジェクトのインターン募集を見つけた。

ポラリスプロジェクトは、私と同年代の若者が、大学在学中の二〇〇二年にワシントンDCで始めたNPO。使命は人身売買の撲滅である。大学入学時に読んだ本で知ってはいたが、特に意識していたテーマではない。ただ、日本に帰国するたびに感じていた、電車やコンビニ、繁華街に氾濫する商業化した性情報への違和感を思い出し、面接で設立者のデレック・エラーマンに話した。デレックは日本の現状をよく知っていた。彼はこう言った。

「僕たちのかかわってきた女性のなかには、最初に日本で人身売買され、そのあと米国に〈転売〉されてきた若い女性がいる」

衝撃を受けた。運良く受かったインターンシップの中で私は人身売買問題を学び、日本での活動を視野に入れた助成金集めを始めた。帰国後、基礎調査と専門家とのネットワーキングを経て、二〇〇四年にポラリスプロジェクト日本事務所を設立した。

手探りの活動は弁護士事務所の一室から始まった。まずそれまで日本に存在しなかった、人身売買の発見のための相談電話を開始した。被害者への直接的な支援活動に加えて、一般向けの啓発活動や行政に対するアドボカシー活動も行う。また現場経験をもとにした入国管理局職員や警察への研修など、徐々に活動の場を広げているところだ。


日本は、しばしば海外から連れて来られる女性の人身売買の最終目的地となる。一般にはあまり知られていないが、一九九〇年代以降、国内・海外の団体からたびたび指摘されていることだ。九〇年代は奴隷的な搾取に耐えかねたタイ人の被害者女性が、強制売春を強要していた管理者を殺すという事件が何件も起きた。二〇〇二年には約四〇〇人ともいわれるコロンビア人女性を日本に送り売春を強制していた日本人ブローカーの男が逮捕され、その公判の結果が国際世論で取り沙汰された。被害者の女性たちは危害を恐れてブローカーの名前を出そうとせず、勇気ある一人の証言で検挙に至ったが、その結果がたった一年一〇カ月の刑期だったのだ。

二〇〇三年、米国が二〇〇一年から公表している『人身売買報告書』で、日本では先進国で唯一、四ランク中の下から二番目「第二ランク（監視対象国）」とされた。人身売買を取り締まる政策がなかった日本は、その翌年に政府行動計画を打ち出し、関連法を改正する。この問題がようやく日本社会に認識されたわけだ。行動計画の発効から五年。対策の進捗は見られた。被害の温床と言われた芸能人ビザ（興行ビザ）の発行にメスが入り、毎年八万人近くの若いフィリピン人女性に発行されていたこの就労ビザも取得が難しくなった。被害者として認められた場合は、保護施設での支援と、帰国後の支援も受けられるようになった。

しかしながら、日本の性産業の市場が縮小したわけではなく、人身売買のビジネスも消えたわけではない。より入国管理が甘い国から地方空港を通じて、偽造パスポートに配偶者ビザや学生ビザなどで入国させられる、これまでに見られなかった国籍の被害者が見られるようになった。従来のスナックやパブ形態ではなく、デリバリーヘルスと呼ばれる「無店舗型風俗」で働かされる被害者も増えてきた。無店舗のため、警察や支援団体と被害者の接点はますます少なくなる。また、被害者として保護されたとしても、特に犯罪の被害者としての恩恵が与えられるわけではなく、被害の補償や、安心して加害者訴追のための協力ができる環境が保障されるわけでもないため、多くの被害者は口をつぐんだまま帰国することが多いのが実態だ。

二〇〇九年度、国連の女性と子どもの人身売買に関する特別報告者であるジョイ・ヌゴジ・エゼイロ氏が任期中数カ国の公式訪問先として日本を指名した。調査の結果、日本の対策を評価しつつも、被害者の認知のためのプロセスの不備、現場の警察職員の研修の必要性のほか、被害者のための人権ベースの保護などを指摘した勧告書が国連に提出された。被害者と接してきた私としては、日本の人身売買対策は、あと数回のリフォームが必要と考えている。

ポラリスプロジェクト日本事務所の設立以来、私自身としては相応に苦労してきたつもりだった。事業を複数運営し、企業や助成金からの資金を集め、強制売春や性暴力という被害者の声を聞き取る。本来なら行政がするべき仕事だが、日本にはそこまでの政策がない。被害者からフィーは取れないので、寄付を募りながらの活動である。

しかし、本書を読み進めるにつれ、自分が足元にも及ばないと痛感するような女性たちに何人も出会った。性暴力の被害がもたらす影響は重大なものだ。しかし本書に登場するヒロインたちは、性暴力を含め、死の危険や、医療や教育、経済的自立の機会の不足といった状況に直面しながら、あきらめずに前進する。不当な運命を「絶対に変えてみせる」という強い意志。人間が他人に支配され、生き方だけでなく、生死さえも支配する社会からの変革を成し遂げたこの本のヒーロー、ヒロインたちに、私たち日本人はたくさんの気づきをもらえるのではないだろうか。

ポラリスプロジェクトの活動を通じて、世界で活躍するさまざまな人道支援家やコミュニティオーガナイザーに出会う機会がある。「社会起業家」という言葉は日本でも一般化したが、しばしばそれはビジネスを通じて問題解決に取り組むものと解釈される。だが、その活動自体がビジネスの形をとらなくても、社会正義のために立ち上がる社会起業家が大勢いることを強調しておきたい。というのも人身売買や性差別といったテーマは、まず何よりも倫理的問題であり、ビジネスで解決可能とは限らないからだ。そこでは支援対象に対する共感や、社会の個々人の倫理観がリソースとなる。本書に登場するヒーロー、ヒロインに加えて、私の知る人物を紹介してお

たい。

ニューヨークで活動するＧＥＭＳ（Girls Educational and Mentoring Services）の代表、レイチェル・ロイド。自らも強制売春の被害者である彼女は、異国の米国で同じように売春をさせられている一〇代の少女たちのためのプログラムを開発し、確実な自立を支援、また問題の背景と支援方法への理解を広め、全米の警察や支援者にトレーニングする事業によってアショカフェローに選ばれている。

日本にもいる。現場の仕事から見えてくる子どもたちの性や健康への危害を危惧し、数十年間にわたり若者、特に少女のための無料健康相談を行っている六本木赤枝診療所の赤枝恒雄医師。雨の日も極寒の日も、必ずカフェの一角で子どもたちを待つ赤木医師に心から勇気づけられているのは子どもたちだけでなく私も同様だ。彼は自ら財団を立ち上げ、少女の望まない妊娠を防ぐ啓発活動「ガールズガード運動」を、コンビニエンスストアチェーンなどと協力して展開している。

また少年向け性教育に定評のある「コンドームの達人」岩村紳也医師も、尊敬する人の一人だ。診察室にこもらず無償で子どもたちの相談に乗り、毎日のように学校で講演し、一人ひとりに真摯に向き合う岩室医師には、私が被害者に向き合ううえでの心構えを教わった。ポラリスに相談に来た少女には、「岩室先生の講演で中絶手術のことや自分の体のことを初めて知り、彼氏と親を巻き込んで解決した」と語る子がいた。このような医師との出会いがどれだけの少女を救うだろうか。

自分の経験や立場、あるいは専門性を活かして社会正義のために自己の最善を尽くす、この二人のような医師もまた社会起業家と言えるのではないか。そしてこうした社会正義を求める精神は、著者が「今世紀最大の人道的課題」と呼ぶほど深刻な問題が世界各地にも日本にも横行している今日、私たち一人ひとりに求められているもののようにも思うのである。

本書の最終章で著者は、「一人ひとりにできること」のさまざまな例を示している。紹介されている団体やサイトは海外のものばかりだが、思うところある人はぜひ活動への参画や支援をはじめてほしい。もちろんポラリスプロジェクトへの支援もお考えいただきたい。ポラリスプロジェクトは多くの助成機関や寄付者に支えられており、どんなご支援も明日の被害者支援と予防のために、かけがえのないリソースとして効率的に活用させていただいている。『ハーフ・ザ・スカイ』で描かれたすばらしい先例に学びつつ、共通の思いを持って日本から人身売買をなくしていくつもりである。

加えて、本書をお読みになった方々には、ぜひ私たち自身の生きる社会の、身近に潜む暴力をなくすという課題にも目を向けていただきたい。本書に登場するような、暴力の被害者となる女性たちは、この日本にもあふれているのだから（二〇〇九年の内閣府の調査では、既婚女性の三人に一人が、夫からの暴力を経験したことがあると答えている）。

あなたの身近に、恋人や夫からの暴力に悩む友人はいないだろうか。暴力の渦中にいる人にとって、自ら抜け出すことは容易ではない。だが、あなたの一言が、あきらめないで彼女に投げかける二言目が、彼女がその闇から抜け出すきっかけになるかもしれない。

過去の暴力に苦しむ人はいないだろうか。彼女がそのことについて話すとき、正面から聞いてくれる人がいることが、どれだけ助けになるかわからない。「忘れたほうがいい」と促すのは、ときに彼女の言葉を封じて苦しめてしまう。耳を傾けることだ。本書で著者がしたように。

また、性産業の需要——娯楽としての買春について真剣に考えるべき時に来ている。日本の売春防止法はザル法であり、性風俗産業という名前に換わって今も売春は繁盛している。そして、買売春のあるところに人身売買は生まれる——これは売春が合法でも違法でも変わりない世界共通の事実だ。売春する側・させられる側の女性がしばしば取り沙汰されるのに対し、彼女たちの体を買う客に焦点が当たることはほとんどない。買春行為と、それを見て見ぬふりすることは、人身売買に加担していることと同じである。

一三歳のYちゃんを買った数十人の男性は、明らかに未成年の少女を目の前にしても、行為をやめなかった。外国から連れて来られ、希望を失い、なすがままに性行為をさせられる女性を前に、何の問題も痛みも感じずにその体を買う人たちがいるという事実。恐ろしいことではないか。男性も女性も、若い人たちも、性を買うことに対して盲目にならないでほしい。

今日、性産業の広告はスポーツ新聞だけでなく一般紙にも見られ、インターネットだけでなく、電車内の広告やコンビニに並ぶ雑誌、書店の店頭など、子どもの目にも触れるところに多くの暴力的な性情報があふれている。また日本には多くのソーシャルネットワーキングサイトがあるが、著名なものは例外なく、多くの児童買春、児童ポルノの売買、のみならず脅迫、強姦、殺人などの被害者と加害者の接点になっている。

たとえば、これらの運営会社に、運営体制とポリシーの改善を求める手紙やメールを送ってみること。性産業の利用を推進するような話をする同僚に、自分の意見や、そういう話は聞きたくないと伝えてみること。暴力や束縛におびえていたり、支配され自分を失くしてしまったりしている人がいないか、これまでよりも少しだけ、まわりの人々の様子に注意してみること。……

そんな一見、些細に思えることからでも、私たちは『ハーフ・ザ・スカイ』が描く大きな変容の一端を担うことができるし、担うべきではないだろうか。人の行動は変わらないなどと思わずに、小さな一歩と思って踏み出してもらいたい。

本書を通じて著者ニコラスとシェリルは、女性や少女の人権を守り、エンパワーすることによって、社会全体が、ひいては世界が大きく改善するということを反論の余地もないほど証明してくれる。これは決して私たち日本人一人ひとりにとって無縁の話ではない。上記で触れた現状を踏まえ、本書から得られる示唆を私たちの日本社会に適用していくべきではないか。考えてほしい。途上国であれ先進国であれ、世界中どの地域にいても、空は一つにつながっている。

二〇一〇年九月

ポラリスプロジェクト日本事務所　藤原志帆子

a-Man Test: A Comparison of Brazilian Urban and Rural Children Tested in 1930, 2002 and 2004," *Journal of Biosocial Science* 39, no. 1 (January 2007): 79–89.

[8] B. Bower, "I.Q. Gains May Reach Rural Kenya's Kids," *Science News*, May 10, 2003、Tamara C. Daley, Shannon E. Whaley, Marian D. Sigman, Michael P. Espinosa, and Charlotte Neumann, "I.Q. on the Rise:The Flynn Effect in Rural Kenyan Children," Psychological Science 14, no. 3 (May 2003): 215–19.

[9] Sidney Tarrow, *Power in Movement: Social Movements and Contentious Politics*, 2nd ed. (Cambridge, U.K.: Cambridge University Press, 1998)、特に p. 204。また David A. Snow, Sarah A. Soule, and Hanspeter Kriesi, *The Blackwell Companion to Social Movements* (New York:Wiley, 2007) も参照。

[10] Hunt, "Let Women Rule," は、韓国とキルギスについての情報源である。

[11] Stephanie Clohesy and Stacy Van Gorp, *The Powerful Intersection of Margins & Mainstream: Mapping the Social Change Work of Women's Funds* (San Francisco:Women's Funding Network, 2007).

[12] Scott Bittle,Ana Maria Arumi, and Jean Johnson, "Anxious Public Sees Growing Dangers, Few Solutions: A Report from Public Agenda," *Public Agenda Confidence in U.S. Foreign Policy Index*, Fall 2006.

[13] ブラジルの研究は Eliana La Ferrara,Alberto Chong, and Suzanne Duryea,"Soap Operas and Fertility: Evidence from Brazil," manuscript, March 2008。インドの研究は、Robert Jensen and Emily Oster, "The Power of TV: Cable Television and Women's Status in India," manuscript, July 30, 2007, p. 38.

[14] 女性問題への重点的取り組みを国連機関に求めることにおいて、Stephen Lewis ほど明確な人はいない。Stephen Lewis, *Race Against Time: Searching for Hope in AIDS-Ravaged Africa* (Berkeley, Calif.: Publishers Group West, 2005) 参照。

[15] Jonathan Haidt, *The Happiness Hypothesis: Finding Modern Truth in Ancient Wisdom* (New York: Basic Books, 2006)。また Alan B. Krueger, Daniel Kahneman, David Schkade, Norbert Schwarz, and Arthur Stone,"National Time Accounting: The Currency of Life," draft paper, March 31, 2008 を参照。

第 13 章　草の根と木の梢

[1] ソラノスの婦人科学の原本は失われたが、ラテン語の翻訳が二つ残っている。陰核切除施術の引用は、Bernadette J. Brooten, *Love Between Women: Early Christian Responses to Female Homoeroticism* (Chicago: University of Chicago Press, 1996), p. 164 n. 58 掲載の、アイギナのパウルス Paulus による 7 世紀のラテン語訳による。1666 年ドイツの教科書の図解は Brooten の本に図 12 として掲載されている。

[2] *Changing a Harmful Social Convention: Female Genital Mutilation/Cutting*, Innocenti Digest no. 12 (New York: UNICEF, 2005, 2007)。これはまた FGC の行われている地理的範囲と実施率についてのデータ源としても役に立つ。1978 年以来、切除について最も継続的かつ包括的に書いてきたのは、*The Hosken Report: Genital and Sexual Mutilation of Females*, 4th rev. ed. (Lexington, Mass.: Women's International Network News, 1993) の 著 者、Fran P. Hosken である。Hosken は、総計 1 億 4900 万人の女性が切除されたと推計している。*Agency for International Development: Abandoning Female Genital Mutilation/Cutting: An In-Depth Look at Promising Practices* (Washington, D.C.: U.S. Agency for International Development, 2006)、特に 29–38 も参照。FGC よりはるかに限られているが、少女を純潔に保つことを意図して体を傷つける慣習として、胸の偏平化がある。カメルーンでは、少女が強姦されたり誘惑されたりする危険が減るように、重石やバンドやベルトを使って胸を偏平にする。カメルーンの親たちは、少女が虐待を受けやすい世界で娘を守る最良の方法は、体を傷つけることだと判断するのだ。

第 14 章　一人ひとりにできること

[1] Chaim D. Kaufmann and Robert A. Pape, "Explaining Costly International Moral Action: Britain's Sixty-Year Campaign Against the Atlantic Slave Trade," *International Organization* 53 (Autumn 1999): 637。これは非常に優れた論文で、イギリスが奴隷貿易に立ち向かったために払った代償として引用している数字はこれによる。

[2] William Hague, *William Wilberforce: The Life of the Great Anti-Slave Trade Campaigner* (London: Harcourt, 2007)。Hague も Brownback 上院議員も、Wilberforce に触発されていると述べる現代の政治家の一人である

[3] "Slavery: Breaking the Chains," *The Economist*, February 24, 2007, p. 72.

[4] Swanee Hunt, "Let Women Rule," *Foreign Affairs* (May/ June 2007): 120.

[5] Kevin Daly, *Gender Inequality, Growth and Global Ageing*, Global Economics Paper No. 154, Goldman Sachs, April 3, 2007, p. 3.

[6] "The Bottom Line on Women at the Top," *BusinessWeek*, January 26, 2004。この研究は Catalyst によって実施されたものだが、同じような研究が何年にも渡ってたびたび行われており、同じ結果が出ている。日本経済についての並行研究がゴールドマン・サックスの Kathy Matsui によって行われた。彼女の先駆的な報告 *Womenomics: Buy the Female Economy*, Goldman Sachs Investment Research, Japan,August 13, 1999 を参照。以来 Matsui は、一連の追跡報告を書き、"womenomics" という言葉を創り出すのに一役買った。

[7] R. Colom, C. E. Flores- Mendoza, and F. J.Abad,"Generational Changes on the Draw-

けを受けるが、それはレベルの低い仕事に閉じ込められるということでもある。少女は物の数に入らず、従来ネットワークの外にいたので、英語の学校を選ぶことが許された。ひとたび少女たちが英語を習えば、給料のいい仕事で競争できた。Kaivan Munshi and Mark Rosenzweig, "Traditional Institutions Meet the Modern World: Caste, Gender, and Schooling Choice in a Globalizing Economy," *The American Economic Review* 96, no. 4 (September 2006): 1225–52。

[5] 私たちの議論に反論する、フェミニズムからの貿易批判が出てきている。スウェットショップで若い女性がしばしば搾取され、餌食になっているというのだ。このような非難にも一理ある。輸出に頼る工場は苛酷で、搾取的だ。だがそれでも村での生活よりましである——だからこそ女性たちは工場の仕事を求めるのだ。フェミニズムによる批判は、グローバル化によって平等をめぐる従来の社会主義的考え方が浸食されることになったと論じる。たしかにそれは正しいが、社会主義のイデオロギーは経済的現実からかけ離れすぎていて、ジェンダー平等の基盤としては脆弱なものでしかなかった。ここでフェミニズムによる批判を十分論じることはできないが、*The Feminist Economics of Trade*, ed. Irene Van Staveren, Diane Elson, Caren Grown, and Nilüfer Çagatay (New York: Routledge, 2007)、*Feminist Economics* (July/October 2007) の中国特集号、Stephanie Seguino and Caren Grown, "Gender Equity and Globalization: Macroeconomic Policy for Developing Countries," *Journal of International Development* 18 (2006): 1081–1104、Yana van der Meulen Rodgers and Nidhiya Menon,"Trade Policy Liberalization and Gender Equality in the Labor Market: New Evidence for India," manuscript, May 2007 を参照。 このアプローチ——貿易が女性に与える恩恵について私たちよりずっと懐疑的である——を反映するさらに詳しい情報は、International Gender and Trade Network, www.igtn.org. にある。この批判は貿易の欠点については妥当だが、恩恵を過小評価していると私たち自身は考えている。

[6] Paul Collier, *The Bottom Billion: Why the Poorest Countries Are Failing and What Can Be Done About It* (New York: Oxford University Press, 2007)『最底辺の 10 億人——最も貧しい国々のために本当になすべきことは何か?』(中谷和男訳、2008 年、日経 BP 社), pp. 168–70.

[7] ルワンダのジェンダーについての議論は、*Rwanda's Progress Towards a Gender Equitable Society* (Kigali: Rwanda Women Parliamentary Forum, 2007) を参照。ルワンダは、ほとんど知られていないものだが、女性の性的快楽を強調するという点でほとんど他に類を見ない二つの慣習を通して、セクシュアリティの面でも女性をエンパワーしている。一つは、ルワンダ女性(およびウガンダのバガンダ女性の一部)の習慣で、大人になってから性的快楽を高めるように、子どものときに性器を引き延ばす。二番目は kunyaza と呼ばれ、挿入を伴わずクリトリスの刺激に焦点を当てるセックスであり、これも、主目的は女性に性的快楽を与えることである。Leana S. Wen, *Thoughts on Rwandan Culture, Sex and HIV/ AIDS*, manuscript dated February 2007; and Sylvia Tamale, "Eroticism, Sensuality, and 'Women's Secrets' Among the Baganda: A Critical Analysis," 2005, www.feministafrica.org

[8] Zainab Salbi and Laurie Becklund, *Between Two Worlds: Escape from Tyranny, Growing up in the Shadow of Saddam* (New York: Gotham Books, 2005) 参照

and Women Leaders in India," および "Why Political Reservation?" *Journal of the European Economic Association* 3, nos. 2–3 (May 2005): 668–78, http://econ-www.mit.edu/files/794。インドの女性村長の予算配分を検討した研究がもう一つあり、それによれば、女性村長の予算配分には、女性の参加をいっそう促し、飲料水など女性にかかわる問題に予算を費やす傾向があったという。Raghabendhra Chattopadhyay and Esther Duflo, "Women as Policy Makers: Evidence from a Randomized Policy Experiment in India," *Econometrica*, 72, no. 5 (September 2004): 1409–43.

[10] Grant Miller,"Women's Suffrage, Political Responsiveness, and Child Survival in American History," *The Quarterly Journal of Economics* 123, no. 3 (August 2008): 1287.

第 12 章　平等の枢軸

[1] Lu Xun, "Anxious Thoughts on 'Natural Breasts,' " September 4, 1927、*Lu Xun: Selected Works*, trans. Yang Xianyi and Gladys Yang, vol. 2 (Beijing: Foreign Languages Press, 1980), p. 355。 魯迅は近代中国の最も偉大な作家のひとりで、人権と女性の平等を訴えた優れた論客である。

[2] David Barboza,"Blazing a PaperTrail in China,"*The NewYork Times*, January 16, 2007, p.C1。もう一つの引用は、*China Daily* 掲載の Bloomberg の記事、"U.S.Trash Helps Zhang Become Richest in China," January 16, 2007 による。"Paper Queen," *The Economist*, June 9, 2007 からも情報を得た。Zhang Yin は Cheong Yan とも呼ばれ、後者は広東語での名前である。Zhang Yin は 2007 年、叩き上げではないもう一人の女性に、中国富裕者リストのトップの座を奪われた。Yang Huiyan は家代々の不動産業 Country Garden のオーナーになり、株式公開で 160 億ドルを手にした。彼女はこれで Rupert Murdoch、George Soros、Steve Jobs より金持ちになったのだ。 David Barboza,"Shy of Publicity, but Not of Money," *The New YorkTimes*, November 7, 2007,p.C1。2008 年に始まった経済危機が、こうした富の数字をすべて変えたのはまちがいない。

[3] 性別にもとづく中絶のために女児数は男児より少ないことがあったが、女性の収入の上昇がこれを自発的に修正することにつながると示唆する証拠がいくつかある。たとえば、中国沿岸部で急増している換金作物の一つは茶であり、女性は、小柄で手も小さいので一般に茶摘みに向いていると見られている。茶の栽培地帯では、他の作物の生産地帯と比べて、「姿を消す女児」の数がかなり減っている。ある研究者によれば、全体収入の上昇は性比率に影響をもたらさないが、女性の収入の上昇は性比率の不均衡を減らすと指摘されている。女性の収入の上昇が世帯収入の 10% になると、女児の生存率の 1% の上昇につながる。Nancy Qian, "Missing Women and the Price of Tea in China: The Effect of Sex- Specific Income on Sex Imbalance," manuscript, December 2006。また Valerie M. Hudson and Andrea M. den Boer, *Bare Branches: The Security Implications of Asia's Surplus Male Population* (Cambridge, Mass.: MIT Press, 2004) も参照。

[4] 見方によれば、インドでは無視されているのはかえって女児にとっていいのかもしれない。ある研究によれば、ムンバイで、低カーストの少年たちはマラティ語の学校に通うという定番の段階を経て、その後カーストのネットワークを通じて仕事を探す。少年は社会的ネットワークの手助

2004), p. 11 による。

[14] 南アフリカ、タンザニア、ウガンダでの教師による虐待の数字は Ruth Levine, Cynthia Lloyd, Margaret Greene, and Caren Grown, *Girls Count: A Global Investment & Action Agenda* (Washington,D.C.: Center for Global Development, 2008), p. 54 による。

第 11 章　マイクロクレジット

[1] Muhammad Yunus, *Banker to the Poor: Micro- Lending and the Battle Against World Poverty* (New York: Public Affairs, 2003)『ムハマド・ユヌス自伝——貧困なき世界をめざす銀行家』(猪熊弘子訳、早川書房、1998 年)、David Bornstein, *The Price of a Dream: The Story of the Grameen Bank* (New York: Oxford University Press, 1996) 、Phil Smith and Eric Thurman, *A Billion Bootstraps: Microcredit, Barefoot Banking, and the Business Solution for Ending Poverty* (New York: McGraw-Hill, 2007) を参照。

[2] Edward Miguel,"Poverty and Witch Killing," *Review of Economic Studies* 72 (2005): 1153.

[3] Abhijit V. Banerjee and Esther Duflo,"The Economic Lives of the Poor," *Journal of Economic Perspectives* 21, no. 1 (Winter 2007): 141.

[4] Esther Duflo and Christopher Udry, "Intrahousehold Resource Allocation in Côte d'Ivoire: Social Norms, Separate Accounts and Consumption Choices," Yale University Economic Growth Center Discussion Paper No. 857.

[5] Esther Duflo, "Grandmothers and Granddaughters: Old- Age Pension and Intra-Household Allocation in South Africa," *World Bank Economic Review* 17, no. 1 (2003): 1–25。祖母への現金の支給では孫息子の身長や体重は改善せず、孫娘だけだった。これと矛盾する結果を指摘する別の研究がある。南アフリカで新しい年金が男性に支給された場合、こうした男性が面倒を見ている子どもたちの就学率は、新しい年金が女性に支給された場合よりも上がった。この研究の著者自身がこの結果に驚いており、これは異常値と思われる。Eric V. Edmonds, "Does Illiquidity Alter Child Labor and Schooling Decisions? Evidence from Household Responses to Anticipated Cash Transfers in South Africa," National Bureau of Economic Research,Working Paper 10265.

[6] Esther Duflo,"Gender Equality in Development," BREAD Policy Paper No. 011, December 2006, p. 14

[7] 似たようなプロジェクトとして 米国国際開発庁（USAID）が後援する Women's Legal Rights Initiative がある。*The Women's Legal Rights Initiative: Final Report*, January 2007 (Washington,D.C.: USAID, 2007) 参照。

[8] 一つの研究によれば、ある国の議会に女性が増えれば、汚職が減ると指摘されている。だがこれは、女性議員自身よりも女性を選出する国に関することかもしれない。ヨーロッパはさほど汚職がひどくなく、多くの女性を選出しているが、この二つの事実は必ずしも関連をもっているわけではない。むしろ両方が、教育程度の高いポスト工業化社会であるということと関係している可能性がある。

[9] Esther Duflo and Petia Topalova, "Unappreciated Service: Performance, Perceptions,

ケララ州についての詳しい情報は、K. P. Kannan, K. R. Thanappan, V. Raman Kutty, and K. P. Aravindan, *Health and Development in Rural Kerala* (Trivandrum, India: Integrated Rural Technology Center, 1991) を参照。

[3] Barbara Herz and Gene B. Sperling, *What Works in Girls' Education: Evidence and Policies from the Developing World* (New York: Council on Foreign Relations, 2004) を参照。女子教育のインパクトについてはほんとうに多くの研究や報告があるが、これはそうした知見をまとめてあり、役に立つ。また *Girls Education: Designing for Success* (Washington, D.C.: World Bank, 2007) および Dina Abu-Ghaida and Stephan Klasen, *The Economic and Human Development Costs of Missing the Millennium Development Goal on Gender Equity* (Washington,D.C.:World Bank, 2004) も参照。

[4] Lucia Breierova and Esther Duflo, "The Impact of Education on Fertility and Child Mortality: Do Fathers Really Matter Less Than Mothers?" 未発表草稿 March 2002.

[5] Una Okonkwo Osili and Bridget Terry Long, "Does Female Schooling Reduce Fertility? Evidence from Nigeria," 草稿 June 2007.

[6] Claudia H. Deutsch, "A Not-So-Simple Plan to Keep African Girls in School," *The New York Times*, November 12, 2007, Special Section on Philanthropy, p. 6.

[7] Erica Field, Omar Robles, and Maximo Torero, "The Cognitive Link Between Geography and Development: Iodine Deficiency and Schooling Attainment in Tanzania," 草稿 October 2007, www.economics.harvard.edu/faculty/field/files/Field_IDD_Tanzania.pdf.

[8] Tina Rosenberg は Santiago Levy が開始した Progresa、のちに〈機会〉と呼ばれるようになったプログラムについて "How to Fight Poverty: Eight Programs That Work," Talking Points memo for www.nytimes .com,November 16, 2006 で論じている。 World Bank,"Shanghai Poverty Conference Case Summary: Mexico's Oportunidades Program," 2004、Emmanuel Skoufias,"PROGRESA and Its Impacts upon theWelfare of Rural Households in Mexico," International Food Policy Research Institute, Research Report 139, 2005、Alan B. Krueger, "Putting Development Dollars to Use, South of the Border," *The NewYork Times*, May 2, 2002 も参照。

[9] *Food for Education Works: A Review of WFP FFE Programme Monitoring and Evaluation, 2002–2006* (Washington, D.C.:World Food Programme, 2007).

[10] Michael Kremer, Edward Miguel, and Rebecca Thornton, "Incentives to Learn," 草稿 updated January 2007.

[11] Raghuram G. Rajan and Arvind Subramanian,"Aid and Growth:What Does the Cross-Country Evidence Really Show?" *The Review of Economics and Statistics* 90, no. 4 (November 2008): 643.

[12] TED International Conference, June 2007。そこで Mwenda と Bono が援助の有効性をめぐって行った論争は議論を巻き起こした。Nicholas D. Kristof,"Bono, Foreign Aid and Skeptics," *The New York Times*, August 9, 2007, p.A19 も参照。

[13] ここで取り上げた素材のいくつかは冊子 *I Have a Story to Tell* (Cambridge,U.K.: Camfed,

[8] Fatima Mernissi, *The Veil and the Male Elite: A Feminist Interpretation of Women's Rights in Islam, trans. Mary Jo Lakeland* (New York: Basic Books, 1991)。また *Beyond the Veil: Male-Female Dynamics in Modern Muslim Society*, rev. ed. (Bloomington: Indiana University Press, 1987) などメルニッシの他の著作も参照。アラブ世界内部で女性の権利のために闘う先駆者として、*The Hidden Face of Eve: Women in the Arab World* (Boston: Beacon Press, 1980) の著者 Nawal el Saadawi がいる。

[9] Christoph Luxenberg, *The Syro-Aramaic Reading of the Koran: A Contribution to the Decoding of the Language of the Koran* (Berlin: Hans Schiler Publishers, 2007)。私たちは Luxenberg と電子メールでやり取りしたが、だれなのか知らない。原理主義者が殺害を企てる恐れがあるため、彼は身を守るために仮名を使っている。

[10] 欧米でイスラムの機微を理解する一つの方法は、*Muslim Girl* 誌に目を通して見ることだ。2006 年にパキスタン系米国人 Ausma Khan によって創刊されたこの雑誌は人権支持派で、ただイスラムを擁護するのではなく、賢くきちんと物を言う若い女性のモデルを示す。

[11] Shirin Ebadi は著書 *Iran Awakening: A Memoir of Revolution and Hope* (New York: Random House, 2006)『私は逃げない――ある女性弁護士のイスラム革命』（竹林卓訳、武田ランダムハウスジャパン、2007 年）でもこの問題を追求している。

[12] Henrik Urdal,"The Demographics of Political Violence:Youth Bulges, Insecurity and Conflict," mimeograph, 2007。男性しかいないグループがとりわけ暴力的であることについては議論を呼ぶ多くの文献がある。David T. Courtwright, *Violent Land: Single Men and Social Disorder from the Frontier to the Inner City* (Cambridge, Mass.: Harvard University Press, 1998) 参照。生物学的反応については *Dale Peterson and Richard Wrangham, Demonic Males: Apes and the Origins of Human Violence* (New York: Mariner Books, 1997) を参照。

[13] Ricardo Hausmann, Laura D. Tyson, and Saadia Zahidi, *The Global Gender Gap Report 2006* (Geneva: World Economic Forum, 2006), and *Arab Human Development Report 2005*, p. 88.

[14] *Arab Human Development Report 2005*, p. 24.

[15] M. Steven Fish, "Islam and Authoritarianism," *World Politics* 55 (October 2002): 4–37; quotations from p. 37 and pp. 30–31.

[16] David S. Landes, *The Wealth and Poverty of Nations: Why Some Are So Rich and Some So Poor* (New York:W.W. Norton, 1998), pp. 412–13.『強国論――富と覇権の世界史』（竹中平蔵訳、三笠書房、1999 年）

第 10 章　教育に投資する

[1] Esther Duflo, "Gender Equality in Development," BREAD Policy Paper No. 011, December 2006.

[2] アマルティア・センをはじめ、発展によって女性に何が可能になるかを示す例として、ケララ州をしばしば取り上げる人たちがいる。たしかに私たちもケララ州が教育、医療、ジェンダーについて達成したことはすばらしいと思っているが、経済的不正管理と市場に冷淡な投資環境には深く失望している。ケララ州の経済は停滞し、湾岸地域で働くケララ州出身者の送金に頼っている。

ラインで見ることができる。 www.ccv.org/downloads/pdf/CDC_Condom_Study.pdf

[13] Camille Hahn, "Virgin Territory," Ms. (Fall 2004)。キャンディの比喩は禁欲至上主義派によって広く使われており、www.abstinence.net で禁欲キャンディを売っている。

[14] Esther Duflo, Pascaline Dupas, Michael Kremer, and Samuel Sinei, "Education and HIV/AIDS Prevention: Evidence from a Randomized Evaluation in Western Kenya," 草稿 June 2006 および Pascaline Dupas, "Relative Risks and the Market for Sex: Teenage Pregnancy, HIV, and Partner Selection in Kenya," manuscript, October 2007, www.dartmouth.edu/~pascaline/。

[15] 発展途上世界のキリスト教についての情報は、Wheaton College 教授 Mark Noll の the Council on Foreign Relations, New York, March 2, 2005 での口頭発表（未出版）による。発展途上世界の女性の発展を促すキリスト教の役割についての優れた議論は Philip Jenkins, *The New Faces of Christianity: Believing the Bible in the Global South* (New York: Oxford University Press, 2006)、特に第 7 章にもある。

[16] 発展途上世界への宗教関係の寄付についての議論は *The Index of Global Philanthropy 2007*、特に pp. 22–23 および pp. 62–65 にもある。

[17] 「3400 万人の友」の設立の物語は Jane Roberts, *34 Million Friends of the Women of the World* (Sonora, Calif.: Ladybug Books, 2005) で語られている。

第 9 章　イスラムは女性蔑視か

[1] イスラム世界の女性について非常に優れた紹介をする本が二冊ある。Jan Goodwin, *Price of Honor: Muslim Women Lift the Veil of Silence on the Islamic World* (New York: Penguin, 2003)、および Geraldine Brooks, *Nine Parts of Desire: The Hidden World of Islamic Women* (New York:Anchor, 1995)。

[2] *Arab Human Development Report 2005: Towards the Rise of Women in the Arab World* (New York: UNDP, 2006), Annex II, pp. 249 et seq.

[3] "Saudi Arabia's Top Cleric Condemns Calls for Women's Rights," *The New York Times*, January 22, 2004, p.A13.

[4] *Afghanistan in 2007: A Survey of the Afghan People* (Kabul:The Asia Foundation, 2007).

[5] Amina Wadud, *Qur'an and Woman: Rereading the Sacred Text from a Woman's Perspective* (New York: Oxford University Press, 1999).

[6] Rodney Stark, *For the Glory of God: How Monotheism Led to Reformations, Science, Witch-Hunts and the End of Slavery* (Princeton, N.J.: Princeton University Press, 2003), pp. 301–4。 Bernard Lewis, *Race and Slavery in the Middle East: An Historical Enquiry* (New York: Oxford University Press, 1992), および Murray Gordon, *Slavery in the Arab World* (New York: New Amsterdam Books, 1990) も参照。異なるイスラム社会で奴隷がどのように扱われたかの例を見るには、Shaun E. Marmon, ed., *Slavery in the Islamic Middle East* (Princeton, N.J.: Markus Wiener Publishers, 1999) を参照。

[7] アリーに従ったのがシーア派であり、したがって今日でもなお、アイシャはシーア派からは明らかに疎まれている。スンニ派の少女にはアイシャはありふれた名前だが、シーア派ではほとんどない。

in the New Millennium (New Brunswick,N.J.: Rutgers University Press, 2005) も参照。
[3] Hailemichael Gebreselassie, Maria F. Gallo,Anthony Monyo, and Brooke R. Johnson,"The Magnitude of Abortion Complications in Kenya," *BJOG: An International Journal of Obstetrics and Gynaecology* 112, no. 9 (2005): 1129–35。David A. Grimes, Janie Benson, Susheela Singh, Mariana Romero, Bela Ganatra, Friday E. Okonofua, and Iqbal H. Shah, "Unsafe Abortion: The Preventable Pandemic," *The Lancet* 368 (November 25, 2006): 1908–19 および Gilda Sedgh, Stanley Henshaw, Susheela Singh, Elisabeth Ahman, and Iqbal H. Shah, "Induced Abortion: Estimated Rates and Trends Worldwide," *The Lancet* 370 (October 13, 2007): 1338–45 も参照。
[4] *Return of the Population Growth Factor: Its Impact Upon the Millennium Development Goals*, Report of Hearings by the All Party Parliamentary Group on Population, Development and Reproductive Health, House of Commons,U.K., January 2007.
[5] Matthew Connelly, *Fatal Misconception: The Struggle to Control World Population* (Cambridge, Mass.: Harvard University Press, 2007), pp. 171–72.
[6] Wayne S. Stinson, James F. Phillips, Makhlisur Rahman, and J. Chakraborty, "The Demographic Impact of the Contraceptive Distribution Project in Matlab, Bangladesh," *Studies in Family Planning* 13, no. 5 (May 1982): 141–48.
[7] Mukesh Eswaran, "Fertility in Developing Countries," in Abhijit Vinayak Banerjee, Roland Bénabou, and Dilip Mookherjee, *Understanding Poverty* (New York: Oxford University Press, 2006), p. 145。 T. Paul Schultz,"Fertility and Income," in the same volume, p. 125 も参照。
[8] AIDS の遺伝的起源と時代を追った蔓延経過に関する包括的論文は M. Thomas, P. Gilbert, Andrew Rambaut, Gabriela Wlasiuk, Thomas J. Spira, Arthur E. Pitchenik, and Michael Worobey, "The Emergence of HIV/AIDS in the Americas and Beyond," *Proceedings of the National Academy of Sciences* 104 (November 2007): 18566–70。
[9] Ann E. Biddlecom, Beth Fredrick, and Susheela Singh,"Women, Gender and HIV/AIDS," *Countdown* 2015 Magazine, p. 66; 以下でオンラインで見ることができる。www.populationaction.org/2015/magazine/ sect6_HIVAIDS.php.
[10] HIV/AIDS 撲滅をめざす海外援助の取り組みについての非常に優れた情報源として、Helen Epstein, *The Invisible Cure: Africa, the West, and the Fight Against AIDS* (New York: Farrar, Straus and Giroux, 2007)。
[11] Nada Chaya and Kali-Ahset Amen with Michael Fox, *Condoms Count: Meeting the Need in the Era of HIV/AIDS* (Washington, D.C.: Population Action International, 2002), p. 5. コンドームについての情報の多くはこの冊子による。コンドームの長い歴史とコンドームに対する宗教的反対の詳細については Aine Collier, *The Humble Little Condom:A History* (New York: Prometheus Books, 2007) を参照。
[12] HIV とさまざまな性病の予防についてのコンドームの有効性の証拠は "Workshop Summary: Scientific Evidence on Condom Effectiveness for SexuallyTransmitted Disease (STD) Prevention," National Institutes of Health, June 12–13, 2000; で論じられている。以下でオン

が新しい方法論を使ってホンジュラスの妊産婦死亡率を計算すると、実は1990年より高かった。ホンジュラスの改善はほんとうだったのか。唯一の教訓は、貧困国では信頼のおける妊産婦死亡数はきわめてつかみにくいということのようだ。ホンジュラスの成功——あるいは成功の可能性があったものは、Levine's *Millions Saved* および Jeremy Shiffman, Cynthia Stanton, and Ana Patricia Salazar, "The Emergence of Political Priority for Safe Motherhood in Honduras," *Health Policy and Planning* 19, no. 6 (2004): 380–90で論じられている。インドのケララ州もまた、政治的意志が妊産婦死亡を減らした場所の例としてしばしば挙げられ、それはおそらくほんとうである。ケララ州のMMRは、インド全体の450という数字と比べて、87から262のあいだでさまざまに推計されている。

[6] 医療を拒む原理主義キリスト教宗派のMMRについては "Perinatal and Maternal Mortality in a Religious Group—Indiana," *MMWR Weekly*, June 1, 1984, pp. 297–98で論じられている。

[7] "Emergency Obstetric Care:The Keystone of Safe Motherhood," editorial, *International Journal of Gynecology & Obstetrics* 74 (2001): 95–97.

[8] 妊産婦死亡と闘うことがきわめて費用対効果が高いと論じる活動家たちは、妊産婦死亡と死産によって生産性がどれほど犠牲にされているかについてさまざまな推計を引用する。USAIDはかつて、妊産婦死亡と新生児死亡が世界に及ぼす影響は、約150億ドルの生産性の損失であり、このうち母親が半分、新生児が半分と述べた。しかしこの方法論には疑問の余地がある。男性はふつう公式経済の中で働きGNPに貢献しているため、男性の生産性はふつう女性と子どもの生産性よりも高いとされる。したがって、病気による生産性の損失を減らすということにもとづいて医療ケアを正当化しようとすれば、女性や子どもより中年男性を優先することになる。

[9] エドナの名前は多くのムスリム諸国の慣習に従っている。自分の名前は一つで、その後に父親の名を付けるのだ。さらにはっきりさせる必要が出てくれば、父方の祖父の名前をまたその後に付け足す。それゆえエドナ自身は一つしか名前を付けられていないが、父の名がアダンなのでエドナ・アダンと名乗る。はっきりさせる必要があれば、祖父の名を付け加えて、エドナ・アダン・イスマイルとなる。

[10] アン・ギルリーが支援を考えるきっかけになったエドナに関する記事はIan Fisher, "Hargeisa Journal; A Woman of Firsts and Her Latest Feat: A Hospital," *The New York Times*, November 29, 1999, p.A4である。

第8章　家族計画と「神の深淵」

[1] Dr. Eunice Brookman- Amissahの引用は "Breaking the Silence: The Global Gag Rule's Impact on Unsafe Abortion," a report from the Center for Reproductive Rights, New York, 2007, p. 4による。

[2] Li Yong Ping, Katherine L. Bourne, Patrick J. Rowe, Zhang De Wei,Wang Shao Xian, Zhen Hao Yin, and Wu Zhen,"The Demographic Impact of Conversion from Steel to Copper IUDs in China," *International Family Planning Perspective* 20, no. 4 (December 1994): 124。Edwin A. Winckler, "Maximizing the Impact of Cairo on China," in Wendy Chavkin and Ellen Chesler, eds., *Where Human Rights Begin: Health, Sexuality and Women*

John Little, *The Hospital by the River: A Story of Hope* (Sydney: Macmillan, 2001).
[2] L. Lewis Wall, "Obstetric Vesicovaginal Fistula as an International Public-Health Problem," *The Lancet* 368 (September 30, 2006): 1201.
[3] "Of Markets and Medicines," *The Economist*, December 19, 2007.
[4] 数字にはあまり信頼性がない。大きな理由は、村では妊娠女性の死は重大事と見なされず——だれも全部を数えていないということだ。私たちが使っている数字は主に国連の重要な研究 *Maternal Mortality in 2005: Estimates Developed by WHO, UNICEF, UNFPA, and the World Bank* (Geneva:World Health Organization, 2007) による。これは非常に優れた統計的検証である。統計的手法は前回の研究 *Maternal Mortality in 2000: Estimates Developed by WHO, UNICEF, UNFPA* (Geneva:World Health Organization, 2004) 以来、ぐっと進んでいる。
[5] 広範な苦境より個人の話に私たちがどれほど動かされるものかについての心理学者の研究は、社会の反応を活性化しようとする人間すべてにとって重要な問題を提起する。私たちの取り組み方もまちがいなくこれによって形づくられた。Paul Slovic, " 'If I Look at the Mass, I Will Never Act': Psychic Numbing and Genocide," *Judgment and Decision Making 2*, no. 2 (April 2007): 79–95 を参照。驚くべきことに、被害者支援への人間の関心は、被害者の数が一を超えるや否や弱まりはじめるようだ。
[6] 引用のいくつかは、コロンビア大学メイルマン公衆衛生学部が出版した冊子 *Taking a Stand: A Tribute to Allan Rosenfield, a Legacy of Leadership in Public Health*, 2006 による。

第７章　母親の命を救うには

[1] 進化の議論は出産の歴史に関する優れた著書 Tina Cassidy, *Birth: The Surprising History of How We Are Born* (New York: Atlantic Monthly Press, 2006) から拝借した。
[2] Nazmul Chaudhury, Jeffrey Hammer, Michael Kremer, Karthik Muralidharan, and F. Halsey Rogers, "Missing in Action: Teacher and Health Worker Absence in Developing Countries," *Journal of Economic Perspectives* 20, no. 1 (Winter 2006): 91–116.
[3] Mahmoud F. Fathalla, "Human Rights Aspects of Safe Motherhood," *Best Practice & Research: Clinical Obstetrics & Gynaecology* 20, no. 3 (June 2006): 409–19。Dr. Fathalla は妊産婦医療の問題を訴えるエジプトの産科医である。
[4] 女性問題への関心の欠如には無意識の偏見が反映されている、という観点についての引用は、Jeremy Shiffman and Stephanie Smith, "Generation of Political Priority for Global Health Initiatives: A Framework and Case Study of Maternal Mortality," *The Lancet* 370 (October 13, 2007): 1375 による。
[5] 妊産婦死亡率を低下させたスリランカの成功について、非常に優れた議論が Ruth Levine, *Millions Saved: Proven Successes in Global Health* (Washington, D.C.: Center for Global Development, 2004)、特に第五章にある。ホンジュラスもまた、貧困国でもいかに妊産婦死亡率の驚異的な低下を達成できるかを示すもう一つの例としてしばしば引き合いに出される。1990 年代初め、ホンジュラス政府は妊産婦医療に重点的に取り組み、ホンジュラスの MMR は７年で 40% 低下したと報じられていた。しかし何事も見かけほどシンプルではない。2007 年、国連

第4章　暴行による支配

[1] 男性からの暴力が原因で死亡したり障害を負う女性は他の原因よりも多いという算出は、Marie Vlachova and Lea Biason, eds.,*Women in an Insecure World: Violence Against Women, Facts, Figures and Analysis* (Geneva: Centre for the Democratic Control of Armed Forces, 2005), p. vii による。酸による攻撃についての議論は同じ書籍の pp. 31–33 による。

[2] Ruth Levine, Cynthia Lloyd, Margaret Greene, and Caren Grown, *Girls Count: A Global Investment & Action Agenda* (Washington,D.C.: Center for Global Development, 2008), p. 53.

[3] Swanee Hunt,"Let Women Rule," *Foreign Affairs* (May/June 2007): 116.

[4] 優秀な記者 Emily Wax は、ウォインシェットについてすばらしい記事 "Ethiopian Rape Victim Pits Law Against Culture," *TheWashington Post*, June 7, 2004, p.A1. を書き、私たちもそこから詳細を得た。

[5] 故 Jack Holland は数年前に、*Misogyny: The World's Oldest Prejudice* (New York: Carroll & Graf, 2006) という優れた著書を書いた。女性嫌いに関する本が男性の手で書かれたことに驚かれることがままあったという。彼はいつもこう答えた。「書けないわけはないでしょう。女性嫌いは男の発明ですからね」

[6] Dara Kay Cohen, "The Role of Female Combatants in Armed Groups:Women and Wartime Rape in Sierra Leone (1991–2002)," 未発表 Stanford University, Palo Alto, Calif., 2008.

[7] Robert Jensen and Emily Oster, "The Power of TV: Cable Television and Women's Status in India," 草稿 July 30, 2007, p. 38.

[8] ムフタール・マーイのことをさらに知りたければ、自伝を読んでほしい（実は、序を書いたのはニックだ）。Mukhtar Mai, In the Name of Honor (New York: Atria, 2006) である。Asma Jahangir and Hilna Jilani, *The Hudood Ordinances: A Divine Sanction?* (Lahore: Sange-Meel Publications, 2003) も参照。

第5章　「名誉」という恥

[1] リベリア、シエラレオネ、キヴ各地の強姦の数字は Anne-Marie Goetz, "Women Targeted or Affected by Armed Conflict: What Role for Military Peacekeepers," UNIFEM presentation, May 27, 2008, Sussex,U.K. による。

[2] コンゴについての引用は優れた記事 Jeffrey Gettleman, "Rape Epidemic Raises Trauma of Congo War," *The New York Times*, October 7, 2007, p.A1 による。

[3] 本章ではキヴ北部の HEAL アフリカ病院に焦点を当てている。キヴ南部には、もう一つ Panzi 病院があり、強姦被害者のケアと瘻の修復で同じような英雄的な物語をもっている。

第6章　一分間に一人

[1] 産科瘻に関連する問題の医学的検討は "The Obstetric Vesicovaginal Fistula in the Developing World," supplement to *Obstetric & Gynecological Survey*, July 2005 を参照。キャサリン・ヘムリンの自伝が祖国オーストラリアで出版されている。Dr. Catherine Hamlin, with

は 1994 年まで 1% だったが、ムンバイでは 1993 年に 51% に達したという。*MAP Network Regional Report*, October 1997.

[3] 売春宿にいるインドの子どもたちを支援する最も創造的な取り組みの一つは、コルコタのウルミのプログラムを通した、カラム・クリエーティブ・ライティング・プロジェクトである。このプロジェクトは詩のワークショップを実施して子どもたちに詩の書き方を教え、それらの――英語やベンガル語の――詩のいくつかを個人印刷冊子 *Poetic Spaces* に掲載する。ベンガル人は文化と詩を尊重するので、売春婦とその子どもたちが詩を書くのを見れば、人身売買の被害者にもっと共感が寄せられるようになるという発想だ。共感を醸成するのに成功したかどうかはわからないが、感動的な詩を生み出したことは確かである。カラム・プロジェクトは、インドとネパールで人身問題に取り組む米国の小財団 Daywalka 財団が実施している。

[4] アヌプ・パテルの言葉は、*Yale Journal of Public Health* 掲載のために準備した原稿 "Funding a Red-Light Fire" による。アヌプはイェール大学の学生で、奨学金の余分を使って、人身売買被害者を支援するグループ Cents of Relief (www .centsofrelief.org) を設立した。

[5] 弾圧手法はインドのゴアでも用いられたが、機能したかどうかを調べる本格的な追跡調査はあまり行われなかった。この弾圧を厳しく批判し、代わりにソナガチモデルをすすめる指摘が Maryam Shahmanesh and Sonali Wayal, "Targeting Commercial Sex-Workers in Goa, India: Time for a Strategic Rethink?" *The Lancet* 364 (October 9, 2004): 1297–99 にある。また、DMSCのようなモデルに理解を示す指摘は、Geetanjali Misra and Radhika Chandiramani, *Sexuality, Gender and Rights: Exploring Theory and Practice in South and Southeast Asia* (New Delhi: Sage Publications, 2005)、特に 12 章に見られる。ソナガチモデルに共感する陣営は、性労働は不快で危険であるが、ゴミ収集など貧困層が典型的にやっている他の仕事も同じだと論じることがある。Melissa Farley は、たしかに不快な仕事は多々あるが、売春は特に品位を傷つけるものだと反論する。彼女の編集による *Prostitution,Trafficking, and Traumatic Stress* (Binghamton,N.Y.: Haworth Maltreatment & Trauma Press, 2003) がある。

[6] ノルウェーはスウェーデンとオランダの両方のモデルを注視し、二つのアプローチについて非常に優れた報告を出した。データのほとんどはこの報告 "Purchasing Sexual Services in Sweden and the Netherlands, a Report by a Working Group on the Legal Regulation of the Purchase of Sexual Services," Oslo, 2004 による。同様にスコットランドも、オランダとスウェーデンのアプローチを、オーストラリアのニューサウスウェールズのアプローチとともに検討し、スウェーデンの戦略の方を評価している。Scottish Parliament, Local Government and Transport Committee, "Evidence Received for Prostitution Tolerance Zones (Scotland) Bill Stage One," February 4, 2004。

第 3 章　声を上げること

[1] 引退した最高裁判事バウ・ヴァハネ : Raekha Prasad,"Arrest Us All," *The Guardian*, September 16, 2005.

[2] Bill Drayton, "Everyone a Changemaker: Social Entrepreneurship's Ultimate Goal," *Innovations* 1, no. 1 (Winter 2006): 80–96.

る。「拐売婦女」と呼ばれるこの現象は、かなりの規模で存在している。研究者たちは毎年何万ものケースがあると推計する。典型的には、若い女性が沿岸部の工場かレストランでの仕事を約束され、その後辺境の村に連れて行かれて、数百ドル相当で売られる。逃げ出さないように、最初の数カ月は、縛られるか、少なくとも厳しく見張られるかもしれない。赤ん坊が生まれると、女性はたいてい運命とあきらめ、村にとどまることにする。

[4] Brian M.Willis and Barry S. Levy, "Child Prostitution: Global Health Burden, Research Needs, and Interventions," *The Lancet* 359 (April 20, 2002).

[5] 2700 万人の奴隷という数字は、たとえば David Batstone による人身売買との闘いの呼びかけ、*Not for Sale*, (NewYork: HarperCollins, 2007) の冒頭に登場する。この数字は、人身売買関連文献が増えつつある中で広く引用されている。より学術的な著作が二つある。パキスタンのラホールで研究を行ったイギリスの社会学者 Louise Brown の著作、*The Dancing Girls of Lahore* (New York: HarperCollins, 2005) と *Sex Slaves:TheTrafficking ofWomen in Asia* (NewYork:Vintage, 2000) である。もう少し一般的なものとして Kevin Bales の *Ending Slavery: How We Free Today's Slaves* (Berkeley: University of California Press, 2007) がある。印象にもとづくアンソロジー Jesse Sage and Liora Kasten 編 *Enslaved: True Stories of Modern Day Slavery* (NewYork: Palgrave Macmillan, 2006) には、世界各地の人々についての章がある。Igor David Gaon and Nancy Forbord, *For Sale:Women and Children* (Victoria, B.C.: Trafford Publishing, 2005) は、南東欧でのこの問題に焦点を当てている。人権団体「ヒューマンライツウォッチ」も日本、タイ、トーゴ、ボスニア、インドの人身売買について優れた研究を出版している。International Justice Mission を設立した福音派キリスト教徒 Gary Haugen は *Terrify No More:Young Girls Held Captive and the Daring Undercover Operation toWin Their Freedom* (Nashville,Tenn.:Thomas Nelson Publishers, 2005) を書いた。International Justice Mission は反人身売買団体で多くのクリスチャンが賛同し世界的なネットワークをもっている。

[6] 私たちは女性の性奴隷に焦点を当ててきた。男性よりもはるかに上回る数だからだ。発展途上世界には男娼もいるが、売春業に入ることを強制されたり売春宿に閉じ込められたりしない、自由業であることが多い。男性性労働従事者に関する注意深い社会学的研究として、Mark Padilla's *Caribbean Pleasure Industry:Tourism, Sexuality, and AIDS in the Dominican Republic* (Chicago: University of Chicago Press, 2007) がある。

[7] この引用は Ethan B. Kapstein, "The New Global Slave Trade," *Foreign Affairs* 85, no. 6 (November/December 2006): 105 による。

[8] Rodney Stark, *For the Glory of God: How Monotheism Led to Reformations, Science,Witch-Hunts, and the End of Slavery* (Princeton,N.J.: Princeton University Press, 2003), pp. 320–22.

第 2 章　禁止と売春

[1] Kamalesh Sarkar et al., "Epidemiology of HIV Infection Among Brothel-Based Sex Workers in Kolkata, India," *Journal of Health, Population and Nutrition* 23, no. 3 (September 2005): 231–35.

[2] AIDS を監視する MAP ネットワークによれば、性労働従事者の HIV 感染率はコルコタで

[7] *United Nations Development Programme: Global Partnership for Development*［国連開発計画――開発のためのグローバルパートナーシップ］, United Nations Development Programme Annual Report 2006 (New York: UNDP, 2006), p. 20［国連開発計画年次報告 2006 年（ニューヨーク、国連開発計画、2006 年）］

[8] Hunger Project,"Call for Nominations for the 2008 Africa Prize," statement, June 3, 2008, New York.

[9] International Women's Health Coalition, New York City, January 2008 でのベルナール・クシュネールのスピーチ。

[10] *Girls Count:A Global Investment & Action Agenda* (Washington,D.C.: Center for Global Development, 2008).

[11] Sandra Lawson, "Women Hold Up Half the Sky," *Global Economics Paper No. 164*, Goldman Sachs, March 4, 2008, p. 9.

第 1 章　二一世紀の奴隷解放

[1] この推計は Moni Nag, *Sex Workers of India: Diversity in Practice of Prostitution and Ways of Life* (Mumbai: Allied Publishers, 2006), p. 6 による。これは大筋で他の推計と一致している。デリーにある NGO、Bharatiya Patita Uddhar も同じ範囲の推計を出しており、インド全体で 240 万人の性労働従事者がいると算出している。2004 年のある新聞記事は、インドには 350 万人の性産業従事者がおり、四分の一は 17 歳以下と算出している。Amit Chattopadhyay and Rosemary G. McKaig, "Social Development of Commercial Sex Workers in India: An Essential Step in HIV/AIDS Prevention," *AIDS Patient Care and STDs* 18, no. 3 (2004): 162.

[2] Kamalesh Sarkar, Baishali Bal, Rita Mukherjee,Sekhar Chakraborty,Suman Saha,Arundhuti Ghosh,and Scott Parsons, "Sex-trafficking,Violence, Negotiating Skill and HIV Infection in Brothel-based SexWorkers of Eastern India,Adjoining Nepal, Bhutan and Bangladesh," *Journal of Health, Population and Nutrition* 26, no. 2 (June 2008): 223–31. インドで自分の意志で売春宿に入った女性の割合をそうした女性たち自身の答えにもとづいて推計すると、数値が高くなる可能性がある。売春婦は真実を言うことでポン引きから罰を受けるのを恐れるからだ。

[3] 1990 年代初め、中国の売春婦数の一般的な推計は 100 万人で、これは 2000 年ごろには 300 万人に増えていた。近年、もっと高い数字がしばしば使われている。中国の性革命に関して中国語の著作がある Qiu Haitao は、700 万人の性労働従事者がいると推計し、売春の歴史を書いた研究者 Zhou Jinghao は、2000 万人と推計している。さらに Zhong Wei は 1000 万人という推計を出している。高い方の数字には、他の国であれば内縁関係あるいは愛人に近い二奶も含まれている。高い推計に信憑性がある理由は、年間 20 万人の女性が春の売春弾圧で逮捕されているという数字を、当局が定期的に発表しているからである。中国南西部では北京語をよく話せない少数民族少女の強制性人身売買があり、こうした少女たちの中には、タイや東南アジアの売春宿に送られる少女もいる。

中国の人身売買の大きな問題は、売春ではなく、辺境の農民の妻になる女性たちの問題であ

原注

本書の引用の大部分は、私たち自身のインタビューによる。年齢は原則としてインタビュー時のものだ。私たちのうち一人しかいない場合でも、しばしば慣例として「私たち」を使っている。
以下は、参考にした全書籍・論文のリストではないが、インタビュー以外の情報源による引用や情報の原典を示す。学術論文のほとんどは、ウェブ検索によってオンラインで無料で入手できる。

序章　ガール・エフェクト

[1] Sten Johansson and Ola Nygren, "The Missing Girls of China: A New Demographic Account," *Population and Development Review* 17, no. 1 (March 1991): 35–51.

[2] 持参金制度それ自体が、社会の中での女性のエンパワーメントの度合いを反映している可能性がある。女性が家の外で働くことが許されるところでは経済的価値が高くなり、それゆえ持参金はあまり問題にならなくなるか、あるいは婚資に置き換えられる、すなわち反対に、花嫁の家族に金が支払われるようになる。人類学者の研究で、持参金と婚資の全体像を見て、なぜ二つがしばしば同時に存在するのかを説明したものが、Nathan Nunn, "A Model Explaining Simultaneous Payments of a Dowry and Bride-Price," manuscript,March 4, 2005 にある。彼は、世界中の 186 の社会を調べ、そのうち持参金制度だけがある社会が 11、婚資制度だけが 98、持参金と婚資の組み合わせが 33、持参金も婚資もないのが 44 であることを指摘した。

[3] この調査分野を切り開いた画期的な報告は、Amartya Sen, "More Than 100 Million Women Are Missing," *The New York Review of Books*, December 20, 1990 である。これにつづいて、Ansley J. Coale, "Excess Female Mortality and the Balance of the Sexes in the Population: An Estimate of the Number of 'Missing Females,' "*Population and Development Review*, September 17, 1991 がある。三番目の推計は Stephan Klasen and Claudia Wink, " 'Missing Women': Revisiting the Debate," *Feminist Economics* 9 (January 2003): 263–99 である。

[4] インドの女児の死亡率の高さの推計は国連開発計画によるものだが、控えめな数字かもしれない。オスター教授は、1 歳から 4 歳のあいだで、インドの女児は、男児と同じ扱いを受けた場合に比べて、死亡率が 71% 高いことを示すデータを引用している。Emily Oster, "Proximate Sources of Population Sex Imbalance in India," manuscript, October 1, 2007。7% という数字は、オスターが示した、1 歳から四歳のあいだのインドの女児の予想死亡率 1.4% を、実際の死亡率 2.4% と比較して出したものである。

[5] Nancy Qian, "More Women Missing, Fewer Girls Dying: The Impact of Abortion on Sex Ratios at Birth and Excess Female Mortality in Taiwan," CEPR Discussion Paper No. 6667, January 2008.

[6] *Engendering Development Through Gender Equality in Rights, Resources, and Voice*, World Bank Policy Research Report (Washington, D.C.: World Bank, 2001)。他に *The State of the World's Children 2007:Women and Children, the Double Dividend of Gender Equality* (New York: UNICEF, 2006).

［著者］

ニコラス・D・クリストフ、シェリル・ウーダン

Nicholas D. Kristof and Sheryl WuDunn

ともに『ニューヨーク・タイムズ』海外特派員として活躍し、中国・天安門事件の報道によりカップルで初めてピュリッツァー賞を受賞。ウーダンは同紙の東京、北京駐在海外特派員、テレビニュースキャスターを務めたのち、現在はビジネスに従事。クリストフは同紙香港、北京、東京支局にて支店長、副編集長を歴任し、現在は論説執筆者。スーダンのダルフール地方におけるジェノサイドに関する記事で二度目のピュリッツァー賞を受賞。三人の子とともにニューヨーク市近郊に在住。

［訳者］

北村　陽子

Yoko Kitamura

東京都生まれ。上智大学外国語学部フランス語学科卒。訳書に、キャロル・オフ『チョコレートの真実』、カーン・ロス『独立外交官』、シンシア・スミス『世界を変えるデザイン』、ジャクリーン・ノヴォグラッツ『ブルー・セーター』（以上、英治出版）などがある。

［解説］

藤原　志帆子

Shihoko Fujiwara

ポラリスプロジェクト日本事務所コーディネーター。1981年、北海道生まれ。米国ウィスコンシン大学マディソン校卒業。米国NPOポラリスプロジェクト（ワシントンDC）での勤務を経て、2004年に同団体日本事務所を設立。人身取引をなくすために、多言語の相談電話による被害の発見と救済事業を開始した。人身取引被害を受ける子どもや女性への現場での支援の傍ら、児童施設や入国管理局での研修講師としても活動している。2008年母校ウィスコンシン大学マディソン校より名誉卒業生賞受賞。

● 英治出版からのお知らせ

本書に関するご意見・ご感想を E-mail（editor@eijipress.co.jp）で受け付けています。また、英治出版ではメールマガジン、ブログ、ツイッターなどで新刊情報やイベント情報を配信しております。ぜひ一度、アクセスしてみて下さい。

メールマガジン：会員登録はホームページにて
ブログ　：www.eijipress.co.jp/blog/
ツイッター ID　：@eijipress

ハーフ・ザ・スカイ
彼女たちが世界の希望に変わるまで

発行日　2010 年 10 月 20 日　第 1 版　第 1 刷

著者　ニコラス・D・クリストフ、シェリル・ウーダン
訳者　北村陽子（きたむら・ようこ）
発行人　原田英治
発行　英治出版株式会社
〒 150-0022 東京都渋谷区恵比寿南 1-9-12 ピトレスクビル 4F
電話　03-5773-0193　FAX　03-5773-0194
http://www.eijipress.co.jp/
プロデューサー　高野達成
スタッフ　原田涼子　岩田大志　藤竹賢一郎　山下智也　杉崎真名
鈴木美穂　下田理　渡邉美紀　山本有子　牧島琳
印刷・製本　シナノ書籍印刷
装丁　英治出版デザイン室

Copyright © 2010 Eiji Press, Shihoko Fujiwara

ISBN978-4-86276-086-9　C0030　Printed in Japan

本書の無断複写（コピー）は、著作権法上の例外を除き、著作権侵害となります。
乱丁・落丁本は着払いにてお送りください。お取り替えいたします。

グラミンフォンという奇跡 *You Can Hear Me Now*

「つながり」から始まるグローバル経済の大転換

ニコラス・P・サリバン著　東方雅美他訳

アジア・アフリカの途上国に広がる「携帯電話革命」！　通信によって生活が変わり、ビジネスが生まれ、経済が興り、民主化が進む。貧困層として見捨てられてきた30億人が立ち上がる。世界の劇的な変化をいきいきと描いた、衝撃と感動の一冊。

定価：本体1,900円＋税　ISBN978-4-86276-013-5

アフリカ　動きだす9億人市場 *Africa Rising*

ヴィジャイ・マハジャン著　松本裕訳

いま急成長している巨大市場アフリカ。数々の社会的問題の裏には巨大なビジネスチャンスがあり、中国やインドをはじめ各国の企業や投資家、起業家が続々とこの大陸に向かっている。豊富な事例からグローバル経済の明日が見えてくる。

定価：本体2,200円＋税　ISBN978-4-86276-053-1

誰が世界を変えるのか *Getting to Maybe*

ソーシャルイノベーションはここから始まる

フランシス・ウェストリー他著　東出顕子訳

すべては一人の一歩から始まる！　犯罪を激減させた"ボストンの奇跡"、HIVとの草の根の闘い、いじめを防ぐ共感教育……それぞれの夢の軌跡から、地域を、ビジネスを、世界を変える方法が見えてくる。インスピレーションと希望に満ちた一冊。

定価：本体1,900円＋税　ISBN978-4-86276-036-4

いつか、すべての子供たちに *One Day, All Children...*

「ティーチ・フォー・アメリカ」とそこで私が学んだこと

ウェンディ・コップ著　東方雅美訳

大学卒業後の若者が2年間、全国各地の学校で「教師」になったら、世の中はどう変わるだろう？　米国大学生の「理想の就職先」第10位に選ばれるまでになったティーチ・フォー・アメリカの軌跡を創業者がいきいきと描く。（解説・渡邊奈々）

定価：本体1,600円＋税　ISBN978-4-86276-050-0

「社会を変える」を仕事にする

社会起業家という生き方

駒崎弘樹著

元ITベンチャー経営者が、東京の下町で始めた「病児保育サービス」が全国に拡大。「自分たちの街を変える」が「世の中を変える」につながった！　汗と涙と笑いにあふれた感動の社会変革リアル・ストーリー。注目の社会起業家、初の著書。

定価：本体1,400円＋税　ISBN978-4-86276-018-0

世界を変えるデザイン　*Design for the Other 90%*

ものづくりには夢がある

シンシア・スミス編　槌屋詩野監訳　北村陽子訳

世界の90%の人々の生活を変えるには?　夢を追うデザイナーや建築家、エンジニアや起業家たちのアイデアと良心から生まれたデザイン・イノベーション実例集。本当の「ニーズ」に目を向けた、デザインとものづくりの新たなかたちが見えてくる。

定価：本体2,000円+税　ISBN978-4-86276-058-6

チョコレートの真実　*Bitter Chocolate*

キャロル・オフ著　北村陽子訳

カカオ農園で働く子供たちは、チョコレートを知らない。——カカオ生産現場の児童労働や、企業・政府の腐敗。今なお続く「哀しみの歴史」を気鋭の女性ジャーナリストが危険をおかして取材した、「真実」の重みが胸を打つノンフィクション。

定価：本体1,800円+税　ISBN978-4-86276-015-9

独立外交官　*Independent Diplomat*

国際政治の闇を知りつくした男の挑戦

カーン・ロス著　北村陽子訳

イギリス外交官として最前線で活躍した著者は、イラク戦争に反対して職を捨て、大国に虐げられた人々を支援する「独立外交官」の活動を開始する。国際社会の不条理を抉る衝撃のノンフィクション。「僕は"国益"のために働くのをやめた」

定価：本体1,700円+税　ISBN978-4-86276-045-6

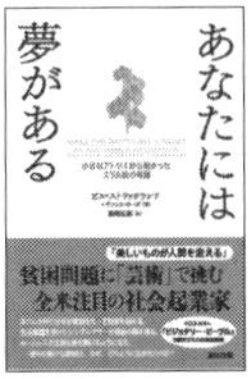

あなたには夢がある　*Make the Impossible Possible*

小さなアトリエから始まったスラム街の奇跡

ビル・ストリックランド著　駒崎弘樹訳

「奇跡は起こる。君は自分の手で奇跡を形づくることができる」。「成功は追い求めるものではなく自らつくりあげるもの」。——芸術教育を通じて数多くの非行少年や挫折した人々の心を救ってきた全米注目の社会起業家が贈る「人生を変える」メッセージ。

定価：本体1,600円+税　ISBN978-4-86276-042-5

国をつくるという仕事

西水美恵子著

夢は、貧困のない世界をつくること。世界銀行副総裁を務めた著者が、23年間の闘いの軌跡を通して政治とリーダーのあるべき姿を語った話題作。『選択』好評連載「思い出の国、忘れえぬ人々」の単行本化。（解説・田坂広志）

定価：本体1,800円+税　ISBN978-4-86276-054-8

TO MAKE THE WORLD A BETTER PLACE - Eiji Press, Inc.

この世界は哀しく、そして美しい。——
貧困の現実と
人間の真実をめぐる
女性起業家の奮闘記。

世界を変えるような仕事がしたい——。
銀行を辞め、理想に燃えて海外へ向かった
25歳の著者ジャクリーンが見たものは、
想像を絶する貧困の現実と
国際協力の闇、うずまく不正や暴力だった。
まちがいだらけの世界に怒り、つまずき、
学びながら、著者は人々とともに歩いていく。
みんなの暮らしをよくするために。そして
自分自身の人生を生きるために。——
まったく新しい銀行をつくった女性たち、
一緒にベーカリーを始めた未婚の母たち、
ルワンダ虐殺の勇気ある生存者たち、
不可能を覆した起業家たち……
忘れえぬ人々の心揺さぶる物語と
この世界をよりよい場所にしていく方法を、
注目の社会起業家が語った全米ベストセラー。

ブルー・セーター

引き裂かれた世界をつなぐ起業家たちの物語

ジャクリーン・ノヴォグラッツ［著］　北村陽子［訳］

四六判ハードカバー　416頁